本次出版得到教育部人文社会科学重点研究基地
北京师范大学史学理论与史学史研究中心的大力支持

励 耘 史 学 文 丛

韩非子的政治思想

蒋重跃 / 著

北京师范大学出版集团
BEIJING NORMAL UNIVERSITY PUBLISHING GROUP
北京师范大学出版社

初版序

重跃因其《韩非子的政治思想》即将出版，问我是否可以给他写一篇序。我深知，要为一本认真写的书认真地写一篇序，这可不是一件轻而易举的事。由于目下所欠文债甚多，我现在的确没有能力为他写一篇有分量的序。不过我总有几年和他一同讨论这个问题的经历，比较了解他的思考历程。在书的正文以前写一些我在这一方面的了解，或许可以对读者起一点介绍的作用。

当重跃开始修博士学位的时候，自然首先要考虑论文选题的事。经过多方的比较和衡量，最后选了现在这本书的题目。为什么这样选择呢？这是根据他的主观条件和问题的客观价值来考虑的。重跃以前在南京大学历史系修硕士学位时，从刘毓璜老先生治先秦史。刘老先生治先秦诸子多年，功力甚深。重跃受老先生之教，亦重先秦诸子之学，于修硕士学位期间及其后，曾发表了若干关于诸子的论文。所以，是刘毓璜老先生把他引上了这一条治学之路，他从老先生处学到了一个相当好的专业基础。这包括他比较了解先秦诸子研究的发展动态，对先秦诸子有比较广阔的知识基础。这些都是他可以选这个题目的主观方面的有利条件。也正由于他颇知这一方面的研究动态，颇知这个问题的研究价值，才感到这个题目不好做，因为前人对韩非子的政治思想的研究已经到了相当的深度，如果说仍有不足之处，那也绝非可以轻而易举解决的。自己真能够在前人研究的基础上前进一步吗？这个问题并非能够凭主观愿望或勇气作出正确回答。所以，在做论文开题报告之前，重跃把能够找到的国内的所有中文研究文献都作了一次调查和阅读，也把在国内所能

1

找到的西方学者用英文发表的研究文献作了一次调查和浏览。在这个基础上，经过若干次的讨论，然后确认这个题目是可以做的，同时也就确定了进一步研究的大体方向。

进一步的工作就是重新认真系统研读《韩非子》原著，相应的也开始阅读古代印度和古代希腊学者的有关著作，为比较的研究作准备。应该说，重跃把他的读书过程和研究过程是紧密地结合起来的。

他读《韩非子》，首先考虑的是文献本身的真伪问题，因为这是下一步研究立论的基础。他过去就在这方面有所准备，这一次又下了一番实在工夫，说明我们今天所见的《韩非子》和司马迁所见的文本基本是相同的，从而也就是先秦的真书。至于为秦还是存韩的问题，他是通过分析韩非自身思想矛盾的途径加以解释的。

在解决文献真伪问题以后，他的思考重点就落在韩非政治思想的核心亦即法、术、势的问题上。此三者既有相互为用的方面，也有相互矛盾的方面；前此学者对此已有论述。重跃则进一步指出，对于加强君主统治来说，此三者本身均具有矛盾的两方面的作用；只有使三者形成一个有机的结构，韩非政治思想才能作为一个理论体系呈现出来。

法、术、势三者固然是韩非政治思想的核心，不过这在韩非的思想整体中又是其有机组成的一部分。所以，他进一步分析韩非的人性论与道理论，从韩非的总体思想结构上把握其政治思想。从表面上看，这似乎是从论述主题的疏离，而从实质上看，这恰恰是论述主题的进一步深入。

重跃意识到了只从韩非本人的思想论其思想是有很大局限性的。于是，他以韩非思想与其他各家的思想作了比较。他这样做实际有双重目的：一方面是为了更清楚地说明韩非思想的特点；另一方面则是为了说明韩非思想的渊源。从共时的角度看，有必要把韩非思想置于当时各家思想矛盾的结构中来考察；从历时的角度看，有必要把韩非的思想置于先秦诸子思想发展的历史结构中考察。只有在这两方面作了努力，才庶乎可说注意到了从先秦思想的总体结构上考察韩非的思想。当然，我们不能说重跃已经做得很圆满了，不过这样努力的方向是十分可嘉的。为了与古代其他文明中有关的思想作比较，从而更深入地认识韩非政治思想的特点，重跃花了大力气读西方学者论韩非的作品，也努力研读了若干古代印度与古代希腊学者的一些著作。这样的工作难度很大，要做到位实在不是一人一时可以办到的。我们需要不同年龄层次的人作多年不懈的努力。重跃在韩非政治思想研究中作的比较，无论如何也是很好的开端。

在论述了韩非的思想之后，重跃转而论韩非其人悲剧性的遭遇。悲剧缘何而起？这就涉及韩非其人性格与思想中的内在矛盾。所以，这也可以看作论韩非思想的继续。历史上的人物，无一不处于多重矛盾的现实之中，要设想他们在思想与性格上没有矛盾，那几乎是不可能的。在思想敏锐的思想家身上，这样的特点更为明显。在作为弱国公子且思想极端图强的韩非身上，这种特点则尤其突出。重跃这样从矛盾中把握韩非，应该说也是一种很有意思的努力。

至于我以上的叙说是否可取，重跃的见解是否仍有可商榷之处，这些都是有待于方家及读者诸君指教的。是为序。

刘家和
1999 年 7 月

提　要

《韩非子的政治思想》一书的任务是研究韩非的政治思想，共分为三大部分。

一、讨论文献的真伪问题

1. 为什么会出现关于《韩非子》一书真伪问题的讨论？

这个问题是20世纪20年代提出的，是在西方科学思想的影响下出现的。逻辑化、哲学化、一致化是它的思想基础，要求"实证结论"是直接动机。但是，目前的证据无法超越《史记》的记载，关于这个问题的直接证据尚未发现。

2. 在没有新的直接证据的情况下，能否证明今本《韩非子》的真实性？

就历史知识而言，所谓真实性一般包含着绝对和相对的双重含义。一方面，我们在证实历史记载的真实性时，所根据的材料多数情况下是间接的；即使有直接的材料，一般也很难反映出历史事实的全貌，而往往只是它的片段；对真实性的认识也总是在变化的。从这个意义上说，真实性是相对的。另一方面，材料所包含的内容肯定要早于或至少同于材料本身形成的时间；所反映的部分历史事实毕竟是全部历史事实的一部分；对真实性的认识又总是在不断深化的，也就是说，真实性总是随着研究的不断深入而越来越清晰、越来越明确。根据这三点可以相信，真实性又有绝对的意义。

3. 今本《韩非子》是不是真实的？

首先，从目录学史来看，今本《韩非子》应该来自《史记》所使用的本子。其次，今本《韩非子》在思想倾向上与《史记》所记一致。最后，被某些人认为"伪作"的篇章，目前看来，证伪不如证实。

在《史记》的基础上，今本《韩非子》基本上是真实的，目前没有比《史记》更可靠的证据可以否定这一点。本书在这个意义上把《韩非子》当作真实的作品来使用，这个真实性是相对的，又是绝对的。它的相对性在于《史记》，它的绝对性也在于《史记》。

二、讨论韩非的政治哲学体系

1.《韩非子》有没有思想体系？若有，是什么？

对于第一个问题，回答一般是肯定的，关键在于第二个问题。一些学者根据《韩非子》从汉代开始在官私图书目录中著录于法家的事实，断定其中有关法治的内容才是韩非的思想，而术和势的学说则是混入的。另一些学者承认法、术、势结合才是韩非政治思想的体系。本书同意后一种观点。在三者的关系上，过去的研究认识到法、术需要互相补充，势也需要法的补充，但对法是否需要势的补充，术、势是否需要互补，仍不明确。本书指出，法、术、势三者的循环互补是韩非政治思想体系的内部联系。

2. 法术势何以能够结合起来？

韩非之所以能够完成法、术、势循环互补的体系，在于他在某种意义上发现了它们各自内部的矛盾。韩非分析了历史上单纯法治、术治、势治思想的偏蔽，认为三种统治方法都存在着两种相反的作用，即一方面有利于君主统治，另一方面又在削弱甚至毁灭君主的统治。韩非之前的思想家和政治家只看到三者各自加强君主权力的一面，没有看到其削弱，甚至否定君主权力的另一面，因而才在理论和实践上遇到了挫折。

为了发挥其加强君权的一面，减弱不利于君权的另一面，韩非建立了法、术、势循环互补的体系。

3. 法术势结合的共同基础是什么？

法、术、势之间之所以能够形成循环互补的关系，除了它们各自拥有补充其他两项的特殊内容外，还在于它们有着共同的基础，那就是：第一，尊主卑臣；第二，刑赏二柄；第三，明分职不得相逾越；第四，不上贤（无为）；等等。在这些共同点的基础之上，它们简直就是一个东西。

4. 韩非政治思想体系的实质是什么？

法、术、势的结合并未消除法律与君权的矛盾，在这个体系中法律和君权之间仍然存在着尖锐的对抗关系，并由此形成一种合理的张力，通过这个张力，两者互相渗透、互相作用、互相成就、互相融合，成为一物的两个方面，而不再是孤立的、毫不相干的两个东西。韩非所认为的法渗透着君主的权力，成为集权的工具，它与希腊人所认为的公民法是完全不同的；而他所认为的君权，又是用法律等手段武装起来的君权。"君权"与"法治"的合二而一代表着君主权力的一种较为完备和精密的形态，是其他任何形式的君主制度无法匹敌的。权法结合、以权统法、以法卫权，这就是韩非政治思想体系的实质。

5. 韩非人性思想究竟是环境论还是性恶论？

古代的政治思想往往与对人和人性的态度有着必然的联系，并以这种态度作为一层理论依据。中国古代的性善、性恶思想就是集中的表现。一般说来，拥护君主集权主义的，大都倾向于性恶论；而赞同贵族主义或具有古代民主因素的君主制度的，则倾向于性善论。按照这个理解，韩非应属于前者。然而，在论说形式上，他似乎在阐述一种类似环境论的理论，认为人性的特点不是由它自身，而是由它存在于其中的环境决定的。有学者据此否认韩非的人性论是性恶论。其实，主张人性状况由环境来决定，就是承认人性本身是恶的，而且是真正的性恶论。韩非对人性的绝望，完全可以证明这一点。

6. 韩非对至上神或终极存在的态度如何？他的宗教思想和哲学思想是无神论，还是政治实用主义？

古代的政治思想往往以对至上神或终极存在的态度为最终的理论根据。因为宗教的至上神或哲学上的某种终极存在往往是某个时期某种文化的象征或最高表现，是特定的民族文化或社会制度最具权威的精神保障。一般说来，轻视或虚无的态度，在政治上反映了一些人士对当时的社会、政治制度的不满；而持比较彻底的否定态度，则反映了一些人士主张突破常规、实行激进变革的政治倾向，法家如此，韩非为甚。韩非的道理论坚持变常统一，在中国古代天道观的领域里，推翻了传统至上神和其他凝固不变的终极存在的最高权威，打碎了束缚王权的精神枷锁，是中国古代人本主义在政治思想上的极端表现。不过，他不否认鬼神的存在，他的思想毋宁是某种政治实用主义的具体表现。

三、通过韩非的遭遇反观其思想的时代特征

1. 韩非是圆滑的权术老手，还是倔强的文弱书生？

韩非劝说君主使用权术，不等于他本人就是运用权术的行家里手；他对政治分析之透彻，说明他思想的深刻，不足以证明他本人在权术实践上的造诣；赴秦后的遭遇和悲剧结局，暴露出他的书生本色。

2. 韩非是倾心用秦的叛臣，还是志在存韩的爱国者？

这个问题在古代就已经提出，迄今学者仍各执一端，争论不休。其实，了解中国古代政治变革的特点有助于认识的深入。按照古朗士的研究，在古代城邦制度后期，传统的爱国主义出现危机，人们已不再按照自己出身的城市，而以是否对个人有利来考虑政治前途的问题了。中国也不例外。不过，在中国，还有另一方面的情况值得注意，那就是虽然经过了变法运动，但血缘关系在政治上仍有一定保留，在社会生活中还有很大的影响，邦国乡土意识仍然难以泯灭。因此，既要用秦，行道于天下，又要存韩，为自己的宗国效力，这个矛盾集合在韩非一人身上，应是一种合理的存在。它表现的是一个性格倔强的书生在天下一统和故国灭亡的复杂形势下的矛盾心境，是中国古代社会发展的保守性质对处

于转变中的知识分子的巨大影响的一个生动例证。

　　3. 韩非之死的原因究竟是什么？

　　韩非之死既不单纯是为了存韩，也不单纯是出于李斯的陷害，而是多种因素促成的。其中，最主要的是他自己未能处理好用秦和存韩的矛盾，未能随着时世和环境的变化调整自己的应对策略，未能圆熟地运用辩说之术，未能对君主权力和秦王政本人形成合乎实际的认识，这些都与他的倔强性格有着必然的联系。当然，说到底，他的悲剧所展示的仍是时代的矛盾和冲突。

目　录

第一章 关于《韩非子》的真伪及学派

在讨论韩非政治思想之前，有必要对《韩非子》一书的真伪和学派问题做一简单说明。

这两个问题在方法论上具有重要意义。

首先，关于《韩非子》一书的真伪问题。

中国古典的真伪，是治中国思想史者必须正视的问题。然而对此，理解却有不同。所谓真实性（authenticity），是说已知某作品确为史籍记载的某人所作[1]，但完全证明（prove）这一点却是极为困难的，在条件不充分的情况下，几乎是不可能的。这就涉及如何看待古籍真实与否的相对性和绝对性的关系。迄今为止，能够完全无误地证实（verify）或证伪（falsify）某书作者和成书时间的记载的，在先秦古籍中几乎不存在。人们只能通过较晚一些时候的其他材料大致推测原书的作者和面貌，这种证明是相对的。不过，这种相对性的材料中却包含着绝对真实的因素，绝对真实也只能通过相对的材料来体现，两者本是同一个东西，但又的确各居一头。对待它们，既不能混淆，也不能割裂。混淆了，就可能把相对真实的材料绝对化；割裂了，就可能用某些所谓"绝对真实"的东西贬低另一些同样包含绝对真实的相对材料。不论是混淆还是割裂，都会走到固守绝对真实或绝对不真实的死胡同里去。

一般说来，某古籍真实性的大小，往往取决于所据材料在时间上与

---

[1] *Longman Dictionary of English Language and Culture*，Essex，Longman House，1992，p.66.

所谓的成书时间的远近，时间越靠前的，可靠性越大。随着研究的进步，客观材料的时间越提前，相对性中包含的绝对因素也就越多。例如，《老子》，由于有了马王堆3号汉墓出土的帛书《老子》甲、乙本和郭店楚墓出土的竹简《老子》，有关它的成书时间的实证性材料就比《史记》提前了若干年，这就使《史记》关于它成书时间的记载多了一分真实性，但距彻底的解决尚有一段距离。我们不能因为所据材料不足以完全证实或证伪某部古籍，就放弃这些材料，或否认这些材料的真实性，更不能把一部分相对真实的材料当作绝对真理，否认其他可能真实的材料。

《韩非子》一书的真伪问题，其实就隐藏着相对真实和绝对真实的辩证关系。它的绝对真实的意义在于，今本《韩非子》是否为韩非所作；而相对真实的意义则在于，今本是否来自司马迁所见到的本子。必须明确，我们不能脱离《史记》来谈《韩非子》的真实性问题，这正如我们不能脱离相对性来谈论绝对性一样。我们所据的客观材料，最权威的只有《史记》，而《史记》的写作距离韩非之死，已有100多年了，所以对待《史记》，不能站在孤立的、片面的立场上，把它当作绝对的真理；也不应站在同样孤立的、片面的立场上，贬低它的权威性。我们只能持辩证的态度，展开全面的考察，进行审慎的使用。

瑞典学者龙德(Bertil Lundahl)的见解与我的见解有一致之处。他把真实性区分为狭义的和广义的两种。所谓狭义的是指经过几千年，今本与作者写作时完全一样（这与我认为的绝对真实相近）。在这种意义上，没有任何古典会是真实的了，因为先秦古籍在后来的流传中往往经过由简帛到纸卷再到印本的发展过程。这期间，又经过无数学者的传抄、注释、校勘等整理工作，有的还屡遭天灾、战乱等厄运而有得失、分合、错简、残编、文舛、字误等情况。广义的真实性是指把许多可能性的因素考虑进去。例如，学生所作，记下了老师的行事和教导，有些思想可能就是老师本人的，因而应该算作真实的，特别是要以记载某书作者的材料为实证标准，而这种材料却只能在某种程度上说明问题（这大体相当于我认为的相对真实性）。对《韩非子》而言，确证某一篇为韩非所作，这是不可能的，人们所能做的，只是看在何种程度上可能做到这一点，所谓真实性其实就是这种可能性。① 不过，所谓可能性，含义比较宽泛，容易混淆材料的相对真实和绝对真实的辩证关系以及原书的各种可能性的界限。因为不管有多大的可能性，都是在材料的相对真实和绝对真实的辩证关系的前提下而言的，离开了这个关系，就不会有什么可能性。因此，我仍倾向于用相对性和绝对性的关系来表现《韩非子》的真实性，而不用各种可能性。

其次，关于《韩非子》的学派归属问题。

学派归属问题具有双重意义。一方面，它有助于理解原书的真实性。因为古代著作都包含着一定的思想，而思想又往往是互相联系的，对各种联系的梳理和辨析，可以帮助我们在思想发展的过程中认识原书的写作时间和作者。另一方面，它有助于我们理解原著的思想特征，在原著的文献研究和思想研究之间起到桥梁的作用，因而在真实性之外，本书又辟出一定篇幅讨论学派归属问题。

一、关于《韩非子》一书的作者

关于《韩非子》一书的作者，我们根据的材料以司马迁（约公元前145 或前 135—?）的《史记·老子韩非列传》较为系统和可信。从中得知，韩非是战国晚期韩国的诸公子，他善于写作，有许多文章传世，其中著名的《孤愤》《五蠹》还得到邻国秦王政（公元前 259—前 210）的赞赏。韩王安五年（秦王政十三年，公元前 234），秦国大兵压境，他受韩王安的重托，出使秦国，谋求和平。第二年（公元前 233），客死秦国②，距司

---

① Bertil Lundahl，*Han Fei Zi：The Man and the Work*，Stockholm East Asian Monographs，No. 4，Institute of Oriental Languages，Stockholm University，Stockholm，1992，pp. x，107. 以下所引 *Han Fei Zi：The Man and the Work* 皆出此本。

② 参见（汉）司马迁：《史记·老子韩非列传》，2155 页，北京，中华书局，1982。以下所引《史记》，皆出此本。

马迁写《史记》尚有 100 多年。[1]

关于韩非的生年，史家没有提及，大概是文献不足征的缘故。后世学者做了种种推测。有人说，他生于公元前 280 年左右，依据是他与李斯(？—公元前 208)同学于荀子(约公元前 313—前 238)。假定李斯入秦时大概 30 岁，到韩非出使秦国那一年，李斯在秦已经 15 年，年纪应在 45 岁左右，韩非若与之年龄相仿，那么去世时当也在 45 岁左右，从公元前 233 年向上推算 45 年，正好接近公元前 280 年。钱穆在《先秦诸子系年·李斯韩非考》中提出此说。[2]

还有人认为，韩非生年应在公元前 295 年左右，其根据是：《韩非子·问田》中有棠溪公与韩非对话一节，而《外储说右上》又有棠溪公与韩昭侯(公元前 358—前 333 在位)问答的记载。假设韩昭侯晚年棠溪公还是个青年，只有二三十岁，按古人长寿者计算，若能活到 90 岁的话，他的活动下限可到公元前 270 年左右，此时韩非已能与他谈论政治问题，年龄当不会低于 25 岁，由此上溯 25 年，恰好是公元前 295 年。如果此说确实，那么韩非去世时，已是 60 多岁的老人了。陈千钧在《韩非新传》一文中提出这个论点。[3]

以上两说都属推测，至今尚未证实，因此难以遽信。就前者而论，同学未必同庚。孔门弟子中，子路年长，大颜渊 21 岁，二人同学于孔子(公元前 551—前 479)。李斯、韩非何必年纪相同？至于后者，两个棠溪公是否一人即成问题。按战国时代，某地之封君有称公者，且可以世袭，如齐国靖郭君田婴、孟尝君田文父子两代受封于薛，均称"薛公"。[4] 棠溪为韩国地望，据张守节《史记正义》："故城在豫州堰城县西八十里。"[5]棠溪的封君为什么不能是父子两代，甚至祖孙几代人呢？

---

① 参见[日]龙川资言考证，[日]水泽利忠校补：《史记会注考证附校补·史记总论·太史公年谱》，2100 页，上海，上海古籍出版社，1986。
② 参见钱穆：《先秦诸子系年》，478 页，北京，中华书局，1985。
③ 参见陈千钧：《韩非新传》，载《学术世界》，1935(2)。
④ 参见《史记·孟尝君列传》，2353、2355 页。
⑤ 《史记·苏秦列传》，2252 页。

总之，以上两说有待于发现更为坚实的证据方可确定。

二、关于《韩非子》一书的真伪

如前所述，这里只是在相对真实和绝对真实的辩证关系的前提下，讨论今本《韩非子》的真实性问题。具体而言，就是看它是否来自司马迁所见到的原本，或者说与《史记》的记载是否一致。在目前的条件下，它的真实性其实是包含在《史记》中的。

(一)目录学的证明

与古代许多典籍相较，《韩非子》在文献学上可以说问题较少。

据《史记·老子韩非列传》，司马迁见到的《韩非子》有"《孤愤》《五蠹》《内外储》《说林》《说难》十余万言"①，列举的篇目俱见于今本，全书字数也与今本相当。

西汉末年，刘向(约公元前77—前6)奉诏校雠国家图书，撰《别录》，他的儿子刘歆(约公元前53—公元23)在此基础上编成大型目录《七略》，东汉人班固(公元32—公元92)编著《汉书·艺文志》，将《七略》的主要内容和体例保存下来。之后，《别录》《七略》亡佚，后人便只有通过《汉书·艺文志》窥见汉代图书之盛了。该篇诸子法家类中著录有《韩子》55篇②，篇数与今本相合，这是迄今所知有关《韩非子》篇数的最早记录。

北魏道武帝统治时期(386—409)，公孙表诣阙献《韩非书》20卷，道武帝称善。③ 说明此时《韩非子》已由原来的简册抄在帛或纸作材料的卷子上面，大概仍然保留了原来的55篇结构。

---

① 《史记·老子韩非列传》，2147页。
② 参见(汉)班固：《汉书·艺文志》，1735页，北京，中华书局，1962。以下所引《汉书》皆出此本。
③ 参见(唐)李延寿：《北史·公孙表传》，974页，北京，中华书局，1974。

据张守节《史记正义》，梁阮孝绪的《七录》也著录《韩子》20卷。[1]此后，《隋书·经籍志》《旧唐书·经籍志》《新唐书·艺文志》、郑樵《通志·艺文略》、陈振孙《直斋书录解题》一直著录《韩子》20卷。《直斋书录解题》还特别注上一笔："韩诸公子韩非撰，《汉志》五十五篇，今同。所谓《孤愤》《说难》之属皆在焉。"[2]

为了与唐代的韩子（愈）相区别，宋代的一些学者开始用《韩非子》作为韩非书的书名。

随着印刷技术的进步，《韩非子》在宋代有了印本。清代乾嘉时，一些学者还见过宋版的《韩非子》。宋至清代，几经校勘，形成了以宋乾道本为宗、多种版本并行的局面，为近代人的校雠工作提供了条件。[3]晚清学者王先慎在此基础上撰成《韩非子集解》，刊行于光绪丙申年（1896），至今仍为通行本。

今人陈奇猷汇集古今多种版本，旁及其他典籍数百种，吸收前人成果数十家，撰成《韩非子集释》一书，影响极大，本书引用的就是这个本子。

此外，南京大学周勋初、洪诚、刘毓璜等人的《韩非子校注》对《韩非子》的校勘、注释和流传也有重要贡献。

综上所述可知，单从目录学上说，今本《韩非子》20卷、55篇来自西汉刘向、刘歆所见的《韩子》55篇本，是没有什么问题的。而从司马迁逝世到刘向校书，不过几十年，其间没有迹象表明汉朝秘府图书遭到毁坏，因此，说刘向、刘歆、班固所见到的《韩子》55篇与司马迁所见的10余万言是同一本书，应该不会有什么问题。

（二）关于容肇祖先生《韩非的著作考》

一般说来，关于战国史事的记载能追溯到司马迁的《史记》，大致就算接近真实了。到目前为止，还没有任何后世的历史资料能够在总体上取代《史记》对战国史事的权威地位。当然，即使如此，也不能说《史记》

---

① 《史记·老子韩非列传》，2146页。

② （清）陈振孙：《直斋书录解题》卷十，叶1，清光绪九年八月江苏书局刊本，苏州振新书社印。

③ 参见陈奇猷、张觉：《韩非子导读》，30～51页，成都，巴蜀书社，1990。

是毫无问题、可以完全信赖的。《史记》成书在战国结束的 100 多年之后，这段时间里发生了秦灭六国、焚书坑儒、楚汉战争等重大历史事件，许多历史资料散失了。司马迁少时游历大江南北，探访历史遗迹，搜求前代遗闻轶事，继父任太史令，得以遍览皇家"石室金匮之书"，遭李陵之祸后，更发奋著书，"述往事，思来者"①，撰成这部不朽的巨著。《史记》的出现，有它特殊的历史条件，对于战国史事来说，具有两重意义：一方面，它提的线索真有无与伦比的价值；另一方面又提醒人们，这些线索不是无可怀疑的，使用《史记》必须谨慎，最好能做一些考证的工作，使我们的认识更接近真实一些。对《史记》关于《韩非子》的记载，就应取这样的态度。

前面从目录学上说明今本《韩非子》很有可能来自司马迁所见到的本子，那么能否从思想内容上证明这一点呢？当然，即使能够做到这一点，也只是承认《史记》的记载，表明今本《韩非子》出自韩非之手这种绝对真实的假定只是一种可能性，可能的程度与《史记》的可信程度相当，这就是前面说的绝对真实性和相对真实性的辩证关系。或者说，关于今本《韩非子》是否真的出自早于司马迁 100 多年的韩非之手，目前还没有发现比《史记》更能说明问题的第一手实证性的证据，还没有比《史记》包含更多绝对真实性的材料出现。可是在 20 世纪二三十年代，有人著文试图超越《史记》，彻底解决《韩非子》是否为韩非所作这个绝对真实性的问题，其代表就是容肇祖的《韩非的著作考》。下面对容肇祖的论点试做分析，同时谈谈我对这个问题的看法。

首先，容肇祖根据以下几条标准对今本《韩非子》表示怀疑。

其一曰：

> 韩非的著作，今传有《韩非子》一书。然而这书篇次杂乱，最不可靠。②

---

① 《史记·太史公自序》，3296、3300 页。

② 容肇祖：《韩非的著作考》，见罗根泽编著：《古史辨》第 4 册，653 页，上海，上海古籍出版社，1982。容肇祖的《韩非的著作考》完成于 1927 年 11 月 22 日，原载于《国立第一中山大学语言历史学研究所周刊》第 1 集第 4 期(1972)，后收入《古史辨》第 4 册。

今本《韩非子》之所以"最不可靠",是因为"篇次杂乱"。言外之意,只要篇次整齐,就可信以为真。可是,翻遍通行先秦诸子,除了《吕氏春秋》有《十二纪》《八览》《六论》,似编者有意整齐之外,其他子书很多都是篇次杂乱的。古人著书并非专为发表,当时以简牍记载文章,短者书于单简,长者连缀成篇,而且往往单篇流传。到一定时候,一般是在作者身后,由弟子后学收集整理合为一部。即使如此,在以后的流传中也难免因传授系统不同、抄写之误而出现传本不同、篇次杂乱、文字舛讹等现象。据《史记·老子韩非列传》,秦王政见到《孤愤》《五蠹》之书,大为欣赏,可不知作者是谁,幸亏有李斯在旁,说是韩非所作,才解决了署名问题。这说明,韩非的著作在当时是单篇流传,且不署作者之名。如此看来,到后来编辑成书时,有篇次杂乱的现象不为奇。何况事实上今本《韩非子》与其他诸子相较,有些篇次倒颇为整齐。如从前至后,《初见秦》《存韩》《难言》连成一气,作为入秦后的三篇上书,符合韩非在秦活动的实际遭遇;接着是《爱臣》《主道》《有度》《二柄》《扬权》《八奸》《十过》七篇,集中论述道法和法术结合的问题;《孤愤》《说难》《和氏》,抒发法术之士饱受权臣压抑的苦闷和愤慨;《解老》《喻老》相连,前者以黄学解释《老子》,后者以时事历史印证《老子》;《说林》上下、《内外储说》六篇,连珠集锦,有经有说,历记古今成败祸福之事;辩难体五篇连载,对流行观点进行驳议;《五蠹》《显学》《忠孝》《饬令》压轴,阐述法治主张。凡此种种都说明,今本《韩非子》经过分类编辑,类似今日学者的论文集。这个工作可能是刘向、刘歆父子做的,也可能在司马迁见到10余万言的《韩子》时就已经如此。按照容肇祖的逻辑,今本《韩非子》岂不是应该具有真实性的吗?

其二曰:

> 《史记·老庄申韩列传》说非"归于黄老"[1],疑当日《韩非子》一书,已混杂有《解老》、《喻老》之篇。[2]

---

[1] 原文应为"归本于黄老"。
[2] 《韩非的著作考》,见《古史辨》第4册,654页。

　　容肇祖的推论本来是正确的，根据《史记》语气，完全有理由认定司马迁见到的《韩子》中已有《解老》《喻老》这样的篇章，可容肇祖用"混杂有"三个字，表明这两篇不应是《韩非子》的内容。那么人们不禁要问：为什么《韩非子》不能有《解老》《喻老》这类文字？我猜想容肇祖是用汉人所谓法家的分类标准来看待《韩非子》的，生因而不允许其中有黄老道德之言。

　　其实，诸子分家在先秦并未明确，当时的思想流派虽各有传授系统，但并不像后世思想斗争或宗教派别之争那样紧张的两军对垒，那样有严格的外部组织界限。当时的争鸣既是交锋，又是交流，有相互批判、攻讦的一面，更有吸收、借鉴的另一面，而且越到战国后期越是如此。《韩非子》被称为法家的集大成者，具有综合性的特点，正符合了当时的争鸣形势，应该是一个合理的存在。

　　而且在《韩非子》书中，与《老子》有关的内容远不止《解老》《喻老》两篇，《存韩》有："故曰：'兵者，凶器也。'"①系《老子》"夫佳兵者，不详之器"②的变体。《主道》所谓"人主之道，静退以为宝"③，为《老子》"不敢为天下先""清静为天下正"④的发挥。《扬权》和《外诸说左下》的"去甚去泰"或"去泰去甚"，即源于《老子》第 29 章。《难三》更明白宣称《老子》曰：'以智治国，国之贼也'"⑤。这句话见于今本《老子》第 65 章。《韩非子》不止一次地引述《老子》"鱼不可脱于渊，国之利器不可以示人"⑥。凡此种种，都说明《韩非子》中渗透了大量道家老子的学说，因此，其中有《解老》《喻老》这样的文章并非偶然，不足为怪。今本《韩非子》的《六反》赫然宣称："老聃有言曰：'知足不辱，知止不殆。'"⑦这句

---

　　①　陈奇猷校注：《韩非子集释·存韩》，30 页，上海，上海人民出版社，1974。以下所引《韩非子集释》，除非注明者，皆出此本。
　　②　《老子道德经》，《诸子集成》本，18 页，上海，世界书局，1935。以下所引《老子》，皆出此本。
　　③　《韩非子集释·主道》，68 页。
　　④　《老子道德经》，《诸子集成》本，41、28 页。
　　⑤　《韩非子集释·难三》，861 页。
　　⑥　《老子道德经》，《诸子集成》本，21 页。
　　⑦　《韩非子集释·六反》，952 页。

见于今本《老子》第 44 章。就是这个《六反》，曾被容肇祖"推证"为韩非所作，据此人们不禁又要发问：同样是引述《老子》，同样都合乎"归本于黄老"的记载，为什么《六反》是真的，而《解老》《喻老》却是假的？

此外，对于汉代开创的目录分类法，也应当采取一种理智和辩证的态度。汉人为了研究古代文献的方便，对诸子之书进行分类。司马谈（？—公元前 110）著《论六家之要指》，把诸子划分为阴阳、儒、墨、名、法、道德六家，谓法家"严而少恩"①，司马迁说韩非思想"惨礉少恩"②，裴骃《史记集解》："礉，胡革反。用法惨急而鞫礉深刻。"下意识里是把《韩非子》当作法家的。到刘歆、班固那里，《韩非子》就正式著录于法家类了。这种做法对于先秦诸子的研究有提供方便的意义，也隐含了割裂、曲解和误导的危险倾向。对于这种分类，更要认识到它的相对性，不能把它当作凝固僵死的教条，否则，就会走向极端，犯自相矛盾的错误。在这个问题上，容肇祖的观点仍有逻辑混乱之嫌。例如，既然认为《史记》和《汉书》关于《韩子》篇章的记载不足以证实今本《韩非子》的真实性，那么又如何可以用这两书中学派划分的标准来判别今本《韩非子》篇章的真伪呢？

其三曰：

> 今《韩非子》一书，首篇为《初见秦》，次篇为《存韩》，已自相矛盾。③

这又提出另一个问题，即能否单纯以内容的矛盾来判断某一作品的真伪？我以为，对此需做具体分析。所谓自相矛盾是指同一个人对同一件事实的两种截然相反的看法。就文献研究而言，大致有两种情况值得分辨。一是没有任何根据的对立，实际上是逻辑混乱的代名词；另一种是有根据的、有所为的，反映的是合理的存在，表现了更深刻的思想。《礼记》上有这样一则故事：某日，孔门大弟子曾参（公元前 505—前

① 《史记·太史公自序》，3289 页。
② 《史记·老子韩非列传》，2156 页。
③ 《韩非的著作考》，见《古史辨》第 4 册，654 页。

434)告诉有若(公元前518—?),他听老师(孔子)说过"丧(去官)欲速贫,死欲速朽"的话,有若不相信这是孔子说的,因为这话与孔子一贯的发奋有为、积极进取的精神相悖谬。据孟子(约公元前372—前289)记载:"孔子三月无君则皇皇如也,出疆必载质","出疆必载质,何也?曰:士之仕也,犹农夫之耕也。农夫岂为出疆舍其耒耜哉"。① 可见,孔子并不想失官后速贫。另外,孔子维护传统礼制,重视丧葬,当然也不主张死而速朽。后来,子游证实,孔子的确说过上面那句话,不过是在两个特定的情形下对具体的问题而发。第一,宋国桓司马自造石椁,三年不成。孔子虽重视丧葬之礼,主张大夫死后,应葬以四寸之棺、五寸之椁,但得知这件事后不觉愤慨,认为像这样浪费倒不如死了快点烂掉,免得劳民伤财。第二,鲁国南宫敬叔失官后载宝而朝。孔子也曾失掉鲁国司寇之职,很快又决定赴楚求仕,并再三派遣弟子先行联络,说明他不想失官后速贫,可是听说南宫敬叔欲以贿赂求官,顿生厌恶,以为与其这样腐败,倒宁愿失官后速贫算了,免得玷污了廉政。② 可见,如果抽掉具体的条件,"丧欲速贫,死欲速朽"与孔子一贯的主张的确是矛盾的。可是,如果了解了说出这话的特定背景,就会发现,这两句话的真正意图,是批评奢侈和腐败,与孔子的礼和仁的精神不但不矛盾,反倒是它们的具体表现,从而使人更加感到孔子形象的高大。根据以上理解,我们可以重新考察《初见秦》和《存韩》之间的关系。首先要弄清楚两者是否真的处于矛盾中,如果确实,那还要看这个矛盾是否有可以同真的逻辑依据。关于《初见秦》的真伪及其与《存韩》的矛盾,下文还将详细讨论。

此外,还有"文体殊异"一条。前人已经指出其不可作为判断文献真伪的权威标准③,此不赘述。不过,《韩非子》各篇虽然文体稍有差异,

---

① 《孟子正义·滕文公章句下》,《诸子集成》本,247、250页,上海,世界书局,1935。以下所引《孟子》,皆出此本。

② 参见《礼记正义·檀弓上》,见(清)阮元校刻:《十三经注疏》,1290页,北京,中华书局,1980。

③ 参见郭沫若:《十批判书·韩非子的批判》,314页,北京,人民出版社,1954。

但思想和语言却有它的一贯的精神。对此，国外汉学家有一些可资借鉴的观点。龙德认为，通过仔细阅读，可以感到全书大部分系一有个性的文章老手所为，很有可能就是韩非所作；他还继承瑞典汉学家高本汉氏（Bernard Karlgren，1889—1978）在《论左传的真伪和性质》(*On the Authenticity and Nature of the Tso chuan*，pp. 3-65)中使用的方法，从语法和音韵上证明《韩非子》和《庄子》《吕氏春秋》《战国策》《荀子》一样，都是公元前 3 世纪的作品。① 说实话，在阅读今本《韩非子》的过程中，我也感到字里行间洋溢着一种始终如一的战斗激情，它的一致性(consistency)是那样的自觉，绝非多人杂凑所能做到的。至于高本汉氏的考证方法，我想对我们的研究自然是一个有力的支持。

总之，从以上四条的反面，我们已经可以推知容肇祖判断今本《韩非子》中韩非作品的标准了。那就是篇次整齐、互不矛盾、纯然言法、文体一致。龙德认为，古史辨派这样做大概是为了去掉古代思想的不一致处，使其尽可能地具有逻辑化和推理化的特点，借此提高中国古代思想家的声誉。② 我以为，当时的学者由于受西方科学思潮的影响，认为凡可称为某某思想的必定是体系严整、格式规范的，未见得一定是为了提高中国古代思想的地位。不过，可以肯定的是，根据这四条标准，今本将不会有多少篇归于韩非名下。

在正面对待今本《韩非子》真伪的问题上，容肇祖首先舍去个人成见，对 55 篇一视同仁，在出发点上保持态度的客观性，这符合科学性的基本要求，是值得称道的。接下来，他试图超越司马迁，而根据李斯、秦二世（公元前 230—前 207）转述的《韩子》原文来判断今本的真伪，据他发现，李斯、秦二世所引的《韩子》原文见于今本《韩非子》的《五蠹》和《显学》，因而断定这两篇可以"确证"为韩非所作，再根据这两篇的内容"推证"其他若干篇为韩非所作。如果不做深究，那么可以说他的做法到这里仍然是正确的，因为按照常理，李斯、二世一个是韩非同窗，一

① *Han Fei Zi：The Man and the Work*，p. x，pp. 131-132.
② *Ibid*. pp. 111-112.

个是秦朝君主，他们见到的《韩子》理应较 100 多年后司马迁见到的更具权威性啊。可是不要忘了，李斯和二世引用的《韩子》原文竟然也是出于《史记》①，也是司马迁记录下来的！也就是说，李斯和秦二世引用的《韩子》原文也要经过司马迁的认可后方才记录在案。如此看来，容肇祖的逻辑可能又有混乱之嫌了：同在司马迁笔下，为什么李斯、二世转述的《韩子》文字是可信的，而韩非自己创作的却是不可信的？

为了解开这个死结，我们不妨做如下假设：司马迁作《李斯列传》和《秦始皇本纪》时采用的是《秦纪》等史料，而作《韩非列传》时所用的是他见到的《韩子》及相关材料，如果前面两篇所记的《韩子》语句与后者不同，结果不外会有两种可能：太史公将按自己所见的《韩子》订正《秦纪》之误；或者会认为是李斯、二世有意篡改，目的是托死人之言以申己说。如果第一种情况发生，那么《李斯列传》和《秦始皇本纪》所引《韩子》与《韩非列传》所据的《韩子》一定相同；如果第二种情况出现，那么司马迁必然要在行文中有所提示。可是事实上，在《史记》中我们没有发现任何迹象说明第二种情况可能发生。而李斯以书对二世，所引《五蠹》原文"布帛寻常，庸人不释，铄金百溢，盗跖不搏"②，又见于东汉王充（约公元 27—约 97）《论衡·非韩》③，可以证明《李斯传》引用的《韩子》与汉代通行本相同，并无改造痕迹；此外，二世所引《五蠹》之文两见于《秦始皇本纪》和《李斯列传》，也与今本内容相合，虽行文小有差异，但不见有歪曲附会的痕迹。因此，只有第一种可能才是合理的。总之，不论做何种假设，都无法证明《秦始皇本纪》和《李斯列传》所引用的《韩子》不同于《史记·老子韩非列传》所依据的《韩子》。这样看来，容肇祖的逻辑矛盾就是无法解释的了。这个矛盾之所以产生，大概与片面理解实证方法有关。比如，舍司马迁而相信李斯、秦二世，这个思路不能说不对，但是在没有新的实证材料的情况下，企图超越《史记》的权威性（在英文

---

① 参见《史记·李斯列传》《史记·秦始皇本纪》。

② 《史记·李斯列传》，2555 页。

③ 参见北京大学历史系《论衡》注释小组：《论衡注释·非韩篇》，571～572 页，北京，中华书局，1979。以下所引《论衡》，皆出此本。

里权威性与真实性是同一个词），即超越史料的相对真实性而直奔绝对真实性，破坏了两者之间的合理张力，其结果必然陷入逻辑上的自相矛盾。

（三）关于《初见秦》的作者

《初见秦》是《韩非子》中争论最大的一篇，也是古史辨派指证今本《韩非子》不可相信的重要证据之一。理由是同一篇文字又见于今本《战国策·秦策》，原题"张仪说秦王曰章"。

宋代鲍彪注《战国策》时，认为该篇虽为客说秦王以破纵之策，但所说皆仪死后事，故删去章首的"张仪"二字。元代吴师道作《战国策校注补正》，认为"张仪""当作韩非"。①

容肇祖在《韩非的著作考》提出《初见秦》属纵横家或游说家之言混入《韩非子》书中者，它的作者当是张仪（？—公元前 309）。② 容肇祖没有注意鲍彪的提示，因此在怀疑《韩非子》的同时却轻信了《战国策》。他的这一疏忽很快被邓思善指出。

邓思善继续鲍彪的做法，指出《初见秦》涉及的史事皆发生在秦昭王（公元前 324—前 251）时，而张仪死于昭王即位之前，当然不应为这篇上书负责。③ 它的作者仍然是深悉昭王时事的韩非。邓思善还以为，"韩非有意为秦"，它与《存韩》并不冲突，韩非所谓存韩是因为当时"亡之适以取祸，故不得不暂存之"。"其结果亦为亡韩"，其所谓"存韩伐赵，亦破六国合纵之一法，意与《初见秦》篇相合，不过时机不同，故政策亦发生变化而已"。④ 邓思善还试从学说上推证《初见秦》为韩非所作。他认为：

> 又察此文有种种情理，与《五蠹》篇有相通处，此篇谓：
> 今秦出号令而行赏罚，有功无功相事也。出其父母怀衽之中，

---

① 参见缪文远：《战国策考辨》，31 页，北京，中华书局，1984。
② 参见《韩非的著作考》，见《古史辨》第 4 册，665 页。
③ 参见邓思善：《读容肇祖先生〈韩非的著作考〉志疑》，见《古史辨》第 4 册，675 页。
④ 《读容肇祖先生〈韩非的著作考〉志疑》，见《古史辨》第 4 册，679 页。

生未尝见寇也(从《策》作"也"),闻战"顿足徒裼""犯白刃""蹈炉炭""断死于前"者,皆是也。

此处与《五蠹》篇下段意相同:

故主施赏不迁,行诛无赦,誉辅其赏,毁随其罚,则贤不肖俱尽其力矣。

此篇又谓:

今秦地折长补短,方数千里,名师数十百万,秦之号令赏罚,地形利害,天下莫若也。以此与天下,天下不足兼而有也。

此处与《五蠹》篇下段所说相同:

鄙谚曰:"长袖善舞,多钱善贾",此言多资易为功也。故治强易为谋。

又此篇谓:

一举而天下之纵不破,赵不举,韩不亡……大王斩臣以徇国,以主(从《策》作"主")为谋不忠者。

此处乃教秦王行《五蠹》篇所说"明主必其诛也"之意;与"事败则弗诛"句相对。

综上各种推证,可信是篇为韩非所作。①

邓思善以《初见秦》所载史事(内证)与《史记·六国年表》(外证)相互印证,以《初见秦》与《存韩》之一致和《初见秦》与《五蠹》思想相通来论证这篇为韩非所作,为深入研究《初见秦》的作者问题开创了一个新的局面,在方法论上具有一定的启发意义。此后的研究,不论是赞同,还是反对韩非所作,在程度上较以前明显高出一筹。

作为回应,容肇祖很快又发表《韩非子初见秦篇考》。这　次,他认真检讨了历史上对于《初见秦》作者问题的各种观点,承认吴师道用内外证否认为张仪所作说,但仍坚持非韩非所作。理由首先是《初见秦》与《存韩》的矛盾,特别是《存韩》中李斯揭露所谓"存韩"是韩非"自便之计"

---

① 《读容肇祖先生〈韩非的著作考〉志疑》,见《古史辨》第4册,677~678页。

的话，指证《初见秦》中的"亡韩"动议绝非出自韩非。此外，他还对王应麟《汉书艺文志考证》卷六引述沙随程氏以为范雎（？—公元前255）所作的观点进行了考察，认为《初见秦》中说客"所谓'谋臣不为，引军而退，复与赵连和，是谋臣之拙也'的话，都是暗指范雎的。不应是范雎书。沙随程氏的话不攻自破"，但这个说客又绝不可能是秦王政十三年入秦的韩非，因为，篇中"累称大王……可证确为秦昭王时人所说的"。① 由此，容肇祖总结道："《初见秦》一篇的作者，既不是张仪，又不是韩非，又不是范雎，而是在昭王时，范雎稍后的一人。"②

这人究竟是谁？刘汝霖发表《韩非子初见秦篇作者考》，根据文中提到公元前257年秦围邯郸之事，而篇中屡次称道的大王就是秦昭王，断定这篇作于秦围邯郸到昭王之死（公元前251）的七年间。这期间，"东方说客到秦国而见于史书的，我们仅见到蔡泽一人，所以假定这篇是蔡泽或蔡泽之徒所作，有最高的可能性"③。刘汝霖此文似乎早于容肇祖的《韩非子初见秦篇考》，容肇祖在文末对有人提出蔡泽所作不以为然，认为"蔡泽是由范雎进用的，似乎初见秦时不当即数范雎之短"④。

针对以上各家否定韩非所作的观点，高亨发表《韩非子初见秦篇作于韩非考》，认为篇中说客列举了秦破赵、破魏、破楚及五国人齐诸事，却未言及破韩与燕，对此需注意。又据《六国年表》，终赧王之世，秦燕未尝一战，所以无可列举；而秦韩之间却屡有大战，而几乎每次都以破韩告终，是有可列举的内容的，有可举而不举，是"韩非隐讳国辱之意，故但曰'凌三晋'，曰'坏韩蠹魏拔荆'，曰'举赵拔韩'，亦连并及之耳。故《初见秦》之说，非献灭韩之举，与《存韩》一篇固不抵触"⑤。高亨认为，韩非"抱帝王之术"，"用世之心甚急"，此次入秦"必希用于秦，上

---

① 《韩非子初见秦篇考》，见《古史辨》第4册，685页。
② 《韩非子初见秦篇考》，见《古史辨》第4册，686页。
③ 刘汝霖：《韩非子初见秦篇作者考》，见《古史辨》第4册，691页。
④ 《韩非子初见秦篇考》，见《古史辨》第4册，686页。
⑤ 高亨：《韩非子初见秦篇作于韩非考》，见《古史辨》第4册，687页。

书陈兼天下之方略"，追求的是天下一统，不但不会存韩，也并非仅仅亡韩。此说从韩非个性和思想入手，独辟蹊径，使人耳目一新。但是对该篇写作的绝对年代和文中称昭王为大王这样的关键问题避而不谈，因而多少使人感到有些玄虚。

古史辨派关于《初见秦》作者的争论集中在 20 世纪 20 年代末。总结起来，这次争论提出了以下一些有启发性的观点：第一，主张韩非所作的，一般倾向于从韩非的个性、思想学说与《初见秦》的某些内容相印证，经过分析，认为《初见秦》与《存韩》并不矛盾；第二，主张非韩非所作者，则坚持内外证结合的方法，确定该篇写作的绝对年代为昭王后期，篇中屡称的大王即秦昭王，同时一般认为这篇与《存韩》矛盾。

经过短暂的沉寂，一个强劲的观点异军突起，在绝对年代和作者个性和思想两个方面均有突破性进展，把研究推向高潮，这就是郭沫若（1892—1978）的《韩非子〈初见秦〉篇发微》，此文收在郭沫若的《青铜时代》一书中。

关于写作的绝对年代，郭沫若根据篇中"臣闻天下阴燕阳魏，连荆固齐，收韩（策作'收余韩'）而成从，将西面以与秦强（策无'强'字）为难"断定这次合纵的领袖是赵国，因为所谓"阴（北）燕阳（南）魏"正是赵的地望，而"连荆""固齐""收韩"的正是隐没在燕魏间的赵国。篇中所谓"臣昧死愿望见大王，言所以破天下之从，举赵，亡韩，臣荆魏，亲齐燕，以成霸王之名，朝四邻诸侯之道"，把"举赵"列在第一位，"这正足以证明在说者进说时这一次的合纵是以赵为盟首。……除以赵为主动之外，韩魏楚是响应赵国的，而燕齐则采取的是中立态度，不用说是对于赵的好意中立"。[①]

这样一次合纵行动，是否有外证可以印证？郭沫若不无兴奋地宣布："这样的一件事情就发生在秦昭王五十一年的五月！"他据《史记·赵世家》秦昭王五十一年，"五月，赵将乐乘、庆舍攻秦信梁军，破之"。

又据《六国年表》①，于魏，作"韩魏楚救赵新中，秦兵罢"。于韩、楚，则各书"救赵新中"。可见，这一次的军事行动正是赵主谋，而韩魏楚为同盟，而且是承继着邯郸解围的胜利余势而来的。信梁，据张守节《史记正义》，是秦将王龁的号。据此，郭沫若断言："这件史实既有徵据，那吗《初见秦》篇的绝对年代便更可以推定了。据《秦本纪》，昭王五十年'十二月武安君白起以罪死。王龁攻邯郸不拔，去，还奔汾军'，足知邯郸解围在秦昭王五十年十二月。而本篇的作者既是在这时之后，并在王龁再败于新中之前进说的，可见《初见秦》的绝对年代便是在秦昭王五十一年的头三四个月里面。"②

有了这个绝对年代，其他人自不待说，就是蔡泽为进说者的假设也被推翻，因为据郭沫若考证，蔡泽入秦是在秦昭王五十二年王稽伏诛之后。此时，王龁军早已为赵魏韩楚合纵军攻破，再进说言破四国之纵已无意义。

那么，在这个绝对年代间能为破赵进说的初见秦王者是谁呢？郭沫若斩钉截铁地断定，是吕不韦(？—公元前235)！

郭沫若认为，作为《初见秦》的作者，必须满足如下几个条件：第一，在秦昭王五十一年一至四月间入秦见昭王；第二，因篇中有"臣闻""臣窃笑之"，"臣昧死愿望见大王"，"斩臣以徇国，以为王谋不忠者"等，进说者频频称臣，必须已是秦国属吏；第三，熟悉赵国形势。这三个条件恰好吕不韦能够全部满足。

首先，吕不韦首次入秦大概是昭王四十八年，那次是为了子楚获得继承权而在贵族间活动，并未入见昭王。据《史记·吕不韦列传》"秦昭王五十年，使王龁围邯郸，急，赵欲杀子楚。子楚与吕不韦谋……得脱，亡赴秦军，遂以得归"③。郭沫若认为："他们'遂以得归'，应该是在邯郸撤围，秦兵退却的时候，即是当年的十二月。再加上途中的时

————————————

① 原文作《十二诸侯年表》，系作者笔误。
② 《韩非子〈初见秦〉篇发微》，698 页。
③ 《史记·吕不韦列传》，2509 页。

日，那吗子楚与吕不韦的回秦便约在五十一年的初头了。这与上面所考定的《初见秦》篇的绝对年代恰好相合。因此，我敢于推定《初见秦》篇的作者应该就是吕不韦。"①此次入秦虽不是初次，但得见秦昭王却可以是初次，况且，篇中并无"初见秦"字样，这个篇名乃是编者所加，无须为是否初见秦而争辩。

其次，吕不韦在昭王四十八年后就在做子楚的"傅"，早就是秦的属吏，因此在篇中称臣，并称秦国为"内者""吾"也就顺理成章了。

再次，吕不韦熟悉赵国形势，因而能够进说"举赵"破纵之计，当是最合适的人选。

最后，郭沫若还把篇中思想与《吕氏春秋》做了比较，认为《初见秦》并不反战②，却主张戒慎③，这与《吕氏春秋》里面所表现的思想颇相符合。他还提出："战国时的政治主张本有三种作风，即是王道，霸道，强道。……'强'是纯粹的侵略政策……《初见秦》篇屡言'王霸'，而隐隐反对强的主张，这种思想的色彩也和《吕氏春秋》的思想体系没有什么抵触。"④

以上，便是郭沫若的观点。

我以为，他的关于《初见秦》的绝对年代的考证在方法上是极有见地的。但称臣即为属吏，似无必然之势。春秋战国间，在他国君前自称臣这本是当时礼节，不足为据。至于《初见秦》与《吕氏春秋》的思想体系没有什么抵触，更不能作为凭据。与《初见秦》某些思想不相抵触者绝不止《吕氏春秋》一种，而真正以强道来标榜自己的全部学说体系的，也不会太多，一个思想家似没有必要在一篇上书中把自己的全部学说体系和盘托出。况且《吕氏春秋》与吕不韦的思想究竟有什么关系至今还成问题。

总之，对《初见秦》出自韩非的证伪，由于郭沫若的加入，而大大地前进了一步，但论证仍然不能说是充分的。

---

① 《韩非子〈初见秦〉篇发微》，699 页。

② "战者万乘之存亡也"。

③ "战战栗栗，日慎一日，苟慎其道，天下可有"。

④ 《韩非子〈初见秦〉篇发微》，700 页。

此后，陈奇猷撰《韩非子集释》，对以前诸说进行总结，仍然坚持传统的观点，在新的高度上重申此篇出自韩非之手。理由如下。

第一，自苏秦死后，六国削弱，而言合纵之声复起，故此篇篇首言合纵形势。

第二，韩非先上书言存韩（即今本《存韩》前半部），下狱后欲自陈不见，此篇必系欲自陈不见之上秦王书，故篇末云："愿望见大王。"后人不知此篇出《存韩》之后而题为《初见秦》，《国策》又以为张仪书，遂使后人起争论之端。

第三，张仪、韩非等人所上之书，在档案中混于一处，后人编《战国策》时误为张冠李戴。

第四，详述其策于此书中，一则乞秦王能任用，再则表明其为秦而不私韩，故与《存韩》篇言存韩发生矛盾。

第五，本书民泯字皆民萌，而此篇亦作民萌，可见本篇亦为韩非手笔；且知伯决晋水灌晋阳事，韩非屡道之（见《十过》《喻老》《说林》《难三》及本篇），与本篇陈说，其旨趣皆同。亦可见此篇为韩非之作。①

主张《初见秦》为韩非所作的最大困难就是如何解释篇中所称大王为昭王的问题。陈奇猷受到尹桐阳所谓"张仪作而韩非袭用之"的启发，遂有上面第三条的推测，但陈奇猷以为《战国策》"张仪说秦王曰"是误将韩非上书张冠李戴到张仪头上，仍未解决何以韩非会上昭王书的问题。因此，他的主张仍存在致命的弱点。

尽管如此，我以为，《初见秦》为韩非所作，仍有难以驳倒的根据。

第一，作为《韩非子》中的一章，反对论者仍未能拿出过硬的证据说明它如何羼入，因而为韩非所作的可能性依然存在。

第二，从《史记·老子韩非列传》来看，韩非入秦后，"秦王悦之，未信用"②，从语气上揆度，太史公是承认韩非有意用秦的，这恰好说明当时的《韩子》中很有可能已有《初见秦》。

---

① 参见《韩非子集释·初见秦》，解题，5~6页。
② 《史记·老子韩非列传》，2155页。

第三，《初见秦》中客言破纵之计，与韩非入秦时秦国仍面临关东特别是赵国的军事压力相吻合。据《史记》记载，赵王迁三年（秦王政十四年，公元前 233 年），"秦攻赤丽、宜安，李牧率师与战肥下，却之"①。第二年，李牧再败秦军于番吾。《资治通鉴》将这两次事件各提前一年，其文云："始皇十三年（丁卯，公元前 234 年），桓齮伐赵，败赵将扈辄于平阳，斩首十万，杀扈辄。② 赵王以李牧为大将军，复战于宜安、肥下，秦师败绩，桓齮奔还。赵封李牧为武安君。"③此说当有所据。按秦始皇十三年正是韩王安五年，《史记·韩世家》记载韩非出使秦国正是这一年④，但《史记·始皇本纪》和《史记·六国年表》却记在十四年⑤，不过，尽管有两说，但李牧败秦师与韩非入秦发生在同一年，却是有根据的。据《始皇本纪》和《六国年表》，韩非使秦，正当桓齮与赵国周旋鏖战之时。这样，他向秦王政进献破纵之计，并以"举赵"为首要目标，便完全是个合理的存在了。据当时情形，关东与秦对抗，总是以合纵的形式进行的，这次当也不例外。《战国策·秦策》记载韩非入秦，正值"四国为一，将以攻秦"⑥的严峻形势。《初见秦》所谓"举赵、亡韩，臣荆、魏，亲齐、燕"⑦，恰好从反面说明"四国为一，将以攻秦"有一定的可能性，不好随意派为无稽之谈。⑧ 总之，在这样的历史背景上，我们说《初见秦》形成于秦王政十三年或十四年，为韩非上秦王书，就有了比较牢靠的历史根据。

第四，战国时代，士人兼习纵横之术，蔚然成风，张仪、苏秦、陈轸之流自不待言，就是同为法家的商鞅（约公元前 390—前 338）、李悝（公元前 455—前 395）、西门豹（生卒年不详）、吴起（约公元前 440—前

① 《史记·赵世家》，1832 页。
② 《史记·六国年表》同。
③ （宋）司马光：《资治通鉴·秦纪一》，219～220 页，北京，中华书局，1956。
④ 参见《史记·韩世家》，1878 页。
⑤ 参见《史记·秦始皇本纪》，232 页；《史记·六国年表》，754 页。
⑥ （汉）高诱注：《战国策》，65 页，上海，上海书店，1987。据商务印书馆 1934 年版影印。
⑦ 《韩非子集释·初见秦》，5 页。
⑧ 关于韩非出使秦国时秦与山东诸国的关系，周勋初的观点略同。参见周勋初：《〈韩非子〉札记》，32～33 页，南京，江苏人民出版社，1980。

381)、李斯之辈也都沾染了策士习气，韩非虽然倔强，也未能幸免。《史记》说韩非著有《说林》，见于今本，根据内容分析，似为平日涵泳策术的练习册，《初见秦》有纵横家气味，正符合这样的客观条件。研究者W. K. Liao 用 Collected Persuasions 来翻译《说林》上、下的篇名，看来是把这两篇当作说术的。①

第五，《初见秦》反复指责谋臣不忠，这与韩非张公室、杜私门的一贯主张相合。

第六，《初见秦》与《存韩》既有矛盾的一面，又有一致的另一面，与韩非的实际处境可以互相印证。一方面，韩非既有意用秦，又负有存韩使命，内心是矛盾的。韩非的这种矛盾态度，早在入秦以前就有所流露。《饰邪》是他的一篇上韩王书，其中，他赞美秦国"忠劝邪止""地广主尊"，然后笔锋一转："今者韩国小而恃大国，主慢而听秦魏、恃齐荆为用"②，表现了深深的忧国之情。另一方面，据学者研究，《初见秦》言先举赵后亡韩乃是出于"缓韩之急"的考虑，"其亡韩所以存韩也"，"此正韩非《说难》之旨"。③两篇的宗旨都是移师击赵，在这点上，两者又是一致的，是韩非调和用秦与存韩矛盾的具体表现。

第七，本篇许多内容与全书其他篇中的一些提法相合。如：

> 臣闻不知而言不智，知而不言不忠，为人臣不忠当死；言而不当亦当死。④

一上来即从"言"开始，与《难言》对言的重视与对言说之难的畏惧一致；更与韩非主张的人臣有言之之责，又有不言之责，言而必当⑤的主张一致。再如：

---

① Wen-Kuei Liao, *The Complete Works of Han Fei Tzu：A Classic of Chinese Legalism*，vol. 1，London，Arthur Probsthain，1939，p. xxviii.

② 《韩非子集释·饰邪》，308 页。

③ 陈祖鳌：《韩非别传》，载《光华大学半月刊》，第 2 卷，第 4 期，1933。

④ 《韩非子集释·初见秦》，1 页。

⑤ 参见《韩非子集释·说难》，297 页。又见《主道》等。

世有三亡，而天下得之，其此之谓乎！臣闻之曰："以乱攻治者亡，以邪攻正者亡，以逆攻顺者亡。"……今秦出号令而行赏罚，有功无功相事也。出其父母怀衽之中，生未尝见寇耳。闻战，顿足徒裼，犯白刃，蹈炉炭，断死于前者皆是也。夫断死与断生者不同，而民为之者，是贵奋死也。夫一人奋死可以对十，十可以对百，百可以对千，千可以对万，万可以克天下矣。①

将秦与关东做如是之对比，与《饰邪》如出一辙。《饰邪》云：

彼法明则忠臣劝，罚必则邪臣止。忠劝邪止而地广主尊者，秦是也。群臣朋党比周以隐正道、行私曲而地削主卑者，山东是也。乱弱者亡，人之性也。治强者王，古之道也。②

《五蠹》也有类似言论，已见前引邓思善之文。总之，以上七条，都是主张非韩非所作者难以否认的。

剩下的最棘手的，即如何解释篇中所称大王为昭王的问题。如果非要给出一个明确答案的话，那么，目前我只能沿着陈奇猷的思路，同时吸收郭沫若的研究成果，认为吕不韦，而非张仪，也有一篇内容相近的上书，进说对象是昭王，可能因为吕不韦的主要政治活动在秦王政时期，因而他的上书也被算作秦王政时期的作品，在档案中与韩非的上书混在一处，编者不知，以为是同一篇上书的两个版本，便删除重复，去其抵牾者，合为一篇。今本开篇和结尾处的"大王"更像是韩非的进说对象秦王政，如果确实，便与本篇表现的韩非的行迹和思想特征相吻合；中间涉及昭王史事的"大王"可能是吕不韦的进说对象秦昭王，虽然羼有这些内容，但并未妨碍涌篇反对奸臣、献计破纵的思想主流，这个主流当然更接近韩非，而非吕不韦。

不过，我并不认为这是满意的答案。

---

① 《韩非子集释·初见秦》，1～2页。
② 《韩非子集释·饰邪》，307～308页。

(四)关于几篇"非韩非所作"的问题

关于《韩非子》书中究竟有多少篇出自韩非之手,多少篇非韩非所作,各家说法不一。20世纪初,胡适之(1891—1962)曾认为:"《韩非子》十分之中,仅有一二分可靠,其余都是加入的。"①据他说可靠者只有《显学》《五蠹》《定法》《难势》《诡使》《六反》《问辩》。数量虽然不多,但是他承认《定法》《难势》为韩非所作,其实已承认法、术、势结合是韩非的思想内容,埋下了自我否定的种子。他甚至对《汉书·艺文志》有关法家的定义和划分感到不满,认为"古代本没有什么'法家'","中国古代只有法理学,只有法治的学说,并无所谓'法家'"。② 为正确认识法家特别是《韩非子》思想,冲破了传统目录学的藩篱。

容肇祖认为:"我们既确定《五蠹》、《显学》为韩非所作,则可以从这两篇的内容和思想去推证其他各篇,那一篇是韩非所作的。"③他推证的结果,只有《难势》《问辩》《诡使》《六反》《心度》《难一》为韩非所作。其他篇或者可疑,或者无法证明,或者干脆就是混入的,总之,都不可信。胡适之和容肇祖把《韩非子》可信的文字数量降到了最低点,这在古史辨派中也是极端的做法。这种做法在后来的学者中间产生了一定影响,甚至在国外汉学作品中也留下了痕迹,如E. R. Hughes就在此基础上认为,今本《韩非子》不到一半为韩非所作。④ Burton Watson认为《韩非子》中只有《主道》《有度》《二柄》《扬权》《八奸》《十过》《说难》《和氏》《备内》《南面》《五蠹》《显学》12篇可信。⑤

目前,经过许多学者的辨证,《韩非子》中的绝大多数篇章根据汉代的学术标准可以归于韩非名下。但某些学者对以下几篇仍有怀疑,今试加分析。

---

① 胡适:《中国哲学史大纲》卷上,365页,上海,商务印书馆,1930。

② 《中国哲学史大纲》卷上,360、361页。

③ 《韩非的著作考》,见《古史辨》第4册,656页。

④ E. R. Hughes, *Chinese Philosophy in Classical Times*, London, J. M. Dent & Sons Ltd., 1942, p. 254.

⑤ Burton Watson, *Han Fei Tzu: Basic Writings*, New York and London, Columbia University Press, 1964.

《饰邪》，张岱年认为不是原作。① 理由是其中有"先王""尧舜"等用语。其实，这里的所谓"先王""尧舜"，与儒家效法的古代圣王大不相同。《饰邪》云："古者先王尽力于亲民，加事于明法。"②用"明法"来"亲民"，这与《问田》中韩非宣称的"利民萌便众庶"③是一个意思，都是主张在法治的政治条件下，建立新型的君民关系，这种所谓"亲民"与儒者的"德治"是根本不同的。

《饰邪》还有："无地无民，尧、舜不能以王，三代不能以强。人主又以过予，人臣又以徒取。舍法律而言先王明君之功者，上任之以国。"④认为无地无民，尧舜也无法成就王业。据此，对那些舍弃法律而空言先王之功的观点展开了批判。这个观点显然是法家的，与儒家的先王观不可同日而语。

韩非是古代社会中一位典型的冲突论者，大凡儒者信仰的修文德以来远人的古代先王，在他那里都不免剥下伪装，露出崇尚强力的真实面目。《饰邪》云："昔者舜使吏决鸿水，先令有功而舜杀之；禹朝诸侯之君会稽之上，防风之君后至而禹斩之。"⑤所谓"先令"即未经指令而擅自先行，虽然有功，也难逃一死。在韩非笔下，舜和禹这样的古代贤君事实上成了刑名法术的化身，这分明是《五蠹》中"当今之世"的"新圣"形象，与儒者取法的先王相去何止以道里计！

《饰邪》中还有几处称道先王的话，都散发着法家气息。如"故先王以道为常，以法为本"⑥；"故先王明赏以劝之，严刑以威之"⑦等，都是实行法治的君主形象，与《韩非子》全书中频繁出现的所谓"明主""明君"相同。

---

① 参见张岱年：《中国哲学史史料学》，76～77 页，北京，生活·读书·新知三联书店，1982。

② 《韩非子集释·饰邪》，307 页。

③ 《韩非子集释·问田》，904 页。

④ 《韩非子集释·饰邪》，308 页。

⑤ 《韩非子集释·饰邪》，310 页。

⑥ 《韩非子集释·饰邪》，310 页。

⑦ 《韩非子集释·饰邪》，311 页。

其实，所谓"先王"，并非儒者独家使用，在战国时代它是一个极普通的字眼，法家同样用它作为自己理想之君的代名词，在《商君书》中俯拾皆是，就是今本《韩非子》，也绝不是《饰邪》一篇使用它。同样，尧舜也是各家常挂在嘴边的名词，如"尧舜采椽不斫，茅茨不翦"，见于《韩非子·五蠹》，又是墨家学说的重要内容。①《史记·李斯列传》和《史记·秦始皇本纪》就引用了《韩子》这一段，容肇祖不是还用它来证明《五蠹》确为韩非所作吗？

其实，《饰邪》比其他篇更有理由认为是韩非所作。它有确凿无疑的旁证材料。东汉王充在《论衡·卜筮》中批评俗儒迷信卜筮，就明白地提道："著书记者，采掇行事，若韩非《饰邪》之篇，明已效之验，毁卜筮，非世信用。"②今本《饰邪》开宗明义，批评燕、赵迷信卜筮，结果"无功而社稷危"，因而提出"龟策鬼神不足举胜"③的务实观点，与王充的记载相吻合，可证今本《饰邪》正是汉人所见到的《韩子》篇章。

从内容上看，篇中屡次出现"臣故曰"字样，说明这是一篇上书。还有"今者韩国小而恃大国，主慢而听秦魏、恃齐荆为用，而小国愈亡。故恃人不足以广壤，而韩不见也。荆为攻魏而加兵许、鄢，齐攻任扈而削魏，不足以存郑，而韩弗知也。此皆不明其法禁以治其国，恃外以灭其社稷者也。臣故曰：明于治之数，则国虽小，富。赏罚敬信，民虽寡，强"④。文中虽间有脱误，但可以看出这是一篇上韩王书，与《史记·老子韩非列传》所谓"非见韩之削弱，数以书谏韩王"⑤的记载完全一致，可证为韩非所作。

《有度》也被一些人士认为非韩非所作，理由是篇中有"荆亡""齐亡""燕亡""魏亡"等字样。原文如下：

> 国无常强，无常弱。奉法者强则国强，奉法者弱则国弱。荆庄

---

① 参见《史记·太史公自序》，3290 页。
② 《论衡注释·卜筮篇》，1381 页。
③ 《韩非子集释·饰邪》，307 页。
④ 《韩非子集释·饰邪》，308 页。
⑤ 《史记·老子韩非列传》，2147 页。

王并国二十六，开地三千里，庄王之氓社稷也，而荆以亡。齐桓公并国三十，启地三千里，桓公之氓社稷也，而齐以亡。燕襄〔昭〕王以河为境，以蓟为国，袭涿、方城，残齐，平中山，有燕者重，无燕者轻，襄〔昭〕王之氓社稷也，而燕以亡。魏安釐王攻赵救燕，取地河东；攻尽陶、魏之地；加兵于齐，私平陆之都；攻韩拔管，胜于淇下，睢阳之事，荆军老而走；蔡、召陵之事，荆军破；兵四布于天下，威行于冠带之国；安釐死而魏以亡。故有荆庄、齐桓则荆、齐可以霸，有燕襄、魏安釐则燕、魏可以强。今皆亡国者，其群臣官吏皆务所以乱，而不务所以治也。其国乱弱矣，又皆释国法而私其外，则是负薪而救火也，乱弱甚矣。①

按"氓"亦可作"亡"，为忘之假借字。王先慎《韩非子集解·十过》："楚共王责司马子反饮酒误军令曰：'是亡楚国之社稷，而不恤吾众也。'"②王先慎引顾广圻云："亡当作忘。"陈奇猷《韩非子集释》据校改。此处"氓"应作"忘"，原句便可读为"庄王之忘社稷也，而荆以亡"；"桓公之忘社稷也，而齐以亡"；"襄〔昭〕王之忘社稷也，而燕以亡"；于意更顺。《饰邪》荆恭王责司马子反一段，仍有"是亡荆国之社稷而不恤吾众也"③一句，意同。可见，氓社稷即亡（忘）社稷，可作旁证。

至于"荆以亡"等的亡亦非亡国之亡。太田方引《魏策》："齐伐釐、莒而晋以亡"，曹注："凡言亡非必灭国也。"松皋圆引《韩策》"燕亡于齐"注"亡，谓丧地"。陈奇猷："韩子以国家之大权旁落为亡。《孤愤》篇云：'人所谓齐亡者，非地与城亡也，吕氏弗制，而田氏用之；所谓晋亡者，亦非地与城亡也，姬氏弗制而六卿专之也。'《八奸》篇所谓'亡君者，非莫有其国也，而有之者，皆非己有者也，令臣以外为制于内，则是君人者亡也。'《三守》篇云：'人臣有大臣之尊，外操国要以资群臣，使外内之事非己不得行，人主虽贤，不能独计，而人臣有不敢忠主，则国为亡

---

① 《韩非子集释·有度》，85～86 页。
② （清）王先慎：《韩非子集解·十过》，《诸子集成》本，41 页，上海，世界书局，1935。
③ 《韩非子集释·饰邪》，309 页。

国矣。'可知韩非系以国家之大权旁落为亡国、亡君。"①

我同意陈奇猷说,更以本篇内容证之:"亡国之廷无人焉。廷无人者,非朝廷②之衰③也。家务相益,不务厚国;大臣务相尊,而不务尊君;小臣奉禄养交,不以官为事。"④"亡国"仍然还有"廷";所谓"亡国之廷无人焉"指朝内无法术之士,而有专权之臣,与上引陈奇猷先生所言相合。此篇阐述君主"独制四海之内"的君人南面之术,与李斯上二世书所献君主行督责之术相同,而后者正是在"《韩子》曰"的旗号下进说的,由此更加证明了《有度》篇为韩非所作。此篇有"臣故曰"字样,似有意强调其后内容,以引起听者注意,其中以荆齐燕魏为"亡国"之例,却不提主权危机更为严重的韩国,说明这也是一篇上韩王书。

至于此篇与《管子·明法》某些文字有雷同,这也很好解释。《五蠹》篇有"今境内之民皆言治,藏商、管之法者家有之"⑤。这说明《管子》之书在三晋已经流行,韩非思想与《管子》之学相同或相近者非仅此一处,说韩非在自己的上书中援引《管子》之文尚不至于被认为是无稽之谈。况且,《有度》有自己的结构层次,是一篇完整的说辞,并非整篇抄袭《明法》。⑥ 学者 W. K. Liao 认为把《有度》派为伪作的根据是不充分的。⑦ 我也有同感。

《奸劫弑臣》末尾"厉怜王"一段系援用老师荀况之文。荀子原文为《战国策·楚四》之"孙子为书谢春申君"章,又见于《韩诗外传》,《韩非子》只录其中一段,且在文字上做了一些改动润色,已经完全成为《奸劫弑臣》篇的一部分。这样的转录,已包含了再创作的过程,说是韩非所作又有何不可。

---

① 《韩非子集释·有度》,注释(五),89～90 页。

② 臣,依刘师培校改。

③ 少也,从陈奇猷说。

④ 《韩非子集释·有度》,86 页。

⑤ 《韩非子集释·五蠹》,1066 页。

⑥ 周勋初认为"《明法》节录了《有度》中之两段略作扩充而成",可备一说。参见《〈韩非子〉札记》,55～57 页。

⑦ *The Complete Works of Han Fei Tzu*,vol. 1,footnote,p. 36.

陈奇猷对今本《韩非子》的真实性做了迄今最大程度的肯定，不过他仍认为《存韩》后半部分是李斯的言论，因而可确定不是韩非的作品，《难四》《难势》中反驳责难的段落也可能不是出自韩非之手。他还对《人主》《制分》两篇是否出自韩非表示怀疑。①

我同意陈奇猷关于今本基本为韩非所作的看法，认为某些部分不出韩非之手，不等于与他无关。《存韩》是韩非和李斯争论国策的真实记录，对理解二人矛盾和韩非的死因可能具有关键的意义，这篇显然出自秦国档案，系后人编辑整理之作。况且，后半部分李斯的言论和行动对前面韩非的观点起到了很好的衬托和说明作用，两者是一个整体，不可分割。

《难四》《难势》两篇均由三个层次构成。第一层，驳议对象；第二层，对前面观点进行问难；第三层，兼对前面两层观点进行批评和反驳。《难四》的第二、第三段都由"或曰"引出；《难势》第一层为"慎子曰"，第二段"应慎子曰"，第三段"复应慎子曰"，虽未明言哪段是韩非的话，但从内容看，第三层明显系全书思想的发挥，应是韩非对前面两种观点的总结性的批评意见。其他几篇辩难体文章也都是由"或曰"引出正面观点，放在驳议对象的后面，起到总结和批评的作用，《难四》《难势》虽然增加了一层流行的观点，比前面三篇多了一个辩难对象，但仍以后面的"或曰"（或"复应慎子曰"）引出的观点作为全篇立论的归宿，在本质上并没有什么不同，不必强为分别，更无必要因此而否定它们的真实性。

关于《人主》，我以为，它与《爱臣》《孤愤》等篇极为接近。开头第一句"人主之所以身危国亡者，大臣太贵，左右太威也"②。《爱臣》作"爱臣太亲，必危其身；人臣太贵，必易主位。"③两者不但思路相同，连语句也近似。与《孤愤》相近者更多，现略引几例如下。

---

① 参见《韩非子导读》，78～79 页。
② 《韩非子集释·人主》，1118 页。本节以下引《人主》，1118～1120 页。
③ 《韩非子集释·爱臣》，60 页。

其一:

> 所谓贵者,无法而擅行,操国柄而便私者也。(《人主》)
> 重人也者,无令而擅为,亏法以利私,耗国以便家,力能得其君,此所为重人也。[1]

其二:

> 且法术之士,与当涂之臣,不相容也。(《人主》)
> 是智法之士当涂之人,不可两存之仇也。(《孤愤》)

其三:

> 法术之士奚时得进用,人主奚时得论哉。(《人主》)
> 法术之士,奚道得进,而人主奚时得悟乎。(《孤愤》)

其四:

> 法术之士焉得无危。(《人主》)
> 法术之士焉得不危。(《孤愤》)

此外,《人主》所述田常、子罕擅赏罚以专权弑君,关龙逄说桀、王子比干谏纣、子胥忠夫差而反为戮的故事,在全书中屡次出现。

从中心思想上看,《人主》揭露大臣专权、悲叹君主昏暗,抒发法术之士横遭压抑的苦闷和愤慨,与《孤愤》之旨相同。所不同者,《孤愤》用"重人",而《人主》却用"贵者"。两者在用语上小有差异。其实,按韩非的理解,重人之所以能够非法行私,原因就在于他是"人主所甚亲爱"[2],其身份一定是贵者。《孤愤》揭露重人"官爵贵重,朋党又众",感叹法术之士"以轻贱与贵重争,其数不胜也"。[3]"贵""重"相连,可见

---

[1] 《韩非子集释·孤愤》,206页。本节以下引《孤愤》,206~209页。
[2] 《韩非子集释·外储说右上》,753页。
[3] 《韩非子集释·孤愤》,207页。

所谓重人，正是贵者。总之，《人主》与全书思想一致，尤其与《孤愤》更为接近，从内容上看不出非韩非所作的痕迹。

今本《韩非子》最末一篇《制分》，有人认为行文与全书略有不同，如第一句："夫凡国博君尊者，未尝非法重而可以至乎令行禁止于天下者也。"①拖泥带水，不似他篇文字简洁凝练；所谓"国博君尊"，在遣词用语上也不如《饰邪》的"地广主尊"来得纯正。然而，该篇一些主要论点仍然可以与全书相印证。现缕析几条如下。

其一：

> 好恶者，上之所制也，民者好利禄而恶刑罚。上掌好恶以御民力……其法通乎人情，关乎治理也。（《制分》）

> 凡治天下，必因人情。人情者，有好恶，故赏罚可用。②

其二：

> 至治之国，善以止奸为务。……去微奸之道奈何？其务令之相规〔窥〕其情者也。则使相阋〔窥〕奈何？曰：盖里相坐而已。……发奸之密，告过者免罪受赏，失奸者必诛连刑。（《制分》）

> 人主以一国目视，故视莫明焉；以一国耳听，故听莫聪焉。③

> 明主者，使天下不得不为己视，天下不得不为己听。故身在深宫之中而明照四海之内，而天下弗能蔽、弗能欺。④

其三：

> 故有术之国，去言而任法。……循理不见虚功，度情诡乎奸根。（《制分》）

> 故明主之国，无书简之文，以法为教；无先王之语，以吏

---

① 《韩非子集释·制分》，1141 页。本节以下所引《制分》，1141～1143 页。
② 《韩非子集释·八经》，996 页。
③ 《韩非子集释·定法》，907 页。
④ 《韩非子集释·奸劫弑臣》，247 页。

为师。①

以上所引《制分》第一条的"掌好恶""通人情"与《八经》的"因情"声息相通。第二条运用连坐法来"发奸之密",迫使人民相互监督,直是他篇所阐述的以全国为耳目的主张的具体实践。第三条的"去言而任法"甚至是《五蠹》"以法为教","以吏为师"的概括,若按容肇祖的方法,《制分》符合《五蠹》的思想,应为韩非手著才是。总之,此篇与全书,特别是《五蠹》思想相和,所以可作为研究韩非思想的资料。

通过以上的辨析,可以看出,前人对今本《韩非子》中一些篇章的真实性的证伪是不充分的,这些篇章仍然可以用作研究韩非思想的资料。

(五)今本《韩非子》与《史记》所述韩非思想特征的一致

讨论了争议较大的《韩非子》部分篇章真伪问题以后,现在需要进一步从思想体系上比较今本《韩非子》与《史记》所述韩非学术特征是否一致,如果结果是肯定的,就可为前面目录学的证明提供有力的支持。

关于韩非的思想特征,司马迁认为是"喜刑名法术之学,而其归本于黄老",又说他的学说"原于道德之意"。② 按刑名,即形名,也就是形名之术,为战国术家倡导的君主御臣之法,韩非的前辈申不害(约公元前385—前337)和齐国《管子》之学为主要代表。法即法治学说,李悝、商鞅等为其重要派别。这两派思想在今本《韩非子》中有较为深入和广泛的讨论。《主道》《二柄》《扬权》三篇相连,从正面集中阐述形名之术的意义和方法;《定法》批评商鞅徒法而无术,《内外储说》"历记存亡祸福古今之道"③,从反面敲起警钟,告诫君主,无术不足以为治。郭沫若统计,今本《韩非子》全书有 60% 以上的篇幅是关于术的陈述与赞扬④,是绝不夸大的。至于法的内容,今本中以《五蠹》《显学》最为集中,其思想在其他许多篇中也随处可见,胡适之、容肇祖据以考证的韩

---

① 《韩非子集释·五蠹》,1067 页。

② 《史记·老子韩非列传》,2146、2156 页。

③ 《汉书·艺文志》描述道家君人南面之术的话,可用来表现《韩非子》关于术的某些论述。

④ 参见《十批判书·韩非子的批判》,307 页。

非著作就是这些言法的篇章，已见前述。应该提出的是，在今本《韩非子》中，法、术并非毫不相干的两套体系，恰恰相反，两者往往是彼此渗透、互相补充的。也就是说，法、术结合是一个显著特点。关于这一点，下文还将详论。

形名法术之学以"黄老道德"为理论基础，有没有确凿的证据？如果说在容肇祖撰写《韩非的著作考》时，人们对此还无法回答，那么到了今天，随着考古学的进步，这个问题已经基本得到解决。1973年，长沙马王堆三号汉墓出土了一批珍贵古籍，其中帛书《老子》乙本卷前的同一块帛上抄有四篇有关黄帝之言的古书，唐兰考证为《汉书·艺文志》著录而后来亡佚的《黄帝四经》。① 这个意见目前已为许多学者所接受。出土帛书《黄帝四经》中以"道生法"为纲领，以阴阳家四时刑德为总体框架，对形名法术之学有所论述，与司马谈《论六家之要指》中"道德家"和司马迁所谓"黄老道德形名之术"有相通之处。据考证，该墓下葬时间为汉文帝十二年，即公元前168年②，早于《史记》成书时间，说明在司马迁之前，所谓"黄老道德"和形名法术之学即已盛行。于是，韩非之学归本黄老的问题就有了新的线索。

目前，多数学者同意《黄帝四经》成书于战国中期前后③，这为说明韩非思想"归本黄老""原于道德之意"提供了一个很好的前提条件。从内容上看，《韩非子》对这书也的确存在着因袭和继承的地方。例如，《黄帝四经》关于形名有这样的说法：

> 是故天下有事，无不自为刑（形）名声号矣。④
> 勿（物）自正也，名自命也，事自定也。⑤

---

① 参见唐兰：《马王堆出土〈老子〉乙本卷前古佚书的研究——兼论其与汉初儒法斗争的关系》，载《考古学报》，1975(1)。
② 参见中国科学院考古研究所、湖南省博物馆写作小组：《马王堆二、三号汉墓发掘的主要收获》，载《考古》，1975(1)。
③ 参见余明光校点、注释：《黄帝四经今注今译·前言》，7～8 页，长沙，岳麓书社，1993。以下所引《黄帝四经》，皆出此本。
④ 《黄帝四经今注今译·经法·道法》，4 页。
⑤ 《黄帝四经今注今译·经法·论》，61 页。

《韩非子》作：

> 有言者自为名，有事者自为形。①
> 故圣人执一以静，使名自命，令事自定。②

把前者的"形名声号"具体化为"言"和"事"，生动地再现了承袭和发挥的迹象。

关于道德之意，《黄帝四经》有：

> 故执道者之观于天下殹（也），无执殹（也），无处也，无为殹（也），无私殹（也）。③

《韩非子》则有：

> 所以贵无为无思为虚者，谓其意无所制也。④

两者意义相近。而后者更强调无为的效果。至于著名的道理思想，《黄帝四经》更有"逆顺同道而异理"⑤，把理表述为抽象的、道为具体的概念，与《韩非子》所谓"万物各异理，而道尽稽万物之理，故不得不化"⑥意义相通。

此外，在政治思想的其他方面，《黄帝四经》论述的"去私立公""执道生法"⑦等，都可在《韩非子》中找到相同或相近的内容。甚至在一些较为特殊的具体问题上，两书也有相似的语句，如《黄帝四经》云：

> 主两则失其明，男女挣（争）威，国有乱兵，此胃（谓）亡国。⑧

---

① 《韩非子集释·主道》，67 页。
② 《韩非子集释·扬权》，121 页。
③ 《黄帝四经今注今译·经法·道法》，4 页。
④ 《韩非子集释·解老》，328 页。
⑤ 《黄帝四经今注今译·经法·四度》，46 页。
⑥ 引王先谦曰："稽合万物之理，不变则不通。"《韩非子集解·解老》，《诸子集成》本，107 页。
⑦ 《黄帝四经今注今译·经法·道法》，9、2 页。
⑧ 《黄帝四经今注今译·经法·六分》，28～29 页。

《韩非子》则有：

> 后妻淫乱，主母畜秽，外内混通，男女无别，是谓两主，两主者，可亡也。①

以上仅略引《黄帝四经》中《经法》，即可看出《韩非子》在形名法术和道德之意两个方面与这派黄老之学的密切联系。

与《黄帝四经》比较起来，《管子》与《韩非子》的关系可能要紧密一些。②《管子》中的《心术上》《心术下》《白心》《内业》在讨论道德形名思想上自成一体，所以通常为学者称作《管子四篇》。《管子四篇》为经说体，《韩非子》也有许多篇章是经说体，这说明两书写作时间比较接近。前面引《五蠹》"今境内之民皆言治，藏商、管之法者家有之"，说明当时，管子之书在韩国境内也十分流行，韩非曾潜心揣摩过《管子》之书。从思想内容上看，两者的传承关系更为明显。如形名之术，《心术上》有因应之说，谓：

> 以其形因为之名，此因之术也。……因者，因其能者言所用也。③

这里，把"形"训为能，指能力，而"名"则显然是指官职之类。

> 执其名而侔其所以成，此应之道也。④
> 其应物也若偶之。⑤

用名来比较、审核、勘验所做之事，这就是应，它要求名和形⑥必须相

---

① 《韩非子集释·亡徵》，269 页。
② 刘毓璜关于法家和黄老之学的论述，参见刘毓璜：《先秦诸子初探》，南京，江苏人民出版社，1984。
③ 赵守正撰：《管子注译》下册，3～4 页，南宁，广西人民出版社，1987。
④ "侔"，原文作"务"，据郭沫若等《管子集校》郭沫若按校改。见郭沫若：《郭沫若全集》，历史编第 6 卷，北京，人民出版社，1984。按《说文》："侔，齐，等也。"
⑤ 《管子注译》下册，4 页。
⑥ "其所以成"。

等①。这个思想在《韩非子》中有更为简练的表述。

> 术者，因任而授官，循名而责实，操杀生之柄，课群臣之能者也。②

太田方、陈奇猷先生训"因任"为"因能"，这样，所谓"因能而授官"就是《管子》所谓的"因之术"；而"循名而责实"恰是"应之道"了，两者一致，但《韩非子》的表述更为准确，也更为具体，显系这个思想的运用和发展。

《韩非子·解老》站在黄帝之言的立场上对《老子》进行解释，表现了与齐国黄学的水乳交融的关系。对"啬"的解释是典型的例子。《韩非子》认为：

> 聪明睿智天也，动静思虑人也。人也者，乘于天明以视，寄于天聪以听，托于天智以思虑。故视强则目不明，听甚则耳不聪，思虑过度则智识乱。……书之所谓治人者，适动静之节，省思虑之费也。所谓事天者，不极聪明之力，不尽智识之任。苟极尽则费神多，费神多则盲聋悖狂之祸至，是以啬之。啬之者，爱其精神，啬其智识也。故曰："治人事天莫如啬。"③

韩非用"爱其精神"来说明老子的啬，显然是受了齐国黄帝之言的影响。《管子》云：

> 天主正，地主平，人主安静。……是故圣人与时变而不化，从物迁而不移。能正能静，然后能定。定心在中，耳目聪明，四肢坚固，可以为精舍。精也者，气之精者也。气，道乃生，生乃思，思乃知，知乃止矣。凡心之形，过知失生。④

---

① 伴、偶。
② 《韩非子集释·定法》，906页。
③ 《韩非子集释·解老》，349页。
④ 《管子注译》下册，78页。

"圣人"遵循外界法则，保持好心这个"精舍"，就会精气充盈，四肢坚固，耳目聪明，思虑畅通，这与上面韩非"爱其精神"完全是一个意思。《管子》的"精气"又称"鬼神"，韩非则合称之为"精神"，由此又显露出《韩非子》的这个思想来自齐国《管子》之学的痕迹。

《韩非子》从《黄帝四经》和《管子》等黄帝之言汲取思想营养，还有许多实例，限于篇幅，此处不再详细摘引，以上几例都是有代表性的，它们完全可以说明司马迁所谓韩子之学"归本黄老""原于道德之意"的真实性。这样，除了《史记》载名或征引的篇章之外，今本《韩非子》中含有或涉及形名之术和黄老道德之言的许多篇章，如《主道》《扬权》《解老》《喻老》《定法》等的可靠性又有了较为牢固的依托。王晓波、张纯认为："如果太史公所谓韩非的刑名法术思想'归本于黄老'能够得到证实，那么许多带有道家思想的篇章就不应该认为是伪作。"[1]在这个问题上与本文的思路是一致的。

韩非的刑名法术思想归本于黄老在外部史料上也不是无迹可寻的。《汉书·艺文志》阴阳家类著录有《黄帝泰素》20篇。自注云："六国时韩诸公子所作。"师古曰："刘向《别录》云或言韩诸公孙之所作也。言阴阳五行，以为黄帝之道也，故曰《泰素》。"[2]这位"韩诸公子"是不是韩非呢？没有旁证，不好做结论，但有一点是可以肯定的，那就是在韩非生活的时代，韩国创作出了以黄帝命名的著作。据《论六家之要指》记载，道德家（黄老之学）的第一个特点是"因阴阳之大顺"，即继承阴阳家的四时刑德的大经大理，这说明阴阳家在黄老之学形成过程中起过非常重要的作用[3]，黄老之学之所以有黄，原因大概就在于阴阳家以黄帝为宗的事实，《汉志》著录黄帝书最多的，除了道家，就是阴阳家或与阴阳家有关的作品[4]，这篇《黄帝泰素》中的"泰素"即道的另一称谓，很有可能是

① Hsiao-po Wang & Leo S. Chang, *The Philosophical Foundations of Han Fei's Political Theory*, Honolulu, University of Hawaii Press, 1986, p. 87.
② 《汉书·艺文志》，1734页。
③ 参见《先秦诸子初探》，194～196页。
④ 道家五种，阴阳家一种，兵阴阳五种，五行两种。参见《汉书·艺文志》。

道家黄老之学的作品，当然，即使不是黄老之学的作品，也必定与这个学派有一定关系。如果联想到《汉书·艺文志》法家类《慎子》班固注"先申韩，申韩称之"①，再联想到"藏《商》《管》之法者家有之"的现实，就一定会感觉到，战国时代的韩国，弥漫着刑名法术和黄老道德的空气，韩非无疑是呼吸到了这股空气的。

至此，结合目录学上的证明，我们说，今本《韩非子》很有可能来自司马迁所见的 10 余万言的《韩子》。它能够历两千多年而得以较为完整地保存下来，除了令人惊奇，更耐人寻味。英国汉学家 P. M. Thompson 在《慎子逸文》的考证上作了艰苦的努力，取得了丰硕成果，而在中国古典研究的方法论上对吾人尤有启发。他认为，古代的证据往往是矛盾的(contradictory)，他的《慎子逸文》的研究目的是发现新材料，以提供弥合这些矛盾的手段；经过艰苦的考证，他发现，过去对《慎子逸文》的研究证伪不足，或曰证伪并不比证实更加可能，因而没有理由认为《慎子逸文》不是公元前 3 世纪的作品，至于实证性的证明，只有等到考古新发现，才可以确定。② 本书对今本《韩非子》所持的就是这样的态度。

在这一章里，我们所证明的只是今本《韩非子》来自司马迁所见到的《韩子》，只是承认《史记》的记载的真实性，这个真实性既是相对的，也是绝对的。至于在韩非生活的时代，《韩子》究竟是何种样子，在今天，证实和证伪一样，都是不可能的，这项研究的进一步深入，有待于考古学为我们提供新的证据，到了那时，我们就会满怀激情和希望地迈入绝对真实和相对真实的另一个新天地里，让我们期盼着这个时候的来临吧。

---

① 《汉书·艺文志》，1735 页。

② P. M. Thompson，*The Shen Tzu Fragments*，London，Oxford University Press，1979，pp. 125-126，173-174.

三、学术渊源及学派

关于《韩非子》的学术渊源，陈千钧早在20世纪30年代便做过深入的考虑，为后来的研究提供了方便。他认为韩非学术的渊源分为两大部分。第一，各派之关系。他认为韩非对百家之学，"正者顺其说，反者因其说而反之也"，比如，他非仁爱①、非教育②、非孝悌③，"其说在在皆儒家之反面"。对于老子，一面继承他非仁义慧智孝慈忠臣，一面又主张法治；对于墨家，一面接受其尚利尚同，一面又反对其兼爱非攻；对于法家，则全面予以继承；如尚实派李悝、尚法派商鞅、尚术派申不害、尚势派慎到，他们的思想都可以在《韩非子》中找到影响，因此，陈氏称"韩非为法家的巨擘，集法学之大成"。第二，他认为韩非思想直接渊源于老商荀三家，"大抵韩非之思想以老子为根据，而参之以荀，用之以商，故其渊源于三家者为多"。所谓以老子为根据，也就是司马迁所谓的"原于道德之意"，陈良似为韩非《解老》，"尽纳于法术赏罚之中"。源于荀子者，除了性恶等之外，非俭思想实受荀子《富国》篇之影响；说难本于《荀子·非相》；君术原于《荀子·君道》；赏罚来自《荀子·王制》；参验则受《荀子·大略》的启发。所谓用之以商，可知韩非《五蠹》的进化论本于《商君书·更法》；其非《诗》《书》，尚农战，源于《商君书·农战》；弱民思想则来自《商君书·弱民》。④

稍后，郭登皞认为《韩非子》不但集法家之大成，而且集先秦诸子之大成，它的思想渊源包括法家的法治、术治、耕战、疑古、性恶论；道

---

① 《显学》。
② 《和氏》。
③ 《五蠹》。
④ 参见陈千钧：《韩非之时代背景及其学说渊源（续）：韩非子研究之三（附图表）》，载《学术世界》，第1卷，第4期，1935。

家的自然无为、愚民说；儒家的正名、性恶；墨家的唯实、尚同等。①
较陈千钧又有所前进。

紧接着，陈启天接力而起，做了更为深入的钻研。他也把韩非政治
学的渊源分为两个层次：一为"主要渊源"，即法家，共有管仲(？—公
元前645)、子产(？—公元前522)、李悝、吴起、商鞅、申不害、慎
到、其他八派；二为"次要渊源"，共有道、名、儒、墨四家。②

后世论及韩非思想之渊源者多沿袭此说，我国台湾学者尤其如此
(大概与陈启天去了台湾有关)。吴秀英的《韩非子研议》则把第一层叫作
"内因"，第二层叫作"外缘"，其中又加上一个纵横家，有所发展。③ 谢
云飞在此基础上采用司马迁《史记》的论列，把韩非子的学术渊源分为三
类。第一，"喜形名法术之学"：形名之学为邓析、尹文，此为谢氏提出
新说；法术前辈，与陈启天氏所列者相同。第二，"归本黄老"：谢氏以
为即本于老子。第三，师事荀卿。④ 其中邓析、尹文所研习的名学是否
形名，目前还难以断定。总之，20世纪三四十年代以来，《韩非子》是
集法家乃至先秦诸子之大成之作，已经得到多数学者的认可。

关于《韩非子》思想的渊源，我以为分为三个层次较为方便。以与
《韩非子》关系的远近为标准，将老子、管子、商君、申子、慎子划为第
一层，作为直接渊源；将儒、墨、纵横等划为第二层，作为支流；还有
一层就是自黄帝、尧、舜、夏桀、殷纣，经管仲、田成子、子罕、李
悝、吴起之流的传说和历史资料，它们构成了韩非"历记存亡祸福古今
之道"的丰厚的资源。

讨论了《韩非子》的学术渊源，现在来看一看这样一部集先秦诸子之
大成的著作在百家学派中居于何种地位。刘歆、班固把《韩非子》著录于
法家，至今仍为多数学者接受。但是认真说来，此说有两个弱点：其
一，容易引起对原书真实性及作者的怀疑；其二，容易抹杀书中思想的

---

① 参见郭登峰：《韩非子政治思想研究》，载《民族(上海)》，第5卷，第3期，1937。
② 参见陈启天编：《韩非子参考书辑要》，48～57页，上海，中华书局，1945。
③ 参见吴秀英：《韩非子研议》，37～66页，台北，文史哲出版社，1979。
④ 参见谢云飞：《韩非子析论》，42～74页，台北，东大图书公司，1980。

个性，既混淆与法家学派特别是商君学派的界限，又造成与其他学派的对立，割断其间的联系，忽视相互间的交流和渗透。

近人注意到了这个问题，并开始矫正以往的偏蔽。郭沫若一反韩非为单纯法家的传统观点，提出法术家说。他说："在秦以前，法与术有别……故可以说申子是术家，商君是法家，韩非子是法术家。"①此说已较单纯法家说为全面，但仍未能完全摆脱以上两种偏蔽。比如，在《韩非子》中，法术家之外，势论属于何家？道论又属于何家？人们仍然可以根据法术家的分类来割裂今本，甚至重新提起有关作者问题的争论，在法术家与百家之间设置障碍。

为了避免这种现象出现，许多学者干脆不再提起传统的学术分类方法，只对全书做哲学的研究、政治学的研究、教育的研究，等等。这样做固然可以摆脱上述局限和麻烦，可又往往脱离具体的时代背景，无视各派学术思想间的联系，解释和评价自然缺少客观性和历史感。这种倾向的不良后果是显而易见的。

从以上两种倾向的后果来看，确定《韩非子》的学派特征，还它一个合乎历史实际的学术地位，仍然是必要的。

关于《韩非子》思想的学派特征，我以为司马迁的说法仍然值得重视。他认为韩非"喜形名法术之学，而其归本于黄老"，又说"韩子引绳墨，切事情，明是非，其极惨礉少恩，皆原于道德之意"。根据这两句，结合韩非思想及其与诸子之学的关系，我认为说《韩非子》是道法家较为合适。理由简述如下。

说韩非思想有法家内容，这不会有错；说他的法治思想"归本于黄老"，"原于道德之意"，前面论述《韩非子》与《史记》所述韩非思想一致时曾经提到，下面几章讨论韩非思想时还要进一步予以说明，这里只需提及法治的无情与老子道德的不仁，法治的因任与老子的无为，法治的愚民与老子的自然的血肉联系，就足以说明太史公所谓"原于道德之意"的准确和深刻了。

---

① 《十批判书·韩非子的批判》，299 页。

接下来的问题是，以道法相联称家，那么术、势又将如何解释？其实，不必担心二者无处安顿。术、势本身就是道、法两家相结合的产儿。法家《商君书》中就有术治的内容，如"主操权利，故主贵多变"①，"主操名利之柄，而能致功名者，数也。……数者，臣主之术。而国之要也"②，"秉权而立，垂法而法治，以得奸于上而官无不赏罚断"③。所谓"操权利""操名利之柄""秉权"，不就是势治吗？所谓"主贵多变""臣主之术""得奸于上"不就是术治吗？可见，所谓法家也可包含术和势的内容。

就道家"黄老"而言，《管子》在《汉书·艺文志》中既有著录于道家者，又有著录于法家者，这本身就说明它具有道法家的特征；《黄帝四经》宣称"道生法"④，具有同样的意义。而在这两书中，都是术、势兼论的。申不害言术，慎到言势，也都是在"道德之意"的基础上进行的。龙德认为如果黄老是道法结合，那么法家韩非、申不害就应该属于这个学派。⑤ 慎到也被称为黄老学者，甚至有人要他对《管子四篇》中《心术上》《白心》两篇的写作负责。⑥

如果说单纯的法家尽管可以包含术治和势治的思想内容，但由于没有自觉地用"道德之意"作为自己的理论基础，还不能叫作"道法家"，那么，同样包含术治和势治思想的黄帝之言(即所谓"黄老")，已经可以称为道法家的一个特殊形态了。⑦ 而《韩非子》对包括这样的法家和"道法

---

① 《商君书·弱民》，《诸子集成》本，35页，上海，世界书局，1935。以下所引《商君书》，除非注明，皆出此本。
② 《商君书·算地》，《诸子集成》本，13页。
③ 《商君书·壹言》，《诸子集成》本，18~19页。
④ 《黄帝四经今注今译·经法·道法》，2页。
⑤ Berfil Lundahl, *HAN FEI ZI*, *The Man and the Work*, p. 20. 杜维明则认为黄老既不是道家，也不是法家，严格说来甚至也不是法家化的道家，而是一个独特的思想体系(Tu, *The "Thought of Huang-Lao": A Reflection on the Lao Tzu and Huang Ti Texts in the Silk Manuscripts of MaWang-tui*, p. 107.)
⑥ 参见裘锡圭：《马王堆〈老子〉甲乙本卷前后佚书与"道法家"——兼论〈心术上〉〈白心〉为慎到田骈学派作品》，见中国哲学编辑部编：《中国哲学》第2辑，68~84页，北京，生活·读书·新知三联书店，1980。
⑦ 裘锡圭将《申子》《慎子》《管子四篇》《黄帝四经》等称为"道法家"。

家"在内的道、法两家学派进行综合，就更有理由称为道法家了。

与《管子》和《黄帝四经》这样的道法家比较起来，《韩非子》有两个突出的特点。一是它的外延较大，它的法可以涵盖法家的所有派别；除了黄帝之道以外，他的道德还从老子那里直接汲取营养。二是它的思想重心更偏向于形名法术之学，尽管在外以为国、内以治心的道论结构上与黄老之言①基本相同。这两点在以后的论述中将进一步予以说明。

至此，我们便清楚了，今本《韩非子》是融会法家道家并且是介于两家之间的，这两个学派中与它最为接近的是三晋法家和齐国黄帝之言②，我们可以称它为道法家。当然，在行文中，我仍时常称它为法家，这一方面是出于习惯，另一方面也因为它的政治思想的主流的确更倾向于法家。同时，我还以为，辨别学派的意义不在于为分"家"而分"家"，而在于更好地把握思想体系，只要理解了《韩非子》"归本于黄老"和"原于道德之意"的理论特征，分"家"的目的就已经达到了，如果这时还在法家和道法家的门户之间各执己见，似乎过于拘泥了。庄子说过："言者所以在意，得意而忘言。"③这种超越工具的羁绊，任由思想驰骋和翱翔的自由境界是永远令人神往的。

四、层次与体系——五十五篇的分类

弄清了《韩非子》的学派特征，还要对它的篇章进行初步的分类，这是一项有意义的工作，它可以帮助读者了解整部作品的面貌，对理解全书思想起到引导的作用。早在20世纪30年代，陈千钧即按今本《韩非子》篇次，将全书分为九类，具体做法如下：

---

① 参见《管子·中匡》《抱朴子·明本》。
② 即所谓"黄老"。
③ （清）郭庆藩撰：《庄子集释·外物》，《诸子集成》本，407页，上海，世界书局，1935。

1. 游说类

《初见秦》《存韩》《难言》《爱臣》，四篇，意在说秦。

2. 上书类

《主道》《有度》《二柄》《扬权》《八奸》《十过》《孤愤》《说难》《和氏》《奸劫弑臣》《亡徵》《三守》《备内》《南面》《饰邪》，十五篇，意在谏韩。

3. 老学类

《解老》《喻老》，二篇，平日之作。

4. 纪事类

《说林上》《说林下》，二篇，平日之作。

5. 君术类

《观行》《安危》《守道》《用人》《功名》《大体》，六篇，大略多论人主之道。

6. 辩难类

《难一》《难二》《难三》《难四》《难势》，五篇，力辟当时俗论。

7. 问学类

《问辩》《问田》《定法》，三篇，为韩非之徒所记。

8. 通论类

《说疑》《诡使》《六反》《八说》《八经》《五蠹》《显学》，七篇，斥时病，尚功利。

9. 补辑类

《忠孝》《人主》《饬令》《心度》《制分》，五篇，韩非之徒所杂录者。①

这种分类法一仍原来的篇次，一望便知今本《韩非子》曾经后人整理，这对保存原书篇次面貌有益。缺点是分类标准不一，有逻辑混乱之嫌，不利对全书思想的层次和结构的理解。

学者谢云飞以"内容性质""文章体裁""篇章结构"三种标准划分 55篇②，也有一定启发意义。

---

① 参见陈千钧：《韩非子书考：韩非子研究之一》，载《学术世界》，第 1 卷，第 1 期，1935。

② 参见《韩非子析论》，25～30 页。

　　我参照前人成果，以分层次再现思想体系为原则，试将 55 篇分类如下。

　　1."形名法术"类

　　（1）正面论说

　　《五蠹》《显学》《守道》《饬令》《心度》《制分》，六篇，言法。

　　《二柄》《亡徵》《定法》，三篇，法术结合。

　　《功名》，一篇，法势结合。

　　《有度》《备内》《八经》，三篇，法术势结合。

　　（2）批判现实

　　《八奸》《十过》《三守》《问辩》《说疑》《诡使》《六反》《八说》《忠孝》《人主》《爱臣》，十一篇。

　　（3）记事

　　《内外储说》六篇。

　　（4）辩难

　　《难一》《难二》《难三》《难四》《难势》，五篇。

　　（5）策术

　　《说难》《说林上下》，三篇。

　　（6）明志

　　《孤愤》《和氏》《问田》，三篇。

　　2."归本黄老"或"原于道德之意"类

　　（1）综论道法

　　《主道》《奸劫弑臣》《观行》《用人》《南面》《饰邪》《安危》《大体》《扬权》，九篇。

　　（2）专言道理

　　《解老》《喻老》，两篇。

　　3. 使秦

　　《初见秦》《存韩》《难言》，三篇。

　　共分为三大类九小类，其中，使秦三篇为韩非个人经历的记录，历史意义大于思想意义，故单独列出，其他上韩王书因思想意义更大，所以不予单列。

应该明确，《韩非子》是一个不可分割的整体，它的精神实质几乎渗透到每一篇里面。比如，第一类"形名法术"中的篇章，如《有度》《难势》等，即含有"道德之意"，而第二类"归本黄老"的篇章，几乎没有一篇不与法、术、势的思想有关。理解了这一点，就会保持清醒的头脑，不致被这种表面的分类束缚手脚，妨害对思想体系的理解和把握。

第二章 法、术、势的
循环互补及其矛盾

何谓体系？依我理解，所谓体系，是指一个思想的整体，它包含若干部分，每部分围绕一个或若干核心范畴而展开，各部分之间存在着一定的结构和层次关系，它们互相作用，为一个共同的目标服务。研究历史者的任务就在于阐释这些范畴，厘清它们之间的关系，把握思想家的真正意图，从而再现这个体系，并恰如其分地估计它的价值。

然而，就中国传统思想而言，关于体系的研究远非如此简单。

古人往往即事言理，针对当时的具体问题展开论述，对于一些范畴间的层次和结构关系，他们并非总是自觉地加以描述和展现，而对那些自己熟悉，今人可能生疏的概念、名词，也并非经常进行专门界定。用今天的话说，他们似乎不是为了建构体系而展开思想。因而，乍看上去，他们的思想往往是片段的、零散的、驳杂的，以致使人发生一种疑问，以为古代思想家很少有完整的体系。

在这方面，西方学者有更为深切的体会。例如，美国汉学家孟旦(Donald J. Munro)认为，中国的儒家和道家没有形成从前提到结论的系统的论证方法，而这种方法却是西方哲学的读者通常期待的。[①] 他甚至还说："很遗憾，中国思想家们缺乏对哲学原理的逻辑意义的关注。"对中国思想家的论说方法，他总结了以下三个特点：连锁法；援例法；类

---

① Donald J. Munro, *The Concept of Man in Early China*, Stanford, California, Stanford University Press, 1969, p. 117.

比法。总之，他认为中国人的论证方法往往过于含蓄而不明确。① 更早些时候，德国社会学家马克斯·韦伯（Max Weber，1864—1920）就已经指出，追求逻辑并非中国哲学的课题。② 如果说以上看法是针对中国思想的某种特点而言的，那么，应该承认它们是有一定道理的。而且从某种意义上说，正是西方学者的敏感促使我们认真对待这个问题。

然而，对中国思想特点的困惑，不应成为否认中国思想的内在逻辑的根据。众所周知，早在两千年前，古代希腊的哲学家便开始关心本体论问题，研究的兴趣直接触及事物的本质，论说形式也多注重逻辑方法，成为后来西方学术的一个传统。近代以来的西方学者不习惯中国人的思维方式，这不足以说明中国思想没有逻辑，只能提醒我们：认识中国思想的逻辑不应采取简单的方法，用现成的西方模式任意裁断，而要下大功夫，做更艰苦的努力。

具体而言，在评价古代著作的思想体系时，不能单纯以篇章结构是否严整、概念框架是否鲜明、论说形式是否完全为标准，更应该考虑现象背后的内在联系。例如，从篇章结构或学说的外部框架来看，《论语》《孟子》《老子》《庄子》直到《韩非子》，都不如《吕氏春秋》之有《十二纪》《八览》《六论》那样体例完整、编排有致，可是要说思想的内在联系，后者却远不如前面那些著作来得严谨、来得深刻。中国古典的逻辑性，并非总是表现为从概念到判断到推理的完整程序，也不是经常要经过从前提到结论的全部过程，而是在行文的虚实之间时隐时现，它的内在的连续性（continuity）往往隐藏在间断性的表象后面，仿佛云中圣境，似无实有，非努力不能达到，这无形中增加了研究的难度。换句话说，就中国古典而言，不能想象它的内在结构会自动呈现于我们面前，只有对表面看来似乎是错乱的、片段的、零散的、驳杂的材料进行由表及里、由此及彼的深入研究，才能透过现象，把埋藏在深层的最本质的联系挖掘

---

① *The Concept of Man in Early China*，p. 118.

② Max Weber，*Confucianism and Taoism*，abridged by M. Morishimo，translated by M. Alter and J. Hunter，London School of Economics，1984，p. 40.

出来。这大概就是对待中国传统思想体系的正确的态度。本书将以这个态度对待《韩非子》的政治思想体系。

一、问题的由来

根据以上所述，要想确定韩非的政治思想是有体系的。首先，必须弄清它是围绕哪些相关的核心范畴展开的，这个体系的目标是什么。这些看似平常的问题其实包含了韩非政治思想的基本内容，历来关于韩非思想体系的争论都是在这些问题的基础上展开的。

司马迁这样认识韩非政治思想的内容。他说："韩非喜刑名法术之学，而其归本于黄老"，又说："韩非疾治国不务修明其法制，执势以御其臣下。"①可见，在司马迁的叙述中，法、术、势三者都是韩非政治思想的核心内容，这与今本《韩非子》是一致的。当然，对于韩非的法、术、势三者的关系，司马迁并没有形成自觉的观念，因而也就不可能进行深入探讨。不过，从《史记》的描述中，可以看出韩非思想的目标，由此，我们甚至可以大体上感受到法、术、势三者的内在联系。

如所周知，成书于战国后期的《庄子·天下》和《荀子·非十二子》已开始对先秦百家之学进行划分学派的研究工作，但把诸子上升到"家"的范畴来研究，则首推汉初的司马谈。他把先秦至汉初诸子分为六家，即阴阳、名、墨、法、儒、道德。关于法家学说的特点，认为"法家不别亲疏，不殊贵贱，一断于法"，"尊主卑臣，明分职不得相逾越"。②论述道家时又说："群臣并至，使各自明也，其实中其声者谓之端，实不中其声者谓之窾（空），窾言不听，奸乃不生，贤不肖自分，白黑乃形。"③这里，"实"和"声"的关系，也就是申不害、韩非所主张的"形"和

① 《史记·老子韩非列传》，2146、2147 页。
② 《史记·太史公自序》，3291 页。
③ 《史记·太史公自序》，3292 页。

"名"的关系。这种防范奸臣的形名之术与上述法家"尊主卑臣明分职不得相逾越"是完全一致的。韩非的学说正是从这种道法两家的一致处挖掘思想的矿藏：所谓"道法家"的实质就是"尊主卑臣"、防微杜渐之法，法、术、势三者是为这个目标服务的相关的思想内容。也就是说，从司马迁的叙述，我们可以推断：韩非政治思想是以法、术、势为相关的核心范畴而形成的思想体系。

20世纪初，一些学者从机械的方法出发，舍弃司马迁在《史记》中对韩非思想的论述，转而据班固《汉书·艺文志》的目录分类，以为《韩子》既然著录于法家，那么除了法之外，术和势的思想内容就不可能属于韩非的思想范畴。[①]

不过，这派主张并未在学术界形成主流。同时，或稍晚些时候的多数学者仍然依据《史记》的记载，承认韩非思想是战国法家思想的集大成者，法、术、势是其思想的主要内容。但是，在法、术、势这些核心范畴的关系上，仍未能摆脱机械方法的影响。比较有代表性的是陈千钧的《韩非之政治学说》和陈启天的《韩非及其政治学》。这两篇文章都对《韩非子》的思想内容做了细致入微的分类归纳的资料整理工作，并且比照西方近代政治学说的概念和范畴体系，对韩非思想的一些片段和侧面做了限定，如陈启天称韩非的势论为"主权论"即是一例。二陈所代表的这种分析方法对后世影响极大，迄今绝大多数的《韩非子》研究者仍沿用不辍，积累了丰富的经验，为进一步的研究打下了坚实的基础。但是对于全面认识和理解韩非的政治思想体系，这种研究的理论深度就显得有些不足了。造成这种状况的主要原因是过分强调单纯分析方法，忽视综合研究。

黑格尔(Georg Wilhelm Friedrich Hegel，1770—1831)在谈到经验主义的思想方法时，对经验主义的分析方法做了如下的评论：

……经验主义在分析对象时，便陷于错觉：它自以为它是让对

① 参见梁启超：《先秦政治思想史》，137~139页，北京、上海，中华书局、上海书店联合出版，1986；亦可参见胡适的《中国哲学史大纲》卷上和容肇祖的《韩非的著作考》。

象呈现其本来面目，不增减改变任何成分，但事实上，却将对象具体的内容转变成为抽象的了。这样一来，那有生命的内容便成为僵死的了，因为只有具体的、整个的才是有生命的。不用说，要想把握对象，分别作用总是不可少的，而且精神自身本来就是一种分别作用。但分别仅是认识过程的一个方面，主要事情在于使分解开了的各分子复归于联合。①

美国哲学史家威尔·杜兰(Will Durant，1885—1981)在论述哲学的功用时对"科学方法"和"哲学方法"做了精彩的分析，他说：

> 科学是分析的叙述，哲学是综合的说明。科学要剖整个为各部分、机体为各机关、含浑的为分明的。科学并不考究万物的价值和理想，也不探讨它们通体的究竟的含义；只把它们现实的状态和作用揭明便满意了，目光专限于就当下所见而察事物的性质和程序。……但哲学家尤以叙述事实为未足；他要考核每项事实同一般经验的关系，藉此得到该项事实的意义和价值；他配合事物于说明的综合里面；那只宇宙大钟好奇的科学家曾把它分析开来，哲学家则试再把它组合得比以前还要好。②

杜兰所认为的科学方法相当于黑格尔所批评的经验主义的分析方法，与今天的科学方法相比，已经显得陈旧、狭隘了。他所认为的哲学方法，包括政治学伦理学等社会、人文科学在内，因此也适用于我们的思想史研究。

就《韩非子》思想体系的研究而言，我以为，目前急需做的是借鉴这种"哲学方法"，学会把分析方法和综合方法结合起来。具体言之，一方面，要把韩非的思想从原书的混沌状态(具体)上升到归纳分类的抽象阶

---

① ［德］黑格尔：《小逻辑》，贺麟译，113~114 页，北京，商务印书馆，1980。

② Will Durant，*The Story of Philosophy*. 杨荫鸿、杨荫渭中译，原译书名为《古今大哲学家之生活与思想》，1933 年上海开明书局出版；1989 年 12 月北京书目文献出版社重新整理出版，将书名定为《西方哲学史话》。具体参见《西方哲学史话》，导言 2~3 页。

段；另一方面，也是更为重要的，是要于机械的分类状态中揭示出各部分间的辩证联系，在更高的层次上使它们回复到具体。比如，法、术、势思想本来在《韩非子》书中是客观的、具体的存在，经过学者的归纳分类工作，我们了解了分解后的每个部分各自的情况，但是对各部分之间的关系，它们何以能够结合起来成为一个充满生机和活力的整体，这个整体具有怎样的意义，仍然不甚了了。要想对这种内部联系有所了解，就需要对各部分间的关系做理性的思考。所幸的是前辈学者在这方面做出了一些有益的尝试，为我们留下了宝贵的经验。

早在 20 世纪 20 年代，冯友兰在《中国哲学史》中就指出："韩非以为势、术、法三者，皆'帝王之具'，不可偏废。"①陈汉钦在《韩非的社会思想》一文中认为："韩非用法术势三者，皆为社会统制及政治统制之工具，相依为用，不可偏废。"②郭沫若在《韩非子的批判》一文中称韩非为"法术家"③，提出法术不可分离的观点。类似的观点还有很多，在此不必一一罗列。

20 世纪 50 年代以后，学者们在归纳分类工作的基础上分头研究，在有关体系的综合探讨中各有创见。吴秀英在所著之《韩非子研议》第七章"政治思想之研议"的第六节"综议"中附有"法术势君德四者之关系表"，于展现法术势之关系甚为有力。④ 王邦雄《韩非子的哲学》第五章"韩非政治哲学体系之建立与其实际之发用"为全书重点，此章共分四节。其中，第二节提出"法术势三者相互补足、彼此助长之三角关系性"，并对法、术、势"三角分立之均衡、由是而形成其多边之政治效能"进行了深入的探索。第三节研究"法之中心思想及其体系之建立"，认为一方面"法为势与术目的之所在与理想之归趋"，另一方面"法为制衡势与术执运之标准：由是而建立法在韩非政治哲学之中心地位"。引人注目的是，在第四节中王邦雄指出了法与势的矛盾之所在，他认为

---

① 冯友兰：《中国哲学史》，391 页，上海，商务印书馆，1934。
② 陈汉钦：《韩非的社会思想》，载《新社会科学》，第 1 卷，第 2 期，1934。
③ 《十批判书·韩非子的批判》，299 页。
④ 参见《韩非子研议》，109～122 页。

"其法中心思想在实际之发用中，由于法立于君之死结，始终解不开，遂造成其势之抬头，与法之下落的上下颠倒与沈落变质，其体系架构亦因而崩颓"。[①] 王邦雄不仅指出法、术、势三者相互补足、彼此助长的关系，还看到了法与势互相矛盾、互相瓦解的另一面，目光是敏锐的，这反映了他的知识结构和思想方法不同于以往研究者的地方，标志着韩非子思想体系综合研究的新的高度。

另外，侯外庐等人所著之《中国思想通史》第一卷承认："韩非的法术论，就把法、术、势三者结合起来，认为三者是不可分离的东西。"[②] 任继愈主编的《中国哲学史》认为韩非"提出了以法治为中心的，法、术、势相结合的法治思想"，并明确指出韩非"是把法、术、势这三个法治的要素，构成为一个有机的政治思想体系"。[③] 把法、术、势之结合上升到体系的高度上来认识，具有一定的理论意义。刘家和则更前进一步，在指出"法术势三者并用，这才是韩非的完整的政治思想体系"的基础上，更明确提出"韩非看到了法、术、势三者互补的一面，可是，问题还有其另一方面。因为，一则法与术是有其内在的矛盾的"，"二则法与势也是有矛盾的"[④]，于法、术、势之结合的体系中发现了矛盾，把韩非政治思想体系的研究朝着辩证的目标大大地推进了一步，对本书具有指导意义。

二、法、术、势的循环互补

我以为，法、术、势是韩非政治思想的三个核心范畴，它们之间有着一定的层次和结构关系，这种关系构成了韩非政治思想体系的基本内

①　王邦雄：《韩非子的哲学》，148～249 页，台北，东大图书公司，1983。
②　侯外庐、赵纪彬、杜国庠：《中国思想通史》第 1 卷，611 页，北京，人民出版社，1957。
③　任继愈主编：《中国哲学史》第 1 册，237、239 页，北京，人民出版社，1963。
④　刘家和：《关于战国时期的性恶说》，见中国社会科学院历史研究所编：《华夏文明与传世藏书：中国国际汉学研讨会论文集》，406 页，北京，中国社会科学出版社，1996。

容，研究韩非政治思想的体系，其实就是研究这三个范畴的关系。本书认为，三者关系的一个显著特征是循环互补。韩非之所以主张法、术、势三者要循环互补，是因为他看到了它们各自单独使用的偏颇，看到了它们各自内部的矛盾。所谓循环互补，实际上是从他对三者单独使用的批评中体会和总结出来的。

(一)对单纯法治的批评

韩非对单纯法治的批评是针对所谓法治的内部矛盾，即君主集权制度与新生的成文法的矛盾而发。

所谓成文法(written law 或 statute)，含义较为模糊，一般认为是指创制之法(the legislatively created laws)，即由立法者制定并公布实施的法律。与之相对的是不成文法(unwritten law)或习惯法(customary law)，它们来自长期的积累，与传统和习俗有密切的关系，其产生往往可以追溯到远古时代的神灵或半神半人的古代帝王。两者的区别不在于是否形成文字，所谓不成文法大多也是记录下来的，它们的根本区别在于是否为立法者当下制定。是者，为成文法；非者，为不成文法。[①] 与不成文法相比，成文法的特点在于它可以因时、因事而制定，相对来说，具有因地制宜的灵活性，给立法者以一定的便宜行事的主动权。

需注意，成文法和不成文法的区分只是相对的。关于法律的来源，古代学者有各种解释，如神谕说、自然说、圣王说、立法者说等。其实，凡是法律，皆由人来制订，或者说，只有知名和佚名的不同，没有人神之别，在这个意义上，区分什么是习惯法、什么是成文法是毫无必要的。可是，对法律来源的不同理解并非毫无意义。比如，古代许多民族认为法律来源于神[②]，我们尽可以揭露这种说法的虚妄，却不可小视它所包含的深刻的文化意蕴和强烈的民本精神。一般说来，不管是成文

---

① David M. Walker, *The Oxford Companion to Law*, Oxford, Clarendon Press, 1980, p. 1310, pp. 1264-1265; Henry Campbell Black, *Black's Law Dictionary*, fifth edition, St. Paul, Minn., West Publishing Co., 1979, p. 1445.

② Derk Bodde and Clarence Morris, *Law in Imperial China*, Philadelphia, University of Pennsylvania Press, 1973, pp. 8-10.

的，还是不成文的，神谕法往往具有极大的权威，它表现了一个民族的集体智慧以及同邪恶势力做斗争的勇气和决心，在实践上可以抵制个别野心家的干扰和破坏，起到保护氏族或城邦传统、维系政治安定的作用，因而具有一定的稳定性、甚至凝固性的特点，更符合贵族的利益，从长远的效果上看，与我们的不成文法的概念比较接近。然而，当历史转变时期，某些新崛起的政治势力为了树立自己的权威，首先要争取立法权，从法制上战胜贵族势力和传统文化（包括神谕说等代表的宗教）势力，这就是新的成文法产生的内在契机。可见，在评价法律的作用和性质时，区别成文法和不成文法又是非常必要的了。

纵观中国历史，可知维系古代宗法社会的规范主要是礼，它的部分内容来源于上古氏族社会的习俗，也有一些是古代"圣人"（即英明的君主）制定的（如所谓周公"制礼作乐"），到它形成系统时，已经成为牢固不变的生活准则，在某种程度上具有不成文法或习惯法的特点。由于它具有强大而坚固的宗法传统文化作为基础和后盾，所以对任何僭越行为，特别是违背传统文化的行为具有强大的抑制作用。

此外，保护宗法贵族统治的另一个工具是"刑"，或称"法"。按"法"，东汉许慎《说文解字》正书作"灋"，释曰："刑也，平之如水，从水；廌，所以触不直者去之，从廌去。"[1]这里有两层意义：一为刑，二为廌。所谓刑本义指器皿，盛水，可作水平仪，因而具有公平之意。古代断案又称"决平"[2]，所以法从水。而廌，《说文》云："廌，解廌，兽也。似牛，一角。古者决讼，令触不直者。"[3]据考证，廌为古代神判法中决定曲直的神兽。[4] 可见法这个字，大概有公平性、权威性的意思。

从文献上看，法最初是关于断案和量刑的标准，大休上相当于今天所理解的刑法。《吕刑》在今文《尚书》28篇中，据说为周穆王时期有关

---

① （汉）许慎撰，（清）段玉裁注：《说文解字注》，470页，上海，上海古籍出版社，1988。以下所引《说文解字》，皆出此本。

② 参见《史记·酷吏列传》客让杜周语。

③ 《说文解字注》，469页。

④ 参见吴荣曾：《先秦两汉史研究》，15~17页，北京，中华书局，1995。

刑法的文告，类似今日正式的法律条文的纲要或说明，成篇的时间当不会晚于春秋时代。其中有"惟作五虐之刑曰法"①一句，今本《墨子》引作"《吕刑》之道……唯作五杀之刑曰法"②。可见，法与刑相同。《吕刑》提到吕侯作刑，又提到"五刑之属三千"，这三千有关五种刑罚的详细科比应是记录在案的。很明确，在周人看来，这样的刑是由人制定的，它在制定之初与我们前面说的成文法的定义有相合之处。可是，随着时间的推移，渐渐地脱离了单纯法律的范畴，成为周人文化传统的一部分，因而也就变为凝固不变的不成文法（或习惯法）了。

鲁昭公七年（公元前 535），楚大夫芊尹无宇的奴仆畏罪逃到楚灵王的章华宫，无宇前往捉拿，被楚灵王的官吏逮捕，无宇当面讽刺楚灵王招纳逃亡奴隶，指出周文王实行"有亡荒阅"之法，所以才能得天下；楚文王制定《仆区》之法，确定"盗所隐器，与盗同罪"的原则，所以才得汝水之封。③ 牧野之战时，周武王临阵誓师，历数殷纣王的罪状，其中有招纳逃亡奴隶一条，所以才得到诸侯的死命支持，最终攻灭殷纣王。暗示楚灵王要学习二文之法，不要学习殷纣王。楚灵王无奈，只得交出奴隶。④ 可见，无宇并非把 100 年前甚至 500 年前的法律当作财产保护的科条进行诉讼，而只是把它们当作一种文化传统，争取舆论同情，对楚灵王施加压力。由于贵族势力强大，保护贵族利益的传统具有很大的影响力，楚灵王虽然企图加强集权，但此时仍不敢冒天下之大不韪，一意孤行，破坏传统。可见。在春秋时代，法或刑基本上仍可以划入不成文法的范畴。

迄今的研究表明，中国的成文法形成于战国时期，这是可以肯定的。据《左传》记载，公元前 536 年，郑国子产铸刑书，叔向写信进行批

---

① 《尚书正义·吕刑》，见（清）阮元校刻：《十三经注疏》，247 页。
② 孙诒让：《墨子间诂·尚同中》，《诸子集成》本，51 页，上海，世界书局，1935。孙星衍云："虐杀义相同。"以下所引《墨子》，皆出此本。
③ 杜预注云："荒，大也；阅，搜也。有亡当大搜其众。《仆区》，刑书名。"唐陆德明释文引服虔云："仆，隐也；区，匿也，为隐匿亡人之法也。"
④ 参见（晋）杜预：《春秋左传集解》，1287 页，上海，上海人民出版社，1977。

评①；公元前 513 年，晋国赵鞅、荀寅铸刑鼎，孔子大加评论②，可是《春秋》《论语》《公羊》《穀梁》《史记》都没有记载这两件事，因而它们的真实性难以深信。③ 到了战国时代，李悝相魏文侯，实行"尽地利""善平籴"之法④，又汇集各国法律，于周威烈王十九年（公元前 407）作《法经》，内有盗、贼、囚、捕、杂、具六项内容，在许多方面开创了中国成文法的范例⑤，后来商鞅携带入秦，使之成为秦国立法的蓝本。⑥ 美国汉学家安乐哲认为战国时代的法是法典法（codified law）或成文法（statutes），商鞅是中国古代法治思想之父。⑦ 当时的"变法"，从根本上说是指统治者挣脱传统礼制的束缚，自主地制定政策、颁布法典、建立有利于新兴王权的制度的活动，也就是成文法确立的政治运动。

韩非时代的法具有成文法的特点，它由君主制定（"君之立法"⑧），官府公布，官吏执行，境内之民，不论贵贱，一律适用。⑨ 这样的法不但是公开的，普遍适用的，而且关键在于它的制定权有了明确的归属，这是成文法的根本特征。君主掌握了因时制宜、因地制宜的立法权，权力大大加强。反过来说，成文法的确立对集权式君主权力的强化起了促进作用。⑩

英国汉学家韦利（Arthur Waley）说："法家心目中的法是镇压性的，

---

① 参见《春秋左传正义·昭公六年》，见《十三经注疏》，2043 页。

② 参见《春秋左传正义·昭公二十九年》，见《十三经注疏》，2124 页。

③ 美国汉学家顾立雅（H. G. Creel）也看到了这一点。他认为《左传》所述叔向、孔子的评论雷同，显系后人所加。Roger T. Ames，*The Art of Rulership*，*A Study in Ancient Chinese Political Thought*，Honolulu，University of Hawaii Press，1983，note 31，p. 229.

④ 《汉书·食货志》，1124～1125 页。

⑤ *The Art of Rulership*，p. 109.

⑥ 参见（唐）房玄龄等：《晋书·刑法志》，922 页，北京，中华书局，1974。桓谭《新论》称商君受李悝《法经》以相秦。参见《先秦诸子系年》，227 页。

⑦ *The Art of Rulership*，p. 109，pp. 125-126.

⑧ 《韩非子集释·饰邪》，310 页。

⑨ 参见《韩非子集释·定法》，906 页；《韩非子集释·难三》，868 页。

⑩ 关于法家之法的成文法性质，可参见［英］李约瑟：《中国古代科学思想史》，陈立夫主译，246～258 页，南昌，江西人民出版社，2006。

不是契约性的。"①法国人 René David 所著《当代世界主要法律体系》一书的英译者 E. C. Brierley 走得更远，他认为："对中国人来说，法律是专横行为的一种工具，而不是公正的象征，是导致社会混乱，而不是社会秩序的一个因素。"②不错，表面看来，法家的确不承认法是人们相互约定的产物，恰恰相反，而认定它是君主单方面制定的，用来规范甚至镇压人民的。可是如果仅仅如此，那么成文法与它的制定者君主之间就不会有任何矛盾了。然而，事实并非如此。我们知道，任何法律都无法回避这样一个事实，即它所表现的统治意志在客观上必然要有一个限度，这个限度就是人民所能忍受的程度，也就是说，它必须取得人民的事实上的认可，才有可能存在。在这个意义上，法律仍然是一种约定，只不过这个约定并非人们主观意识内的事情，姑且称之为无意识的约定，或客观的约定。法律既然是一种约定，就必然带有一定的理性因素，必然要求普遍适用，要求统一、一致和稳定；而且，法律是由官府负责公布和实施的，在形式上要求所有的人一律遵守。因此，一旦制定并公之于众，就势必脱离立法者，甚至转化为对立面，与王权的无限膨胀的本质要求相抵触。也就是说，至少在一定的时间范围内，法律是固定的，是一个常量，而作为法律制定者的君主，他的欲望和要求却无时无刻不在变化，是一个变量，可以肯定，法律和君主迟早要发生龃龉甚至矛盾。由此可见，成文法一方面可以加强王权，另一方面又能够限制甚至削弱王权。对此，荷兰汉学家戴闻达(J. J. L. Duyvendak，1889—1954)也有所见，他说："尽管法律的制定可能是专横的，可是一旦公布，就必须执行，于是，君主专横行为的余地就不复存在了。"③可见，他已认识到法是专断的产物，又是专断的限制。美国汉学家卜德(Derk Bodde)也认

---

① Arthur Waley, *Three Ways of Thought in Ancient China*, New York, Doubleday & Company, Inc., Garden City, 1982, note 2, p. 159.

② René David & E. C. Brierley, *Major Legal Systems in the World Today: An Introduction to the Comparative Study of Law*, second edition, London, Stevens & Son, 1978, p. 28.

③ J. J. L. Duyvendak, *The Book of Lord Shang*, London, Arthur Probsthain, 1928, p. 90.

识到，由于法家关心的是如何控制大众，所以他们的主张被认为是极权的（totalitarian），然而，由于他们坚持所有人，不论高低，都应该遵守同一个法律，所以又被认为是平等主义者（egalitarian）。① 这些都说明，人们对王权下的成文法包含着权与法的深刻的矛盾有了初步的认识。

由于这种内在矛盾的制约，所以法在实施中有可能产生两种相反的结果：一方面，贯彻立法者的意志，加强王权；另一方面，加强执法机关和执法官员的权力，从而限制甚至瓦解王权。戴闻达认为，《汉书·艺文志》所谓"法家出于理官"的说法是有道理的，执法之吏的目的自然是要伸张官权、伸张国权，只要实行法治，就一定会加强官权。② 他又引《秦策》："商君治秦，法令至行，公平无私，罚不讳强大，赏不私亲近，法及太子。"③太子即位后，有人告状："大臣太重者国危，左右太亲者身危。今秦妇人婴儿皆言商君之法，莫言大王之法。是商君反为主，大王更为臣也。"④并引用《商君书》有关法律自行，不需统治者干预的话，说明商君之法的确有限制君权、与君主相矛盾的意义。⑤ 郭沫若认为商鞅的法治思想是"国家主义"⑥的，也是有所见的。只不过这种所谓"国家主义"是极为原始的简陋的。当然，正是由于这种原始和简陋的特点，法律才显得不完善，所以有时也可为某些官吏假公济私、贪赃枉法打开方便之门。王夫之对此有较为深刻的认识，他说："法愈密，吏权愈重……而天子之权，倒持于掾史。"⑦这个论断是有历史根据的。众所周知，秦朝文网细密、刑法酷滥，然而项梁在栎阳县犯法，却能通过蕲县的狱掾曹咎写信给栎阳的狱掾司马欣而得以脱身。⑧ 项梁为楚国大将军之子，是秦国镇压的重要人物，这样一个要犯尚且能靠一个小县

<hr>

① *Law in Imperial China*，p. 50.
② *The Book of Lord Shang*，pp. 90-91.
③ 《战国策》，15 页。
④ 《战国策》，15 页。*The Book of Lord Shang*，p. 32.
⑤ *The Book of Lord Shang*，p. 87.
⑥ 《十批判书·韩非子的批判》，300 页。
⑦ （明）王夫之：《读通鉴论》卷一，第 6 节"法密不能胜天下"，见船山全书编辑委员会编校：《船山全书》第 10 册，74 页，长沙，岳麓书社，1988。
⑧ 参见《史记·项羽本纪》，296 页。

的狱掾逃脱法网，可以想见，彼时贪赃枉法的事例当不会少。

韩非批评单纯法治，这说明他在一定程度上认识到了法的这种内在矛盾。他指出，秦国实行单纯法治政策，结果这个矛盾日益加剧：

> 公孙鞅之治秦也，设告相坐而责其实，连什伍而同其罪，赏厚而信，刑重而必，是以其民用力劳而不休，逐敌危而不却，故其国富而兵强。然而无术以知奸，则以其富强也资人臣而已矣。及孝公、商君死，惠王即位，秦法未败也，而张仪以秦殉韩、魏。惠王死，武王即位，甘茂以秦殉周。武王死，昭襄王即位，穰侯越韩、魏而东攻齐，五年而秦不益尺土之地，乃城〔成〕其陶邑之封；应侯攻韩八年，成其汝南之封；自是以来，诸用秦者皆应、穰之类也。故战胜则大臣尊，益地则私封立，主无术以知奸也。商君虽十饰其法，人臣反用其资。故乘强秦之资，数十年而不至于帝王者，法不勤饰于官，主无术于上之患也。①

韩非对法治之下"战胜则大臣尊，益地则私封立"的揭露和批评虽然不尽符合当时秦国的实际情况，但就法治的内在矛盾而言，就秦国法治矛盾的发展趋向而言，毫无疑问是合乎逻辑的。也就是说，在秦国，由于进展得比较顺利，法治有可能在富国强兵的基础上成为瓦解王权的力量，韩非预见到了这一点，表现出异于常人的智慧。

从上面材料可以看出，韩非对单纯法治的批评主要是针对商君之法展开的，他所批评的单纯法治思想在今本《商君书》里的确有比较集中的表现。

据高亨研究，《商君书》"是商鞅与别位法家的遗著汇编"②，"这部书的内容都符合商鞅的思想实质，没有重大的自相矛盾之处"③。罗根泽经过考证，认为《商君书》成书于公元前 260—前 233 年。④ 郑良树综

---

① 《韩非子集释·定法》，907 页。
② 高亨：《商鞅与商君书略论》，见《商君书注译》，3 页，北京，中华书局，1974。
③ 高亨：《商君书作者考》，见《商君书注译》，15 页。
④ 参见罗根泽：《诸子考索》，508 页，北京，人民出版社，1958。

合古今论著 128 种，经过逐篇考订，认为《商君书》"是商鞅及其学派的集体著作"，它的作成时代"分为若干期，从商鞅在世，一直到距离商鞅一百余年的秦始皇统一天下的时代"。① 戴闻达广泛吸收古今中外各家之说，从目录学、内证、外证等多方面，特别是遵循瑞典汉学家高本汉(B. Karlgren)在《左传的真伪和性质》一书中所确立的语言证明法，从语法助动词、方言等方面，考证《商君书》不会晚于公元前 3 世纪。② 我同意以上诸说，认为《商君书》作为"商君学派"的代表作，这个论点是可以成立的。韩非称"今境内之民皆言治，藏商、管之法者家有之"③，这说明《商君书》的成书要早于韩非，为韩非所熟知。

《商君书》有一种法律至上的思想倾向。商君学派认为："明王之治天下也，缘法而治，按功而赏。"④君主要"缘法而治"，不应随意妄为，这样做的结果应该是"故有道之国，治不听君，民不从官"⑤。有了法律，人民自己知道什么当做，什么不当做，一切以法律为准，自然无须事事再听从君主和官吏的了。

按照商君学派的逻辑，法律不但可以限制君主超越限度的肆意妄为，同样也可以限制官僚的犯上作乱。也就是说，法本身就有防止奸臣的作用。对此，《商君书》保留了一些有价值的思想，例如：

> 治法明，则官无邪。⑥
>
> 靳(秦本"靳"作"饬")令则治不留，法平则吏无奸。⑦
>
> 今乱世之君臣，区区然皆擅一国之利，而管一官之重，以便其私。此国之所以危也。故公私之交，存亡之本也。⑧

---

① 郑良树：《商鞅及其学派》自序，2 页，台北，学生书局，1987。
② *The Book of Lord Shang.*
③ 《韩非子集释·五蠹》，1066 页。
④ 《商君书注译·君臣》，477 页。
⑤ 《商君书注译·说民》，141 页。
⑥ 《商君书注译·壹言》，206 页。
⑦ 《商君书注译·靳令》，270 页。高亨注云："靳"当作"敕"。"敕"与"饬"古字通用。《说文》："饬，致坚也。""饬令"即坚决贯彻朝廷的法令。
⑧ 《商君书注译·修权》，301 页。

夫废法度而好私议，则奸臣鬻权以约禄；秩官之吏，隐下而渔民。谚曰："蠹众而木折，隙大而墙坏"。故大臣争于私而不顾其民，则下离上。下离上者，国之隙也。秩官之吏隐下以渔百姓，此民之蠹也。故有隙蠹而不亡者，天下鲜矣。是故明王任法去私，而国无隙蠹矣。[①]

使吏非法无以守，则虽巧不得为奸。[②]

有了法，似乎什么都可以得到解决，甚至连臣下也不能超越限度亏国便私、鱼肉百姓。

商君学派的错误不在于用法律限制昏君和奸臣，而在于他们相信在当时就可以做到这一点。他们没有意识到，在君主与法律的矛盾中，起主导作用的不是法律，而是君主。对君主来说，他一方面要利用成文法，加强自己的权力；另一方面，由于他的私欲无时无刻不在膨胀，因此注定要突破成文法的限制，在法律之外寻找活动的广阔空间。从本质上说，法律是无法限制君主的，由于无法限制君主，同样也就无法限制奸臣，因为奸臣是集权君主制度的永久性寄生虫，是借君主的权力而获得法律之外的特权的阶层。商君学派企图用有限的法律限制无限的君权，这又与当时的成文法的君主集权性质发生抵触。很明显，这样的理论本身包含着尖锐的矛盾，隐藏着走向破产的必然趋势，具有悲剧的色彩。

韩非揭露并批评商君之法的偏颇，主张加强王权，限制官权，杜绝奸臣的出现，这表明他站在君主的立场上，敏锐地发现了法律与君权的矛盾。具体而言，他一方面把握住了当时的成文法的王权性质，因而提倡法治；另一方面又看到了它与王权的矛盾。可是针对这种矛盾，他不主张用法律限制君权，而是相反，主张维护君主的最高权威，认为在保卫君权方面，法律尚有不足，非但不足，有时甚至有害，因而告诫君主不要迷信单纯的法治，为了整治奸臣，还必须在法律之外寻找办法。相

---

① 《商君书注译·修权》，304～305 页。

② 《商君书注译·慎法》，514 页。

对于商鞅的"国家主义"的政治主张来，显然更倾向于"君主主义"，这与当时君主集权政治发展的内在要求是相符的。

(二)对单纯术治的批评

韩非对单纯术治的批评反映了他从另一方面看到了君主集权与法律的矛盾。

术是中国古代的一个政治术语，其本义与道接近。按术，古文作"術"，与道之异体衍极为形似；又作"述"，与道本字形近。《说文》："術，邑中道也"①，"述，循也"②。道，《说文》："所行道也。"③循的意义也近乎所行道也。在一些人看来，道和术几乎就是一回事，《广雅疏证·释宫》："术，道也。"④古时道术连用，引申为方法、途径、学说。在 1993 年湖北荆州市郭店楚墓出土的竹简中，道字有三种写法，一种是我们通常见到的道字，另一种即"衍"，还有一种是"衕。有意思的是，第一种写法往往用为道、天道、君子道、人道、小道、大道、民之道、水之道、马之道、地之道等，含义较宽泛，有哲学意味；而第二种写法则多与政治有关，如"以衍(道)差(佐)人宝(主)者"，"衍(道)瓦(恒)亡为也，侯王能守之"，"凡衍(道)，心述(術)为宝(主)"，"昏(闻)衍(道)反下，下交者也……下交得众近从正(政)"。⑤ 特别是其中的"心术为主"一句，按《管子·心术上》的论述就是关于内以治身，外以为国即君人南面之术的。这是不是暗示着，在君主政治的领域里，道有一个向术发展的必然趋势呢？无论如何，战国时期，术为道法两家结合的重要概念，这是确凿的事实。

韩非的术的思想直接来源于申不害。

按《史记·老子韩非列传》：

---

① 《说文解字注》，78 页。

② 《说文解字注》，70 页。

③ 《说文解字注》，75 页。

④ (清)王念孙：《广雅疏证·释宫》，钟宇讯点校，214 页，北京，中华书局，1983。据清嘉庆年间王氏家刻本影印。

⑤ 《老子》甲《性自命出》，见荆门市博物馆编：《郭店楚墓竹简》，111、112、179、181 页，北京，文物出版社，1998。

> 申不害者，京人也，故郑之贱臣。学术以干韩昭侯，昭侯用为
> 相。内修政教，外应诸侯，十五年①。终申子之身，国治兵强，无
> 侵韩者。申子之学本于黄老而主刑名。著书二篇，号曰《申子》。

唐司马贞《史记索隐》云："按：术即刑名之法术也。"刘宋裴骃《史记集
解》引刘向《别录》曰："今民间所有上下二篇，中书六篇，皆合二篇，已
备，过太史公所记。"②《汉志》著录六篇，已佚，现有《大体》一篇，保存
在唐代魏徵主持编辑的《群书治要》卷三十六；《韩非子·内外储说》和
《吕氏春秋》也有若干子遗，从中可以比较清晰地看到他是如何从黄老道
德思想引申出术治之说的。

《史记·韩世家》又说：

> 申不害相韩，修术行道，国内以治，诸侯不来侵伐。③

可见，申不害的术就是道术之术，它是刑名法术，又源于黄老道德思
想，是道法两家结合的成果。

关于申不害的术，韩非这样概括：

> 术者，因任而授官，循名而责实，操杀生之柄，课群臣之能者
> 也，此人主之所执也。④

从这个定义来看，术是君主控驭臣下的方法，它有如下几层意义。
一是"因任（能）而授官"，即根据能力任用官员，说的是官员的选举和任
用要以能力为准。这在战国时代是一大潮流。墨子讲尚贤，宣称"古者
圣王甚尊尚贤而任使能"⑤。《管子》同样重视选任贤能，谓"因者，因其
能者，言所用也"⑥。深受齐学濡染的荀子更重视任用贤能，这类言论

---

① 据钱穆考证，为十九年。参见《先秦诸子系年》，238页。《韩非子集释·定法》为七十
年，顾广圻曰："七十或当作十七。"
② 均见《史记·老子韩非列传》，2146页。
③ 《史记·韩世家》，1869页。
④ 《韩非子集释·定法》，906页。太田方曰："任，能也。"
⑤ 《墨子间诂·尚贤中》，《诸子集成》本，29页。
⑥ （清）戴望：《管子校正·心术上》，《诸子集成》本，222页，上海，世界书局，1935。

很多，不烦多引。不过，各家对贤的含义理解不同，但对能所反映的能力、才干的意义则大体认同。申子认为："法者见功而与赏，因能而受官。"①可见，术的因能授官的一面与法有相通之处。二是循名而责实，即根据臣下的言论或职务来检验他的行为或政绩，目的是要臣下严格做到言行一致、职事相当。做到的，赏；做不到的，罚。今存《大体》有"十言十当，百言百当者，人臣之事"，"其名正则天下治"，"其名倚而天下乱，是以圣人贵名之正也"。②唐司马贞《史记索隐》引《申子》云："窾（空）言无成。"③刘向《新序》云："申子之书言人主当执术无刑（形），因循以督责臣下，其责深刻，故号曰'术'。"④可见，韩非对申子之术的概括与各家的记载相符。以上两点就是术的主要内容。按当时的说法，所谓名，指官职、言论之类，形指能力、政绩、行为之属，因能（形）而授官（名），循名（言论，官职）而责实（即形，行为、政绩）。可见，术就是形名之术的简称。

战国时代，选用官吏有多种途径。据学者研究，大体有五：臣下荐举、游说自荐、据功选拔、郎官提升、长官自选，大体上合乎因能授官的精神。至于考课，当时则有玺符制和年终上计制，都以审核形名为目的。⑤ 由以上所述可知，术治有其合乎法治的地方，上引申子把"见功而与赏（即考课），因能而授官（即选举）"当作法的内容，正说明了这一点。无怪乎美国汉学家顾立雅径称申子之术是所谓纯粹的官僚行政管理哲学（a philosophy of bureaucratic administration）。⑥ 西方学者习惯用 statecraft（即国家的手艺，也就是管理国家的艺术）来翻译术。与术的这

① 《韩非子集释·外储说左上·说五》，662 页。
② （唐）魏徵：《群书治要》卷三十六，叶 21，连筠簃丛书，清道光二十七年夏灵石杨氏刊本。
③ 《史记·太史公自序》，3293 页。
④ （南朝）裴骃：《史记集解》，见《史记·老子韩非列传》，2146 页。
⑤ 参见杨宽：《战国史》，196～203 页，上海，上海人民出版社，1980。
⑥ H. G. Creel，"The Beginnings of Bureaucracy in China," in *The Thirtieth Anniversary Commemorative Series Enduring Scholarship Selected from The Far Eastern Quarterly—The Journal of Asian Studies 1941-1971*，*vol. I：China*，Tucson，The University of Arizona Press，1972，p. 6.

种意义也是一致的。

不过，在申、韩看来，术的主要精神不在这里，而在于它是君主独操的权术。《韩非子》明确指出："术者，藏之于胸中，以偶众端而潜御群臣者也。"[1]它是君主胸中的秘密武器，它的特点是"不欲见"，就连"亲爱近习"也"莫之得闻也"。[2] 对这种"潜御群臣"的权术，申不害做过认真的揣摩。他首先分析了它的必要性和基本原则，认为：

> 夫一妇擅夫，众妇皆乱。一臣专君，君臣皆蔽。故妒妻不难破家也，乱臣不难破国也。是以明君使其臣并进辐凑，莫得专君。[3]

在申不害看来，奸臣的危险在于由一个或少数人控制君主，阻隔君臣间的联系。联想到韩国前有严遂、韩傀，后有公仲、公叔专权当道，可知申子的术治思想是有的放矢的。为了保证君主独尊，就必须使群臣一律慑服于王权之下，保持同样的距离，就像一个车轮，每根辐条要一般长短，统统集中到毂（轴外承辐之壳）上，只有这样，才好运行。为此，申子设计出"窜端匿疏"（或"迹"）的无为之术：

> 故善为主者，倚于愚，立于不盈，设于不敢，藏于无事，窜端匿疏，示天下无为。是以近者亲之，远者怀之。示天下有余者，人夺之；示天下不足者，人与之。[4]

君主不要自我表现，而应隐蔽愿望和行迹，使臣下摸不着头脑，任君主制裁。这个思想在《韩非子》的记载里也有佐证：

> 申子曰："上明见，人备之；其不明见，人惑之。其知见，人惑〔饰〕之；不知见，人匿之。其无欲见，人司之；其有欲见，人饵之。故曰：吾无从知之，惟无为可以规之。"

---

[1] 《韩非子集释·难三》，868 页。
[2] 《韩非子集释·难三》，868 页。
[3] 《申子·大体》，见《群书治要》卷三十六，叶 20。
[4] 《申子·大体》，见《群书治要》卷三十六，叶 20～21。

另一来源为:

> 申子曰:"慎而言也,人且知女;慎而行也,人且随女。而有
> 知见也,人且匿女;而无知见也,人且意女。女有知也,人且臧
> 女;女无知也,人且行女。故曰:惟无为可以规之。"①

总之,只有做到无为,君主才会独断。而独断才是申子之术的
目的:

> 申子曰:"独视者谓明,独听者谓聪。能独断者,故可以为天
> 下主。"②

可见,术又是实现无限王权的秘密方法,它脱离了法治的轨道,因而必
然走向阴谋。韦利认为,术是君主的"秘密方法和预防措施"(secret
methods and precautions,called... "Art");或叫作"真正的帝王统治
术"(the true arts of kingship)。③ 安乐哲则把术译作"统治权得以实现的
艺术或技艺"(art/techniques of rulership)。④ 学者 W. K. Liao 翻译《韩
非子》时,大多数情况下把术译作"tact"(老练、机智、圆滑),有时又译
作"craft"或"statecraft"⑤,前者与术作为君主个人技能的秘密性是一致
的,后者则包括术的公开性的另一面,因而是有见地的。

申不害辅佐韩昭侯用术以知奸就是典型的君主独断的例证。这类故
事很多,最能说明问题的莫过于韩非称之为"挟智而问"的权术:

> 韩昭侯握爪而佯亡一爪,求之甚急,左右因割其爪而效之,昭
> 侯以此察左右之诚不。
>
> ┈┈┈┈┈┈
>
> 韩昭侯使骑于县,使者报,昭侯问曰:"何见也?"对曰:"无所

---

① 《韩非子集释·外储说右上·说二》,728 页。
② 《韩非子集释·外储说右上·说二》,736 页。
③ *Three Ways of Thought in Ancient China*,pp. 117,181.
④ *The Art of Rulership*,p. 72.
⑤ *The Complete Works of Han Fei Tzu*,p. 97.

见也。"昭侯曰："虽然何见?"曰："南门之外,有黄犊食苗道左者。"
昭侯谓使者"毋敢泄吾所问于女",乃下令曰："当苗时,禁牛马入
人田中固有令,而吏不以为事,牛马甚多入人田中,亟举其数上
之,不得,将重其罪。"于是三乡举而上之,昭侯曰："未尽也。"复
往审之,乃得南门之外黄犊。吏以昭侯为明察,皆悚惧其所而不敢
为非。①

第一个故事讲的是昭侯指甲本来未断,却佯装丢失,下令寻找,逼得左
右剪下自己的指甲交差。这是一种测验臣下是否诚实的阴谋把戏。第二
个故事说的是昭侯事先暗中派密探微服侦伺情实,然后对官吏突然发
难,以考验他们是否诚实。这同样是阴谋的小把戏。因为君主手中握有
生杀大权,所以这一招看似很灵。其实这种特务统治的手段虽可奏效一
时,却无法维持长久。韩非推崇申不害的术治学说,但对单纯术治的主
张和做法提出批评:

> 申不害,韩昭侯之佐也。韩者,晋之别国也,晋之故法未息,
> 而韩之新法又生;先君之令未收,而后君之令又下。申不害不擅其
> 法,不一其宪令,则奸多。故利在故法前令,则道之,利在新法后
> 令,则道之,利在故新相反,前后相悖,则申不害虽十使昭侯用
> 术,而奸臣犹有所谲其辞矣。故托万乘之劲韩,七十(似应为十七)
> 年而不至于霸王者,虽用术于上,法不勤饰于官之患也。②

韩非批评的申子单纯术治有一点值得分析,那就是只注意用术而不
重视统一法制。没有统一而稳固的法治作为基础和后盾,就无法从根本
上改变政治的混乱和腐败,这就给奸臣的滋生和蔓延提供了土壤和条
件,结果奸臣越来越多,即使以十倍的努力,也无法扭转这个颓势。其
中,"晋之故法未息,而韩之新法又生;先君之令未收,而后君之令又
下",具有重要意义。韩国经过了变法,是可以肯定的,那么它的法治

---

① 《韩非子集释·内储说上·说六》,564~565 页。
② 此处引文断句从王先慎。《韩非子集解·定法》,《诸子集成》本,304~305 页。

混乱的原因何在呢？

西方法律学者有这样一种说法，他们认为：“对中国人来说，法是专横行为的一个工具，而不是公正的象征；是社会混乱的一个动因，而不是社会秩序的根据。”①如果从中国成文法只强调立法的重要，而忽视法律的稳定性、权威性和独立性来看，的确是如此。可是，同样的法律传统，为什么在秦国却是另一番景象？一定还有别的什么原因。韩非把“晋之故法未息，韩之新法又生”作为特殊现象单独提出来，意义重大。众所周知，一定的法律往往与一定的社会阶级或阶层的利益具有更为紧密的关系。创立新法，实际上是在确立或确保新的利益，这时如果表现某些旧利益的旧的法律不废除，就必然出现新旧舛杂的矛盾。旧的之所以不能去掉，除了旧势力的强大，还能有什么原因。因此，社会混乱的原因不是单纯的法律独断专横的问题，只有在新的独断专横的法律不断创立，而旧的法律又无法废除的情况下，法律才会成为社会混乱的动因。韩国的传统势力较为强大，法制改革极不彻底，君主虽获得了立法权，但对传统的习惯法和先君的法令（大概也属于成文法的范畴）却不能改变，这些旧法是旧势力的利益的代表，新君既然不能触动旧势力的利益，当然也就无法统一政令，无法有效地管理国家事务，这样不但无以富国强兵，更没有余力应付强邻的兼并。就韩国的实际情况来看，韩非的批评切中了要害。这种现象又说明，战国时代的君主虽然获得了立法权，但是，由于他们只注意到了成文法使君主便宜行事的一面，而忽视了法律的稳定性、一致性的另一面，在这样的基础上实行阴谋权术，结果必然使法治更加混乱，国家无法安定，这样的术治必然走向自己的反面，无法达到加强集权的目的。韩非批评申不害的单纯术治思想，在一定程度上认识到了术治的这种矛盾。

但是，术治的背后还隐藏着一个更为深刻的矛盾。本来，按照申、韩的初衷，术是君主独操的、加强集权的手段，可是凡事一旦成为阴

---

① *Major Legal Systems in the World Today*：*An Introduction to the Compavative Study of Law*，p. 28.

谋，就会失去控制，变得无法规范；同理，术一旦成为阴谋，就注定要失去控制，除了为君主所用，还会为臣下所用。由此推论，当它为君主所用时，便会加强集权；而为臣下所用时，自然又会削弱甚至否定集权。术就是如此地处于尖锐的矛盾之中！事实上，"藏于（君主）胸中"和"不欲见"的术要由作为臣子的"法术之士"来传授，这本身就是术的内在矛盾的表现。申不害、韩非以臣子的身份大谈"君人南面之术"，这对于术论强调君主独操来，不是莫大的讽刺吗？

（三）对单纯势治的批评

韩非对单纯势治主张的批评，仍然表现了君主集权与新生的法律政治的矛盾关系。

势治思想是齐国黄帝之学的一项重要内容，稷下学者慎到有系统论述，对韩非具有重要影响。

据《史记》记载，慎到，赵人，曾著《十二论》。[①] 徐广注云："今《慎子》，刘向所定，有四十一篇。"[②]《汉书·艺文志》著录四十二篇。[③] 北宋时，全书大部散佚。清人钱熙祚以《群书治要》所录《慎子》七篇为主，兼采唐宋其他类书所引者，辑成《慎子》一书，收入《诸子集成》第 5 册。[④]

关于慎到的思想，《庄子》《荀子》有所涉及。《天下》谓慎到"弃知去己，而缘不得已，泠汰于物，以为道理"[⑤]，并说他"笑天下之尚贤"，主张"无用圣贤"[⑥]，充满了钦敬之情。可见，慎到思想具有道家气息。《非十二子》则批评慎到"尚法而无法"[⑦]；《解蔽》则指出他"蔽于法而不知贤"[⑧]，有道法家的影子。这与《韩非子》的评论所表现的慎子思想

---

① 参见《史记·孟子荀卿列传》，2347 页。

② 《史记集解》，见《史记·孟子荀卿列传》，2347 页。

③ 参见《汉书·艺文志》，1735 页。

④ 参见（清）钱熙祚校：《慎子·慎子跋》，《诸子集成》本，15 页，上海，世界书局，1935。

⑤ 《庄子集释·天下》，《诸子集成》本，470 页。

⑥ 《庄子集释·天下》，《诸子集成》本，470、471 页。

⑦ 王先谦：《荀子集解·非十二子》，《诸子集成》本，58 页。以下所引《荀子》，皆出此本。

⑧ 《荀子集解·解蔽》，《诸子集成》本，262 页。

一致。

关于慎到，另有一条史料顺便一提。据说东汉应劭《风俗通义·姓氏》有一句："慎到为韩大夫，著《慎子》三十篇。"该篇已佚，有清人张澍辑本，收在《二酉堂丛书》中。金德建据此认为湣王之末，稷下学宫解体，学士离散，慎到来到韩国，担任大夫。① 但此事未见《汉书·艺文志》，所录篇数也与《汉志》不合，其真实性尚难确定。其实，慎到是否到过韩国并担任大夫，与他的思想对韩非是否有影响关系不大。战国士风活跃，思想解放，学说的传播不受国别和地域的限制，韩非既然能熟读齐国的稷下《管子》，为何不能读到同样来自稷下的《慎子》？

按势，本义为形势，说的是因居于有利的地形而具有的一种优势，故首先为兵家所重视。《孙子兵法·势篇》有所谓："故善战人之势，如转圆石于千仞之山者，势也。"杜牧注："转石于千仞之山，不可止遏者，在山不在石也。战人有百胜之勇，强弱一贯者，在势不在人也。"王晳说得更准确："石不能自转，因山之势而不可遏也；战不能妄胜，因兵之势而不可支也。"张预："石转于山而不可止遏者，由势使之也；兵在于险而不可制御者，亦势使之也。"② 此外，该篇还有一些关于势的论述，如"激水之疾，至于漂石者，势也"，"势如彍弩，节如发机"。③ 总之，势是一种待发的优势和力量。由于势有这种形胜势便之意，所以又引申为趋势、力量、权势等。

国外汉学家也有一些很有启发的见解。韦利用势位（position），权力（power），潜能、权势（potency），势力（force），情势（circumstance），形势（situation），自然力量（natural power）等来译势。④ 安乐哲深入中国战国时期的古籍，从兵家和法家著作中发掘出势治思想的源泉来，用战略优势（strategic advantage）或政治地位（political purchase）来翻译

---

① 参见金德建：《先秦诸子杂考》，97～103 页，郑州，中州书画社，1982。
② （汉）曹操等注：《孙子十家注》，《诸子集成》本，80～81 页。以下所引《孙子》，皆出此本。
③ 《孙子十家注》，《诸子集成》本，71、72 页。
④ *Three Ways of Thought in Ancient China*，pp. 181-182.

势，所谓 purchase，他认为是一种能对人施加影响并造成压力以获取某种好处的优势。在这个意义上，他有意避免使用权力（power）和力量（force）来表示势，他认为势是一种更为根本的、更为明确的权力，而一般的权力则过于朦胧。[①] E. R. Hughes 用专制权力（autocratic power）来翻译势。[②] W. K. Liao 翻译《韩非子》时注意到了一些汉学家的成果，又提出了自己的见解，他认为卜德在翻译冯友兰的《中国哲学史》时把势译作"power"（权力）或"authority"（权威）[③]是不确切的，他把势译作"position"，认为它隐含着客观上的情势（circumstance）和主观上的影响（influence）之意，与位相通，位译作"status"。[④]

根据以上所述，可以说势是指一种可以对他人施加影响的支配力量，也是指相对于他人所具有的优势和地位。战国诸子间流行的街兔、市兔的比况，形象地表现了势的这个特点。《慎子佚文》云：

> 一兔走街，百人追之，贪人具存，人莫之非者，以兔为未定分也。积兔满市，过而不顾，非不欲兔也，分定之后，虽鄙不争。[⑤]

这段又见于战国秦汉间许多作品中，文字稍有差异。它说明，势的基础在于"分"，这个"分"有地位、权利、资格的意义，它是对一个人应享有的权限和利益的规定，是制约权力大小的根据。安乐哲所用的 purchase 与此意义接近，可见抓住了问题的要害。他认为分是指一个人的社会和政治地位，而势则是作为这个地位的条件而存在的，所谓"分势不二"，说的是势与分的相配，慎到的势治思想就是以"分"作为出发点的。[⑥]

慎到的势治思想作为辩难对象比较集中地保留在今本《韩非子·难势》中。韩非对单纯势治思想的批评即针对慎到以及另一位辩难者的观

---

① *The Art of Rulership*，pp. 66-93，72，222.

② *Chinese Philosophy in Classical Times*，p. 77.

③ Fung Yu-Lan，*A History of Chinese Philosophy*：*The Period of the Philosophers*，London，George Allen & Unwin Ltd.，1952，p. 318.

④ *The Complete Works of Han Fei Tzu*，vol. 2，p. 199.

⑤ 《慎子·慎子佚文》，《诸子集成》本，9 页。

⑥ *The Art of Rulership*，p. 88.

点而展开的。韩非首先引述慎到的观点：

> 慎子曰："飞龙乘云，腾蛇游雾，云罢雾霁，而龙蛇与蚓螾同
> 矣，则失其所乘也。贤人而诎〔屈〕于不肖者，则权轻位卑也；不肖
> 而能服于贤者，则权重位尊也。尧为匹夫不能治三人，而桀为天子
> 能乱天下，吾以此知势位之足恃，而贤智之不足慕也。夫弩弱而矢
> 高者，激于风也；身不肖而令行者，得助于众也。尧教〔效〕于隶属
> 而民不听，至于南面而王天下，令则行，禁则止。由此观之，贤智
> 未足以服众，而势位足以诎〔屈〕贤者也。"①

慎到的意思是说能否做到令行禁止、施威于众，不在于是否有德，而在于是否有位，这就是"定分"。有了权势，不肖也可以治众；没有权势，贤智也无济于事。这段文字又见于《慎子·威德》，该篇还有"圣人之有天下也，受之也，非取之也"②一句，说的正是乘势。

接着，韩非又引一位辩难者的话，介绍了另一种观点，原文较长，今择要概述之。这位辩难者首先指出慎到的逻辑错误，认为飞龙乘云、腾蛇游雾，固然是由于有势可凭，然而，有云雾之势是一回事，能否乘之又是一回事。比如，同样的云雾之势，龙蛇可以乘之，而蚓螾却不能，原因何在？说到底还不是因为龙蛇与蚓螾的材质能力不同的缘故吗？据此，这位辩难者对慎到释贤而专任势的主张提出了批评。他指出，天子之位未变，桀纣居之则天下乱，尧舜居之则天下治，这是因为前者材薄而后者材美的缘故。由此可知，权势虽同，"贤者用之则天下治，不肖者用之则天下乱"。而且，世上往往贤者少而不肖者众，若单任权势，结果只能是"以势乱天下者多矣，以势治天下者寡矣。夫势者，便治而利乱者也"，"势者，养虎狼之心，而成暴乱之事者也，此天下之大患也"。③ 显然，这个观点与慎子的势论正相反，是主张任贤的。如

① 《韩非子集释·难势》，886 页。
② 《慎子·威德》，《诸子集成》本，1 页。
③ 《韩非子集释·难势》，887 页。

果做大胆的假设，那么这位辩难者应是儒家之徒，很有可能就是那位批评慎子"蔽于法而不知贤"①的荀子。荀子以礼治为本，强调"尚贤使能"②，认为君子乃是"法之原"，"有君子，则法虽省，足以遍矣，无君子，则法虽具，失先后之施，不能应事之变，足以乱矣。……故明主急得其人，而暗主急得其执③"④。又说："国者，天下之制利用也，人主者，天下之利势也。得道以持之，则大安也，大荣也，积美之源也。不得道以持之，则大危也，大累也，有之不如无之。"⑤这些观点与上面"应之者"的辩难如出一辙。韩非不同意这个观点，又不便对老师进行指名批评，只好隐去其姓名。不过，据我的理解，慎到的势治思想与"应之者"的分歧是由于两者的目标不同造成的：慎到说的是行政权力的必要条件，应属于"主权论"范畴；而"应之者"强调的却是行政工作的客观效果。前者主张势治，以为只要解决了主权归属问题，政治的目的就达到了，因而导致君主本位；后者考虑的是避乱求治的行政效果，虽然也承认君主主权的前提，但却更注意君主品德在行政过程中的作用，具有一定的民本思想的因素。

韩非反对用贤治代替势治，但又不满意单纯势治的观点，接受"应慎子者"所谓势"便治而利乱"的观点，揭露了单纯势治里面的矛盾，因而主张用法来弥补单纯势治的不足。他把慎到的势称作"自然之势"，认为"势必于自然，则无为言于势矣。吾所为言势者，言人之所设也"⑥。在他看来，自然之势不考虑行政工作的效果，因此无法抵挡尚贤论的攻击。诚如"应之者"所言，自然之势同，贤者在位则治，不肖者在位则乱，治乱的根据显然不在势，而在贤不肖，这是慎到思想中无法弥补的逻辑破绽。韩非承认自然之势有这个弱点。他主张人设之势，是出于这

---

① 周勋初也有所见，认为"这种学说反映了荀况一派的观点"。见《〈韩非子〉札记》，247～248 页。
② 参见《荀子集解》之《儒效》《君道》，《诸子集成》本，101、152 页。
③ 势，先谦案：势位也。
④ 《荀子集解·君道》，《诸子集成》本，151 页。
⑤ 《荀子集解·王霸》，《诸子集成》本，131 页。
⑥ 《韩非子集释·难势》，888 页。

样的考虑：尧舜和桀纣都是千世一出的极端现象，主张贤治是要把所有的君主变成尧舜，这是不可能的；反对势治者则是把所有的君主当成了桀纣，这也是不现实的。在他看来，绝大多数君主都是上不及尧舜，下不至桀纣的"中人"（普通人），不应只考虑千世一出的尧舜和桀纣，而应以绝大多数的"中人"为对象来设计统治方案。他的所谓人设之势，其实就是用法来弥补单纯势治的不足，即以形式上作为国家意志的法来表达并规范君主的意志。这样做，既确保了王权的最高利益，又照顾到行政工作的效率，有利国计民生，较之单纯势治偏于君主、以君代政的僵化原则更具有适应性，比起贤治的空想来也更为现实。它的优点，据韩非宣称，不在于一劳永逸、确保天下万世太平，而只在于它为害较轻，相对来说是较好的选择。对于这些"中人"而言，"抱法处势则治，背法去势则乱"[1]，只要有了法，"中人"的势治才会成为维护王权、治平天下的法宝。韩非尖锐地指出，贤治论者向往尧舜之治，可是"今废势背法而待尧、舜，尧、舜至乃治，是千世乱而一治也"[2]，这不啻让人民生活在千世大乱的漫漫长夜里，而企盼可望而不可及的太平盛世。另一方面，由于法最终受势支配，要由君主制定，那么，即使抱法处势，遇到桀纣之君，也不免一乱。"中人"的抱法处势而治，只求取得"千世治而一乱"的结果，比较起来"治千而乱一，与治一而乱千也，是犹乘骥骒而分驰也，相去亦远矣"[3]。人设之势不但优于自然之势，更胜于贤治。至此，自然之势经过贤治的辩难，又发展为人设之势，势治，经过否定之否定，又回到了它的起点，不过这一次是在更高层次上的回复，正是在这个意义上韩非才相信"夫势之足用亦明矣"[4]。

"应之者"认识到势治"便治而利乱"，实际上是发现了隐藏在势治背后的矛盾，即对君主集权而言，势治有维护并加强的作用，也有瓦解甚至破坏的作用。凡是无限制地追求并扩大权势的，注定要走向自己的反

---

① 《韩非子集释·难势》，888页。
② 《韩非子集释·难势》，888页。
③ 《韩非子集释·难势》，888页。
④ 《韩非子集释·难势》，889页。

面，桀、纣是这方面的典型，可见，历史早已提供了生动的例证。韩非主张"抱法处势"，不但承认势治内部的矛盾，还提出了解决的办法，是难能可贵的。可是，在他的思想中，权势始终高于法律，法律的作用永远要受到君主个人意志的左右。结果，尽管有法律来弥补，势治仍然难逃乱政的厄运，这是无法索解的矛盾，有着深刻的历史根源，韩非未能摆脱客观条件的限制，是不能苛求的。

（四）法、术、势的循环互补

以上论述说明，在韩非那里，法治需要由术来补足，术治又需要法来补足，势也需要法来补足。若再进一步，就会发现，法其实也需要势的补足，术也需要势的补足，势又需要术的补足，三者互为条件、互相需要、相互补足，存在着循环互补的关系。

循环互补的基础是三者在根本问题上的一致和相通。对此，国外学者也有所见。安乐哲先生认为，法、术、势在赏罚、刑名上是一致的。法治讲赏罚，术治也靠赏罚作后盾，势治追求的二柄，就是赏罚；术治讲形名，势治所依据的定分，其实就是形名。[①] 戴闻达氏认为，法治所要求的赏罚必当，与术治的基本原则"形名必当"（"正名"）是一致的。[②] 其实，两千多年前，司马谈《论六家之要指》在谈到法家的基本特征时，指出："尊主卑臣，明分职不得相逾越"，把形名和定分作为基本内容，可见在汉人的心目中，术、势也属于法家思想的范畴。[③] 无怪乎当时统称申商、申韩或商韩为"刑名法术"之学了，无怪乎荀子说慎子"尚法"[④]而又"蔽于法"[⑤]（即只知有法而不知其他）了。

从文献上看，法、术、势循环互补关系早已部分地包含在三个思想体系各自的内部，并在一定程度上为商鞅、申不害、慎到以及他们的学派意识到了。比如，法在官吏选任和考核方面就包含了术治的部分内

---

① *The Art of Rulership*，p. 91，p. 88.
② *The Book of Lord Shang*，p. 119.
③ 《史记·太史公自序》，3291 页。
④ 《荀子集解·非十二子》，《诸子集成》本，58 页。
⑤ 《荀子集解·解蔽》，《诸子集成》本，262 页。

容；术的独治论则包含了势治的因素；而势治的人设内容当然包含了法治的精神，在以君为本这一点上，三者毫无疑问是相通的。因此，不管它们的具体表现方式如何不同，在商君学派、申子学派和慎到那里并非绝对地互相排斥或毫不相干的。

商君学派主张法治，但不排斥术和势。《商君书·修权》云：

> 国之所以治者三：一曰法，二曰信，三曰权。法者，君臣之所共操也；信者，君臣之所共立也；权者，君之所独制也。……权制独断于君则威。①

这里的权就是权势的权。《弱民》云："主操权利，故主贵多变。"②这里的权指权变，是术的内容，权变之利，掌握于君，这是由势而术的例证。《禁使》甚至直言："故先王不恃其强，而恃其势；不恃其信，而恃其数"，"〔故〕先王贵势"。③ 这个数与信相对而言，应即是权术、统治术之术。这些材料说明，秦国商鞅派法家不是完全不考虑术和势的，只不过他们以法为主来考虑问题。

申不害及其学派也不是没有注意到法和势的统治方法。荀子批评"申子蔽于势而不知知〔智〕"，杨倞注："其说但贤得权势以刑法驭下，而不知权势待才智然后治，亦与慎子意同。"④看来，申子于术外，也是讲势的。《盐铁论》转述御史的话说："申商以法强秦韩也。"⑤指出申子用法的事实。《申子佚文》中也确有这方面的材料可以佐证。如：

> 君必有明法正义，若悬权衡以称轻重，所以一群臣也。
>
> 尧之治也，善明法察令而已。圣君任法而不任智，任数而不任说。黄帝之治天下，置法而不变，使民而安不安（《太平御览》卷

---

① 《商君书·修权》，《诸子集成》本，24页；《商君书注译·修权》，291、292页，无后一"独"字。

② 《商君书注译·弱民》，439页。

③ 《商君书注译·禁使》，490、491页。

④ 《荀子集解·解蔽》，《诸子集成》本，262页。

⑤ （汉）桓宽撰：《盐铁论·申韩》，《诸子集成》本，57页，上海，世界书局，1935。

638 无"不安"二字），乐其法也。①

可见，申不害于术之外，也是言法的。

慎子的情况也是这样，他虽强调自然之势，但有时也提到法的重要性：

> 君人者，舍法而以身治，则诛赏予夺，从君心出矣。……大君任法而弗躬，则事断于法矣。法之所加，各以其分，蒙其赏罚而无望于君也。②

> 为人君者不多听，据法倚数以观得失，无法之言，不听于耳，无法之劳，不图于功，无劳之亲，不任于官，官不私亲，法不遗爱，上下无事，唯法所在。③

慎子不但言法，甚至还提出"法虽不善，犹愈于无法"的口号。在法、术、势之外，他还主张"定赏分财必由法，行德制中必由礼"④，表现了礼法并用、王霸一体的综合特点。

那么，韩非在批评三家各自依据法、术、势而单纯以为治时，为什么没有提到这种综合的倾向呢？我以为这主要是因为三家虽不排斥对方的主张，但并未明确意识到法、术、势三者的内部联系，因而没有将三者联为有机的一体。韩非为了说明三者循环互补的紧密联系，有必要指出三家各自的偏颇，从他们的不足处入手，构筑循环互补的大厦。

上节所述，韩非在批评以上三派观点时，曾明确提出法需术的补足，术和势又需要法的补足的观点。此外，他还较为明确地意识到了法需势补足，以及术势互补的关系。关于法术需要势的补足，《八经》云：

> 君执柄以处势，故令行禁止。⑤

---

① （唐）欧阳询：《艺文类聚》卷五十四，刑法部引，汪绍楹校本，967 页，上海，上海古籍出版社，1982。

② 《慎子·君人》，《诸子集成》本，6 页。

③ 《慎子·君臣》，《诸子集成》本，6 页。

④ 《慎子·威德》，《诸子集成》本，2、3 页。

⑤ 《韩非子集释·八经》，996 页。

"令行禁止"即是法，法之所以能行，是因为有势（"柄"和"势"）为基础。《有度》云：

> 夫为人主而身察百官，则日不足，力不给。且上用目则下饰观，上用耳则下饰声，上用虑则下繁辞。先王以三者为不足，故舍己能，而因法数，审赏罚。先王之所守要，故法省而不侵。独制四海之内，聪明不得用其诈，险躁不得关其佞，奸邪无所依。远在千里外，不敢易其辞；势在郎中，不敢蔽善饰非。朝廷群下，直凑单微，不敢相逾越。故治不足而日有余，上之任势使然也。①

君主之所以能够取得无为而治的效果，自如地运用法术，达到独制四海的自由境界，是因为善于凭借势的缘故！再看《奸劫弑臣》的论述：

> 夫是以人主虽不口教百官，不目索奸衺，而国已治矣。人主者，非目若离娄乃为明也，非耳若师旷乃为聪也。目必，不任其数，而待目以为明，所见者少矣，非不弊之术也。耳必，不因其势，而待耳以为聪，所闻者寡矣，非不欺之道也。明主者，使天下不得不为己视，天下不得不为己听。故身在深宫之中而明照四海之内，而天下弗能蔽、弗能欺者何也？暗乱之道废，而聪明之势兴也。故善任势者国安，不知因其势者国危。②

数、势已不独局限在权术和权势的范围之内，而具有某种必然性，但不论如何，二者都是相依为用的。下文有所谓"乘威严之势以困奸邪之臣"，指的就是在势的基础上运用"严刑重法"和"法术之数"。由此证明，势为法术的有力支持，这是韩非思想的一个明确观点。

那么，势是否也需要术来补足呢？《外储说》有言：

> 故国者君之车也，势者君之马也，无术以御之，身虽劳犹不免

---

① 《韩非子集释·有度》，87～88 页。
② 《韩非子集释·奸劫弑臣》，247 页。

> 乱，有术以御之，身处佚乐之地，又致帝王之功也。①

这个术是不是权术和刑名之术的术呢？韩非谓"人主之大物，非法则术也"②，如果说法还要由臣来参与执行，那么术却只要求君主独操，术的目的就是保卫和运用手中的权势，因此我们说势需术来补足是完全合乎韩非思想实际的。

总而言之，法、术、势三者每一项都需要其他两项的补足，由此构成循环互补的关系，韩非政治方略的体系因之而建立。

以上论述了法、术、势三者的内在联系，现在来看一看某些学者关心的另一个问题，即三者之中，哪一个是中心或目的。有学者提出："法为势与术目的之所在与理想之归趋"，"法为制衡势与术执运之标准；由是而建立法在韩非政治哲学之中心地位"。③另外，有学者不同意这种看法："认为在法、术、势三者之中，术是最重要的。"因为"韩非是彻头彻尾站在君主的立场上来考虑政治，其最大的政治目的在于稳定君主的地位和由君主控制的坚固的国内统治。……术是为实现上述政治目的而采取的有效策略（作法、手段、方法），它使法、势得以充分发挥其机能。因此认为术是最重要的"④。还有学者指出："可以说，韩非首先重视的是势，因为势是实施统治的前提，因此他时刻考虑的是如何保住权势。韩非的学说之所以会被秦始皇接受，得到他的欣赏，就是因为这种理论为以后建立封建主义的中央集权专制统治作了充分的论证。"⑤以上观点是比较有代表性的。对此，本书不打算做详细评说，只简单谈一下自己的看法。我以为，在循环互补的三者中找到某一项作为目的或中心，似不妥。它们有一个共同的目的，或曰服务对象和中心，它不在三者之内，而高居于三者之上，那就是强化王权。正是由于强化王权的需

---

① 《韩非子集释·外储说右下·说四》，782 页。

② 《韩非子集释·难三》，868 页。

③ 《韩非子的哲学》，231 页。

④ ［日］饭冢由树：《韩非子中法、术、势三者的关系》，载《中国人民大学学报》，1993(5)。

⑤ 周勋初：《韩非》，52 页，南京，江苏古籍出版社，1985。

要，才感到三者各自为政的不足，才需要循环互补。对此。韩非自己是最清楚的。他说："君无术则弊〔蔽〕于上，臣无法则乱于下，此不可一无，皆帝王之具也"①，"势者，胜众之资也。……故明主之行制也天（法），其用人也鬼（术），天则不非，鬼则不困。势行教严逆而不违，毁誉一行而不议"②。所谓"具"，即工具，指的不正是手段、方法、策略吗？所谓"资"，即利用和凭借的东西，可以"器"当之。韩非用老子"利器"一词，指赏罚，谓："赏罚者，邦之利器也，在君则制臣，在臣则胜君。"③"齐王问于文子曰：'治国何如？'对曰：'夫赏罚之为道，利器也。君固握之，不可以示人。'"④"赏罚者，利器也。君操之以制臣，臣得之以拥主。"⑤谁拥有"利器"，谁就掌握了立法行政制人的力量，这个所谓"利器"不就是势所代表的权力吗？因此，我们认为冯友兰所谓"韩非以为法、术、势三者，皆'帝王之具'"⑥的提法是正确的。离开了强化王权的目的，在循环互补的三个工具之中，是无法找到中心的。

三、法、术、势的矛盾

互补和矛盾，是一物的两个方面，说互补就应该承认矛盾。关于法、术、势三者之间的矛盾，近人梁启超氏曾予以揭露，但他在指出三者矛盾之后，又误将术、势摒除于韩非思想之外。⑦刘家和先生明确指出，法、术、势之间的矛盾是韩非思想自身的矛盾。⑧以下略述原委。

首先，法与术是有矛盾的。《难三》云：

---

① 《韩非子集释·定法》，906页。
② 《韩非子集释·八经》，996～997页。
③ 《韩非子集释·喻老》，392页。
④ 《韩非子集释·内储说上·七术·说三》，550页。
⑤ 《韩非子集释·内储说下·六微·说一》，577页。
⑥ 《中国哲学史》，391页。
⑦ 参见《先秦政治思想史》，137～139页。
⑧ 参见《关于战国时期的性恶说》，见中国社会科学院历史研究所编：《华夏文明与传世藏书：中国国际汉学研讨会论文集》，406～407页。

> 人主之大物，非法则术也。法者，编著之图籍，设之于官府，而布之于百姓者也。术者，藏之于胸中，以偶众端而潜御群臣者也。故法莫如显，而术不欲见。①

这里，从实施方法和适用范围而言，二者的确存在着比较尖锐的矛盾。法是形成文字并由官府公布，因而是公开的，它的特点是要所有的人都知道；术却恰好相反，它不能形成文字，更不能公开，只可藏在君主的心中，绝对不能让他人知道。同是君主的统治方法，一方面是"莫如显"，另一方面又"不欲见"，刚好构成一对逻辑矛盾，不能同真，也不应同假，单从这点来说，已经违反了逻辑学上的(不)矛盾律。

其次，法与势也是有矛盾的。法既然通过官府公之于众，要求人所共知、人人共守，那么，一提到它，人们首先应该想到国家，想到法的普遍适用的公平性原则。根据这个原则，作为国家一分子的君主，当然也要遵守。这在韩非思想中有所反映：

> 人主虽使人必以度量准之，以刑名参之，以事；遇于法则行，不遇于法则止；功当其言则赏，不当则诛……②
>
> 故明主使法择人，不自举也；使法量功，不自度也。能者不可弊〔蔽〕，败者不可饰，誉者不能进，非者弗能退，则君臣之间明辨而易治，故主雠法则可也。③

虽未言及其他，但在用人行政上，韩非承认君主是要遵守法的，这种做法，又叫作"以法治国"④。他相信，"以法治国，则举措而已矣"，旧注云："举法而措之，治自平。"⑤可从。

法家的这种无为而治的主张曾为 20 世纪上半叶的许多学者所津津乐道，或以为"其理论异常进步，如言法之公布、平等、一定等性质，

---

① 《韩非子集释·难三》，868 页。
② 《韩非子集释·难二》，830 页。
③ 《韩非子集释·有度》，86～87 页。
④ 《韩非子集释·有度》，88 页。
⑤ 《韩非子集释·有度》，88、109 页。

直与西洋近代法治观念无异"[①]，或以为"韩非的法治制度……就是'明君无为于上'。……君主是以成为一个徒负虚名的骸壳，有如现代的立宪政体"[②]。美国汉学家狄百瑞(Wm. Theodore de Bary)认为，法是详细限定所有国家成员义务和责任的，须完全正规和公正地予以执行。[③] 在国外某些汉学家中，这种看法是有代表性的。学者 J. Escarra 认为，韩非的思想与西方思想极为接近，对中国人来说却是完全陌生的。[④] 其实，从本质上看，韩非的法治思想远不如人们想象的那么美妙，不过，人们之所以有如此印象，也绝不是凭空臆断。在韩非思想中，至少在用人这一点上，君主倒真要有些"舍己能，而因法数"[⑤]的劲头才行，单凭这一点，我们可以认为，韩非主张的法治有其客观、公平、普遍适用的一面，它要求君主也要守法，在一定程度上，有君臣一致的要求。

可是，要讲到势，君臣之间就绝对不可一致了。势是君权，它要求君主必须具有绝对的权威，它站在君主的立场上，强迫一切人屈服，如果君臣上下而可一致，那还有什么势可言呢？法之基础为"平"或"等"，而势之基础却在于"不平"或"不等"，两者不可同真，不可同假，这又违反了逻辑学上的矛盾律。[⑥]

四、与儒家、墨家思想之比较

韩非主张用法、术、势循环互补的办法维护君主的绝对权威，这与

---

① 《韩非子政治思想研究》。

② 林语堂.《吾国与吾民》，194 页，北京，宝文堂书店，1988。林语堂被认为是韩非在当代的最大的崇拜者之一，他的观点在海外有一定影响。可参见 *The Complete Works of Han Fei Tzu*，vol. 1，footnote，p. 53。

③ Wm. Theodore de Bary, *Sources of Chinese Tradition*，vol. 1，New York and London，Columbia University Press，1966，p. 123.

④ J. Escarra, *Le droit chinois*，1936，p. 55，in E. R. Hughes, *Chinese Philosophy In Classical Times*，London，J. M. Dent & sons Ltd.，1942，p. 482.

⑤ 《韩非子集释·有度》，87 页。

⑥ 参见《关于战国时期的性恶说》，见《华夏文明与传世藏书：中国国际汉学研讨会论文集》，406~407 页。

以儒家为代表的德治主义政治观点是针锋相对的。

儒家的德治主义系改造周代德政思想而来。德在西周时代，代表的是宗法血缘关系，"同姓则同德，同德则同心，同心则同志"。反之，"异姓则异德，异德则异类"。[①] 德者得也，所得者何？原来是从氏族那里秉承了自己的身份。姓标志着一个人出身的氏族，不同的出身便有不同的姓，形成不同的族类。表现这种德的外部规范的礼，是氏族时代留传下来的习惯法和宗教、道德规范的总和，周代讲的德治就是这种内外有别的礼制，它对同族同类讲求德治，异族异类便只有以刑威之了，所谓"德以柔中国，刑以威四夷"[②]，"礼不下庶人，刑不上大夫"[③]所表现的就是这种氏族精神。

春秋战国之际，德的观念中发生了一场深刻的变革，这场变革由孔子发动。

春秋时代"礼坏乐崩"，传统的宗法族姓制度被打破，特别是在政治上，贵族的宗法特权不断受到来自新兴势力和平民的挑战和排挤，孔子以"布衣"[④]（即"士"）的身份，兴办私学，倡导"有教无类"[⑤]，打破城邦传统教育的贵族血统原则。他声称"自行束修以上，吾未尝无诲焉"[⑥]，似乎把教育的权利建立在财产的基础之上。如果确实，那么孔子在教育制度上的贡献在社会从古代向古典转变的过程中具有划时代的意义。

在人与人的关系上，孔子的弟子子夏竟提出"四海之内皆兄弟也"[⑦]的口号，为新时代人类精神的觉醒打出了醒目的旗帜。

不过，说到这场变革的最高成就，当然还是孔子的仁学。孔子的仁

---

① 上海师范大学古籍整理组校点：《国语·晋语四》，356 页，上海，上海古籍出版社，1978。

② 《春秋左传正义·僖公二十五年》，见《十三经注疏》，1821 页。

③ 《礼记正义·曲礼上》，见《十三经注疏》，1249 页。

④ 《史记·孔子世家》，1947 页。

⑤ （清）刘宝楠：《论语正义·卫灵公》，《诸子集成》本，348 页，上海，世界书局，1935。以下所引《论语》，除注明者，皆出此本。

⑥ 《论语正义·述而》，《诸子集成》本，138 页。

⑦ 《论语正义·颜渊》，《诸子集成》本，264 页。

即"爱人"①，它强调要把人当作人来爱，在中国历史上第一次把人作为类来看待。在人与人的关系方面标志着人类精神的觉醒。孔子的仁和礼是分不开的，"颜渊问仁。子曰：'克己复礼'为仁"②。礼其实是"仁所历之而出的阶梯。本质上本无差别的仁，由礼的有等差的形式表现出来，这正是中国古代人类精神觉醒的一个特点"③。本来"克己复礼"是周代德的伦理表现，《左传》昭公十二年，仲尼曰："古也有志：'克己复礼。'仁也。"④孔子承认周公德治和礼乐的价值，但不满意于它的狭隘，也就是不满意于它的宗法血缘界限，孔子希望把宗法血缘的亲亲原则扩而大之，由己及人，使"四海之内皆兄弟也"。所以，我以为，孔子继承了周公的敬德思想，珍视宗法血缘关系中的人道精神，但把它提升到仁的高度上，从而突破了德、礼的宗法血缘界限，使它成为普遍的伦理道德。这是划时代的革命。

在政治上，他则认为："道之以政，齐之以刑，民免而无耻；道之以德，齐之以礼，有耻且格。"⑤德治、礼治比法治、刑治更为根本，而且是扩大到所有人的。过去，有的学者不了解孔子是在用仁的精神实行德、礼之治，推己及人，扩大到全人类，所以认为孔子专意维护周礼，硬派他为保守论者、复辟倒退论者，是失之偏颇的。

韩非主张法治，认为政治是针对所有人的，具有一定的平等意味，似乎也可归入人类精神觉醒的范畴，但是这种思想的最大的不同，在于他不是像孔子那样，以同情之心（仁）来对待人，而是以法、术、势以及一切可以利用的手段来压制人。孔子以德治为主，仍然承认法治的辅助作用，韩非专恃法、术、势，不给德治留下任何存在的余地，与孔子的

① 《论语正义·颜渊》，《诸子集成》本，278页。
② 《论语正义·颜渊》，《诸子集成》本，262页。
③ 刘家和：《古代中国与世界——一个古史研究者的思考》，595页，武汉，武汉出版社，1995。
④ 《十三经注疏》，2064页。
⑤ 《论语正义·为政》，《诸子集成》本，22页。按"格"，刘宝楠所释迂远。朱熹解为"格，至也"，言至于善也。参见(宋)朱熹：《四书章句集注》，见《新编诸子集成》第1辑，54页，北京，中华书局，1983。

宽容相比，更显得狭隘和偏激。

孟子的政治主张仍然建立在"推己及人"的"仁学"之上。他的一句名言至今仍在传诵："老吾老以及人之老，幼吾幼以及人之幼，天下可运于掌。"①这句话是对齐宣王说的，它要求统治者发扬内心的善端，由己及人，对天下实行仁政。孟子反对暴政，以为"杀一不辜而取天下者，仁者不为也"②。

孟子的仁政与孔子的德、礼之治的理想是一致的，而且孟子也和孔子一样，并不一概地排斥法。他说："无恒产而有恒心者，惟士为能；若民，则无恒产因无恒心。苟无恒心，放辟邪侈，无不为已。及陷于罪，然后从而刑之，是罔民也。焉有仁人在位，罔民而可为也？是故明君制民之产，必使仰足以事父母，俯足以畜妻子，乐岁终身饱，凶年免于死亡。然后驱而之善，故民之从之也轻。"③孟子反对的不是法，而是不行仁政，导致民众因无生计而犯法陷刑的"罔民"之举。对于德和法的关系，他有更为明确的见解。他说："徒善不足以为政，徒法不能以自行。"④为政不能仅靠有德，还必须有法，当然法治不能自行，必须要有德之人来掌握。相形之下，法仍是德的补充，德（善）则是根本。在刑法的实施上，他曾举例说明之："今有杀人者，或问之曰：'人可杀与？'则将应之曰：'可。'彼如曰：'孰可以杀之？'则将应之曰：'为士师，则可以杀之。'"⑤同样是对待法治，孔子强调"必也使无讼乎"⑥，孟子则承认"为士师则可以杀之"，这表明法治在现实生活中的地位日益重要，使得"仁以为己任"的儒者也由春秋时代对德治的自信降低到战国时代对法的认可。不过，孟子强调只有法官可以杀人，是把法严格限定在司法机关的职权范围内，清楚地表明他对当时的法治变革中的国家主义持有一定

① 《孟子正义·梁惠王章句上》，《诸子集成》本，51～52页。
② 《晋书·刑法志》，916页。
③ 《孟子正义·梁惠王章句上》，《诸子集成》本，56～57页。又见《孟子正义·滕文公章句上》，《诸子集成》本，196页。略有不同。
④ 《孟子正义·离娄章句上》，《诸子集成》本，284页。
⑤ 《孟子正义·公孙丑章句下》，《诸子集成》本，171页。
⑥ 《论语正义·颜渊》，《诸子集成》本，273页。

的同情态度，对王权仍有限制作用，这与他的民贵君轻思想是一致的，与韩非法治主张相距甚远。

到了战国后期，受齐国功利主义的影响，儒家另一派——荀氏之儒表现出刑德兼用、王霸一体的倾向，开汉代儒学杂霸王道而用之的先河。不过，在对待法家的态度上，荀子仍有着自己明确的儒家立场，在刑德关系上，表现出刑德相济、以德为本的特点，这在孟子思想中也有所表现，已如上述。

荀子云："人不能兼官"①，"量能而授官，皆使其人载其事而各得其所宜"②。与申子术治思想中的行政管理内容是相通的。但是，荀子绝不主张阴谋权术。他说："世俗之为说者曰：'主道利周。'是不然……故主道利明，不利幽；利宣，不利周"③，"故主道莫恶乎难知，莫危乎使下畏己"④。这与申韩术治思想中的阴谋诡计论正相反对，倒更接近《管子》"言室满室，言堂满堂"⑤的政治公开化的主张。

荀子承认势治，认为"天子也者，执（势）至重，形至佚，心至愈，志无所诎（屈），形无所劳，尊无上矣"⑥，"圣人以人之性恶，以为偏险而不正，悖乱而不治，故为之立君上之执（势）以临之"⑦。这种重势思想与慎子的势治主张有相通之处。另外，他又和慎到一样，也反对独制，认为"天之生民，非为君也，天之立君，以为民也"⑧。今本《慎子·威德》有："故立天子以为天下，非立天下以为天子也；立国君以为国，非立国以为君也；立官长以为官，非立官以为长也。"⑨慎子也主张"尚法"，根据道家无为思想，认为君主不要肆意妄为，而要运用法治来

① 《荀子集解·富国》，《诸子集成》本，113页。
② 《荀子集解·君道》，《诸子集成》本，156页。
③ 杨倞注："周，密也。谓隐匿其情，不使下知也。"《荀子集解·正论》，《诸子集成》本，214页。
④ 《荀子集解·正论》，《诸子集成》本，215页。《解蔽》有相似论述。
⑤ 《管子校正·牧民》，《诸子集成》本，3页。
⑥ 《荀子集解·正名》，《诸子集成》本，300页。
⑦ 《荀子集解·性恶》，《诸子集成》本，293页。
⑧ 《荀子集解·大略》，《诸子集成》本，332页。
⑨ 《慎子·威德》，《诸子集成》本，2页。

巩固君权。荀子则主张礼治，以民为本，因此主张生活应按道义的原则安排，不应围绕君父权威运转，他的"从道不从君，从义不从父"①，与慎子的势治思想又有着明显的不同。

荀子思想的一个突出特点是主张礼法并用。他主张法治，承认"勉之以庆赏，惩之以刑罚"②的必要，但是他坚决反对酷刑滥杀。他说："行一不义，杀一无罪，而得天下，不为也。"③与孟子的说法相同。他又引孔子的话说："不教其民而听其狱，杀不辜也。"④他甚至坚决反对"以族治罪，以世举贤"⑤的血统论的做法。

总之，荀子取法、术、势之有利民众的一面，反对其维护君主暴政的另一面，在历史上，是比较合理地看待君主制的杰出思想，闪耀着辩证法的光芒。

此外，他对当时的国体政制有着比较深入的了解，他提出"修礼以齐朝，正法以齐官，平政以齐民"⑥的口号，反映了当时国家政治生活的基本要求：朝廷为君主制的统治核心，其继承自当谨修礼制，这个礼当是别嫡庶、序长幼的宗法制度；官僚制度下，朝内将相人等，地方郡县有司，应以法律整齐之，这样才能把全国统一到君主的意志上来；对于编户齐民，则贵在施政以平，以适当的负担养人之欲、给人之求。做到这一切，绝不是靠单纯的法治就可以陈功藏事的，非要有德不可。由此可见，荀子尽管吸收了法、术、势的思想，但究竟没有迈出德治主义（即礼）的门槛，而全身投向法治主义的营垒，这或许就是韩非出乎其门而又忌讳其说的原因吧。

就战国形势而言，儒家德治思想虽有维护君主政治长治久安的作用，但它要求照顾民的利益，限制君主的贪欲和专横，这与当时君主集

① 《荀子集解·子道》，《诸子集成》本，347页；《荀子集解·臣道》引"传曰：从道不从君"，《诸子集成》本，166页。
② 《荀子集解·王制》，《诸子集成》本，94页。
③ 《荀子集解·儒效》，《诸子集成》本，76页。
④ 《荀子集解·宥坐》，《诸子集成》本，342页。
⑤ 《荀子集解·君子》，《诸子集成》本，301页。
⑥ 《荀子集解·富国》，《诸子集成》本，130页。

权急遽发展、耕战任务十分紧迫的形势是不协调的，也是它遭到法家批评的内在原因。法家要求加强王权，集中一切力量投入战争，因而强调暴力手段和强力压制，特别是三晋一路法家强力派，对儒家的德治主张采取了嘲笑和蔑视的态度，主张坚决取缔。商鞅一派把《诗》《书》《礼》《乐》等诬为"六虱"，认为它们妨碍农战政策的贯彻，违背"利出一孔"的法治原则，因而提出"任其力不任其德"①的口号。韩非则从更深一层的社会意义乃至心理意义上指责传统仁义礼乐的虚伪和无用，对儒墨"显学"进行了系统的批判，其锋芒主要是针对儒家的。

韩非继承了商鞅的历史观，认为"上古竞于道德，中世逐于智谋，当今争于气力"②，指出"如欲以宽缓之政、治急世之民，犹无辔策而御駻马"③，其危险可知。因此提出"故明主之国，无书简之文，以法为教；无先王之语，以吏为师"④的口号，并把儒者列为"五蠹"（五种蠹虫）之首。总之，韩非以"不务德而务法"⑤为原则把问题引向极端。

德治和法治思想的争论随着秦帝国的覆灭而见出高下。秦统一前，秦王政尚能收敛贪欲，克己下人，把法、术、势的内在矛盾控制在一个相对合理的限度内，所以才能发挥集权制的优势，很快取得了全国的统一。可是统一后，两代君主私欲膨胀，肆意实行独断、督责之术，结果，突破了法律的正常限度，导致刑罚酷滥，大奸横行，激化了君主与臣民的矛盾，陈胜、吴广等人发动的农民起义一爆发，秦朝随即土崩瓦解，很快就灭亡了。

汉兴以后，许多有识之士认真总结经验，感到秦朝二世而亡是中了法家流毒太深之故。他们承认法家集权主义理论促进秦统一天下、结束战乱的历史贡献，同时却敏锐地指出秦始皇"仁义不施而攻守之势异

---

① 《商君书注译·错法》，234页。
② 《韩非子集释·五蠹》，1042页。
③ 《韩非子集释·五蠹》，1051页。
④ 《韩非子集释·五蠹》，1067页。
⑤ 《韩非子集释·显学》，1098页。

也"①，这在事实上是给儒法两家关于德治还是法治的争论下了结论。当然，零星的争论还会继续，在特定的历史时期，还会有人重弹法家的老调，不过却不能改变儒家思想占据主流地位的趋势。前汉虽有盐铁会议上桑弘羊等力倡申韩商管，但总的来看，两汉时期儒家占了上风，形成批判韩非思想的基本定势。其中对韩非政治思想评价最为系统的，要数东汉人王充。他站在儒者的立场上，结合儒法两家之长，相信"治国之道，所养有二：一曰养德，二曰养力"，批评韩非"不养德"，犯了"偏驳""不足"的错误，结果"必有无德之患"。② 我以为这个评价是比较全面的。一个社会，一个国家，不能没有传统，特别是不能没有传统道德，包括韩非在内的三晋法家无视这一点，这就注定了在统一帝国形成以后，随着社会实践的不断深入和发展，它迟早要让位给刑德兼养、文武并重、王霸一体的新型的统治思想体系，因为在当时这是建设一个健全国家和社会的需要。这个新的思想体系先是汉时称为黄老的齐国黄帝之学，然后又过渡到儒学，不过这时的儒学已经不是先秦时代的原儒，而是"以霸王道杂之"③的混合形态，齐学的色彩似乎更浓一些。法家虽然早已失去官学地位，可是它的一些主张已凝固为现实的政治制度，另一些又被吸收到这个混合的思想中去，其代表作《商君书》《韩非子》等理所当然地作为思想文化遗产被保留下来，时时给集权主义者以启迪。

韩非的法、术、势合一的思想体系与墨家政治学说的部分内容有一种貌合神离的关系。两者是各自不同的两个系统，只在集权和用人这两点上略有重合。郭沫若以为韩非思想"与墨家通了婚姻"④，他说："'明主之吏，宰相必起于州部，猛将必发于卒伍'，这在《问田篇》本来是田鸠的主张。而田鸠是墨家显学，秦惠王时入秦，《汉书·艺文志》作《田俅子》，为书三篇，分明是列于墨家的。"⑤这说明韩非术治思想中的因

---

① （汉）贾谊：《过秦论》，见《史记·秦始皇本纪》，282页。
② 《论衡注释·非韩篇》，559页。
③ 《汉书·元帝纪》，277页。
④ 《十批判书·韩非子的批判》，305页。
⑤ 《十批判书·韩非子的批判》，306页。

能授官主张还从墨家那里有所借用。此外，郭沫若还提出："绝对君权的主张已经就是墨子'尚同'的主张……而'以一国目视'、'以一国耳听'的多设耳目办法，更是墨子所发明的"①，"做人君的人要使天下的人都同上层的意旨一致，主要是在多设耳目……发动人民告密。告密的有信赏，不告密的有重罪，人民便都'恐惧振动惕栗'，人主也就'神'起来了。这种说法在墨子书中骤看去颇像民主政治，而其实只是特种网罗"②，"'以一国目视，以一国耳听'的办法，墨子发明了而申子未及采用，商君采用了连坐相告之法"③。这说明在阴谋权术上，韩非是通过申、商从墨子那里学到的。

不过，我以为，申、墨两家在术治的手段上的确有相似之处，但细细品味，觉得两者目标不同。比如，墨子的贤是讲德的，他说："古者圣王之为政，列德而尚贤，虽在农与工肆之人，有能则举之，高予之爵，重予之禄，任之以事，断予之令"④，"故官无常贵，而民无终贱"⑤。墨子的"德"其实不是古代圣王的德，而是春秋战国之际的一种新的道德，它以兼爱为旗帜，打破了宗法血缘等级，追求平等。他反对常贵之官，其实是反对世卿制，是站在"农与工肆之人"的立场上来考虑问题的；他还列举尧举舜、禹举益、汤举伊尹、文王举闳夭，宣称"尚欲祖述尧舜禹汤之道，将不可以不尚贤"⑥。这些贤者就其不同于世官而言，与韩非所主张的任能并无不同，但至于他们所具有的"列德而尚贤"，则非韩非单纯任能所可比拟，两者有着原则的区别。请不要忘记，申韩是尚能而不尚贤的。

关于尚同与韩非集权思想的比较，我以为两者仍有本质的不同。墨子的确主张下级向上级报告所闻的善与不善之事，这与商鞅"相告"政策

① 《十批判书·韩非子的批判》，302页。
② 《十批判书·韩非子的批判》，303～304页。
③ 《十批判书·韩非子的批判》，304页。
④ 《墨子间诂·尚贤上》，《诸子集成》本，26～27页。
⑤ 《墨子间诂·尚贤上》，《诸子集成》本，27页。
⑥ 《墨子间诂·尚贤上》，《诸子集成》本，28页。

一样，可以导致人民之间的互相监视，但是墨子不主张"连坐"之法；而且，他认为人民不仅有报告之责，还有对上级进谏之义。他说："上有过，规谏之。"①上级与下级有种双向的义务与责任。最为根本的不同是墨子的告密是以"尚同"的方式进行的，即通过行政机构层层逐级上报，由里长而乡长，由乡长而国君，由国君而天子，由天子而尚同于天。它表现的是在传统分封制下的一种集权主义理想，与申韩所主张的君主使用特务任意越权侦伺臣下隐情的阴谋之术有所不同。此外，墨子认为，里长、乡长、国君、天子都应由"仁人"担任，天是仁的化身，这就使他的尚同与兼爱联系起来，而这恰恰是韩非所着力反对的。

根据以上论述，即使承认韩非之学与墨子"通了婚姻"，也只能认为两者同床异梦、貌合神离，它绝不是一桩美满"姻缘"，这苟合的一对迟早要分道扬镳，各奔前程，韩非在《显学》中对墨家内部矛盾的揭露，早就预告了这段"婚姻"的破产。

自西汉武帝定儒术于一尊以后，《韩非子》大受冷落，很少有人愿意公开宣传法、术、势循环施治的主张，不过，每到衰世，又总会被一些乱世奸雄、变法者、改革家之流拾起，加以运用。韩非思想就像某种私货，经常受到明禁暗纵的对待，这说明它适应了古代政治制度的本质要求，是中国传统文化不可或缺的重要组成部分，少了它，就无法了解这个文化的全貌，甚至无法理解它的本质特征——人治主义。从韩非法、术、势循环互补及其矛盾中，我们清楚地看到所谓法治的人治主义本质，这样的法治在与韩非大体同时代的古代印度和希腊文化中还不曾发现，它或许可以从另一个侧面告诉人们，这个思想体系在中国文化传统中占据的特殊重要的地位。由此，我们甚至可以做这样的推断：了解韩非之学，是认识和理解中国政治文化传统之不同于印度和希腊文化的最为便捷的途径。反过来，又可以说，了解了印度、希腊的政治思想又会大大加深我们对《韩非子》的理解。

---

① 《墨子间诂·尚同中》，《诸子集成》本，48页。

五、与古代印度、古代希腊政治思想之比较

大约与韩非同时或略早一些，印度和希腊两地的思想家们对政治发表了他们的看法，反映了当时当地的政治形势和文化特点，对于比较同时代中国的政治思想，特别是韩非的政治思想，具有重要意义。

古代印度的政治思想在这一时期的新的发展是以《政事论》（*Arthasastra*）为标志的。公元前 4 世纪，印度小邦林立，北部一些主要的强大的城邦互相争战不已。这个世纪后期，西北部印度河地区受到马其顿亚历山大（公元前 356—前 323）军队的侵略，当地人民在反抗希腊——马其顿政权的斗争中酝酿着新的强大的政治权力。公元前 324 年，旃陀罗笈多（Chandragupta Maurya，公元前 324—前 300 在位）自立为王，与马其顿军队展开了英勇的斗争，几年后，终于迫使马其顿人撤走。后来又推翻了难陀王朝，建立了孔雀帝国。辅佐旃陀罗笈多建立帝业的是他的老师考底利耶（Kautiliya，生卒年不详），据说他就是《政事论》的作者。

《政事论》曾长期湮没无闻，1904 年，一位不知名的 Tanjore 区长老（pandit）把几乎散佚的《政事论》梵文抄本连同一小部分 Bhattasvamin 的注释交给迈索尔图书馆的沙玛沙斯特里博士（Dr. R. Shama Sastri）。后者如获至宝，1905—1909 年，迅速将原书英译后分段发表在《印度古代文物研究》（*Indian Antiquary*）和《迈索尔评论》（*Mysore Review*）上，全书梵文本于 1909 年出版，英译本于 1915 年问世。除了英译本之外，很快又有了迈耶尔（Meyer）的德文译本。不久，又有两种俄译本也相继完成。这期间，《政事论》在古代印度的不同语种抄本又先后被发现，共有七种之多。而关于这本书成书年代及作者的争论也渐趋激烈，一度形成

2

研究的热潮。[①]

关于《政事论》的作者和成书年代，我同意多数学者的意见，即大约成书于公元前 4—前 3 世纪，与考底利耶有着密切关系。书中关于孔雀帝国政治实践的许多内容与考氏身世行迹相符。至于书中存在晚于这个时代的内容，可能是后来羼入的，从整体上看，不妨碍它的主旨。

《政事论》与古代印度的吠陀传统有一个显著不同，那就是它的理性精神。它不是出于宗教，不是依靠梵天的旨意或神性。而是根据历史事实，来展开自己的政治思考，这与希腊的柏拉图、亚里士多德和中国的许多思想家特别是韩非的思想方法非常相似。但它不是纯粹逻辑式的，而是从具体的政治实践中见出普遍类型，这又使它偏离希腊哲人而更接近于韩非。

《政事论》内容丰富，涉及范围较宽，不可能面面俱到，做详细的评述，本文只取与韩非政治思想可比性较大的内容，从国家、君主、政事、法律几个侧面切入。

关于国家的起源，考底利耶并未直接讨论，但是通过《政事论》中两个密探的谈话可以发现一些线索。《政事论》在介绍密探如何监视臣民时曾建议使用一种人为的假象，让两个密探争论起来，以此侦知臣民的态度。一个密探抱怨国王不好，另一个则用一种类似契约论的观点证明王权的合理性。他说："人们由于恐惧为鱼的法则（即大鱼吃小鱼）所左右，便让太阳神之子摩奴（Manu, the son of Vivasvat）做他们的王，将自己农作物的六分之一和商品钱货的十分之一作为他的份额，国王们以此为生，并因而为臣民带来富裕和平安。不付罚金和赋税者便对国王有罪，不带来富裕和平安者（国王）便对臣民有罪。"[②]从总的倾向上看，考底利耶对这种契约论持同情态度，在他看来，建立国家的目的就是增进共同

---

① 参见康格勒梵文精校本《政事论》，R. P. Kangle, *The Kautiliya Arthasastra*, Bombay, University of Bombay, 1960, Part I, pp. (1)-(8); Aradhand Parmar, *A Study of Kautilya's Arthasastra*, Delhi, Lucknow, Atma Ram & Sons, 1987, p. 1, pp. 17-18.

② R. P. Kangle, *The Kautiliya Arthasastra*, Part II, second edition, Bombay, University of Bombay, 1972, Bk. I, Ch. 13, 4-8, p. 28.

的善。

《政事论》中的国家与其说是政治性的，毋宁说是社会性的。它干预经济，集中财富，实行仁政。由于国家在起源中渗入了宗教因素，所以又具有伦理色彩。

关于国家的构成要素，《政事论》认为有七要素。要素这个词梵文读作 prakritis，据说是考底利耶从吠陀文献或早期法律著作中继承下来的。这七要素是：国王（svami）、大臣（amatya）、国家（janapada）、卫城（durga）、国库（kosa）、军队（danda）、盟友（mitra）。[①] 其中较难理解的是所谓"国家"（janapada）。据研究，在古代印度，国家本从部落发展而来，当时的国家有王国和共和国两种形式，王国称为 janapada，其中 jana 是部落的一种说法，而 pada 是"脚"的意思，合起来就是"部落立足之地"。[②] 到考底利耶生活的时代，janapada 仍含领土和人民双重意义，康格勒用 country 来译 janapada，是比较恰当的。

根据以上所述的七要素，可以肯定，《政事论》中的国家政体是君主制的，即王国。svami 梵文的原义为主人、统治者，后来具有政治意义，可译为君主，国王。加上 rajya（领地），便构成了所有的七要素。[③] 而 raja rajyam 一词便有"王国即国家"的意思。考底利耶认为，理想的国王是那块土地上的土著，他必须出身高贵。在七要素中国王是主要的，是核心，其他六要素是为国王服务的，居从属地位。

国王对国家实行统治，表现在政体上，在中央实行官僚制。由辅臣（即大臣，梵文作 amatya）协助国王，其中最主要的是宰相（mantri）。康格勒认为，amatya 一词中 ama 原义"一起"，或"在旁"，最初可能为主人身边的侍从人员，与国家政务没有正式联系，mantri 最初可能也只是经过一定训练的有知识的近臣，他可以向国王提出有关国务方面的建议。由此可见，所谓大臣具有官僚的性质。关于大臣的人数，《政事论》

---

① *The Kautiliya Arthasastra*，Bk. Ⅵ，Ch. 1，1，p. 314.

② 刘家和：《论古代的人类精神觉醒》，见《古代中国与世界——一个古史研究者的思考》，579 页。

③ *The Kautiliya Arthasastra*，Bk. Ⅷ，Ch. 2，1，p. 390.

认为最好三到四名，既不能太多，又不能太少。如果单独一位宰相，权力太大，难以控制，两个则容易争吵并毁坏国家，甚至可以密谋反对国王，人数太多又会妨碍议政的机密性，只有三四个辅臣才可组成一个理想的咨询机关，秘密咨询才会顺利进行。国王可根据不同形势，向其中某一个或两人咨询，或干脆不同他们任何人商量，由自己决定一切。此外，在中央还设有 18 个部，以"尚书"（tirthas）为首，分为内外朝，内朝决断，外朝执行。但关于这些部的职能的记载既不系统、也不清晰。

《政事论》关于地方行政体制的记载反映了孔雀帝国的一些实际情况。帝国分行省、州、区、村四级行政机构。王室人员经常出任行省总督，若无亲王，有能力的军官也被任命为行省长官。这些长官有自己的行政组织，其主要任务是维持秩序、保护帝国的利益，具有军事性质。各省由于距帝国首都远近不同而保有不同的自治权，越远，自治性越强，类似先秦时代中国的所谓五服之制，整个帝国更像一个联邦。不过，在行省，也有一些由中央政府任命的行政官员，他们的主要职责是税收和监察。行省以下州、区、村的建制可能不太健全。村，其实就是村社，从外部看是一个基本的行政单位，从内部看就是一个小型的自足的共和国。中央和行省对村社会议的控制是非常有限的。孔雀帝国对地方的管理远不如商鞅变法后的秦国那样有效。

《政事论》对官僚制度及其人事管理有较新颖的论述。在官员的选用上，强调资格的重要，这些资格有忠诚、高尚、出身高贵、健康、有能力、聪慧、有辩才、强记、机智、勇敢、精力充沛、坚忍的毅力、正直、友好、灵活，等等。[①] 国王根据有影响人物的报告以及专门人员和教师的考察，还有一些亲密朋友、亲近者的证明来决定候选人的品质和资格，然后决定是否任用，这在精神实质上与诸子的"尚贤"相通。根据以上情况，候选人分为三等，有如曹魏九品官人法对士人品类的划分。然后加以录用。录用后，官员还要经过一段时间实际工作的考察，过程极为复杂。经过这些考察，国王才会清楚一个官员的人品，这时再根据

---

① *The Kautiliya Arthasastra*，Bk. I，Ch. 1，1，p，19.

其特点授予官职。可见，印度古代官员选用中选贤与能和考察臧否合为一体。同时，对于失职，特别是不忠者的处罚也很严厉，有罚金、没收财产、甚至处死等方法。从中央到地方，各级官员任职资格中首要的是效忠国王。为了确保臣僚的忠诚，国王实行监察制，设立秘密机构，类似汉武帝设立的十三州刺史部。中央设有谍报局，分为两部分：一为正规机关，梵文 samstha，负责固定监察机构；二为活动部 samcara，分管流动密探。后者训练五种具有不同伪装的密探，遍布国内外，侦伺普通臣僚、部长、钦差、法官、地方官、商人、工匠、以及国外政治形势。

引人注意的是，王后、王子也要受到密探的侦察监视。据《政事论》记载，许多国王之所以丧命，是由于忽视了在宫闱之内实行严格的制度规则。这类例子很多，如巴德拉希那（Bhadrasena）被藏在王后宫中的弟弟杀害，卡鲁沙王（Karusa）被藏在母亲床上的儿子谋刺，卡希王（Kasi）食用了王后投毒的食物后身亡，瓦伊兰蒂亚王（Vairantya）被王后用有毒的裹腿布杀死，梭威拉（Sauviras）的国王被王后用有毒的宝石所杀，吠都拉德王（Viduratha）被王后用藏在发髻中的暗器所杀。[1] 可见，国王的生命安全时刻受到来自后宫的威胁，这就是《政事论》主张利用密探监视王后、王子的原因。

不过，尽管实行密探政治，《政事论》中的君主远远不具有绝对王权。实行密探本身不但不足以证明绝对王权的存在，反倒表明王权的虚弱。按照《政事论》的观点，印度孔雀王朝的君主制具有民本色彩，这首先表现在君德的论述上。首先，它强调国王应以百姓为原则：

　　百姓之福乃国君之福，百姓之利乃国君之利，其王亲者非利于王，百姓亲者乃利于王。[2]

主张君民利益的一致，并且以民利为目标和原则，与韩非突出君臣

---

①　*The Kautiliya Arthasastra*，Bk. I，Ch. 20，14-17，p. 50.

②　*The Kautiliya Arthasastra*，Bk. I，Ch. 19，34，p. 47.

利益相异完全不同，这不禁使人想起《管子·牧民》中的所谓"四顺"来："政之所兴，在顺民心，政之所废，在逆民心。"①《老子》中的"圣人无常心，以百姓心为心"②，也与此意义相通。具有如此这般的民本思想，怎么可以说是绝对王权呢？《政事论》明确指出国家最重要的职能是增进人民的福祉：

> 权势出于强力，成功在保福祉。③

根据民本原则，《政事论》要求臣僚除了效忠国王，还要忠于人民。而且，不论君臣，都要遵守道德，自觉修养。韩非心目中的国王是不受道德约束的，他的所谓"德"具有两种意义：一是"治气养生"，二是"权术谋略"，与当时人们信仰并遵守的宗法血缘的道德是对立的。

《政事论》为理想的君主做了种种规定，除了土著、出身高贵以外，还要具有平易近人、真诚、勇敢、聪慧、坚毅等品德，要学习《吠陀》经典、掌握科技知识，为政勤勉。其职责除了维护王位和王国安全外，还要处理政务，控制大臣，端正礼制，促进商贸，发展教育文化和社会福利事业等。王子教育也要政事和道德并重，大臣的选用也要贤能并举。在治国方略中，特别是经济政策上，实行国家统制政策，主要生产部门和矿山、土地、具有战略意义的原材料、市场、渔业、航运、水上贸易、珠宝生产、酒业、水利工程等，或由国家掌握，或由国家控制。政府还负责统一度量衡、平抑物价、打击奸商、协调主佣关系等事务。以上君德修养与统制政策说明，在民和君之间存在着一种张力，在理论上似乎倾向于民，但实际上实施的结果则更有利于君。不过这不等于说《政事论》中的王权是绝对的、不受限制的。这个特点在有关法律的论述中也有集中的表现。

在古代印度，由于《吠陀》经典和婆罗门教的影响，传统的习俗在法律上具有重要意义。传统的法（dharma）是古代婆罗门教关于社会的礼

---

① 《管子校正·牧民》，《诸子集成》本，2 页。
② 《老子道德经》，《诸子集成》本，30 页。
③ *The Kautiliya Arthasastra*，Bk. Ⅵ，Ch. 2，30，p. 319.

仪、规范、等级制度和习惯法的总汇，相当于中国古代的礼，卜德氏认为是所谓宗教法。[1] 这种法据说由神制定，为祭司所传授和解释，因而神圣不可动摇，有似于儒家的"天理"。《政事论》中的法律观念保留了《吠陀》和婆罗门传统，但也有新的内容，从中可以看出孔雀帝国初期王权的特征。

《政事论》承认国家还有一个职能，那就是惩暴救弱，维护安宁，这与契约论的国家起源说是一致的。没有惩罚的力量(danda)，正义和公正就无法保证，惩罚(刑)是传统法(dharma)的守护神，国王只须守法无为，仁暴皆不宜为治，这个思想与韩非有些相近，具有新时代的精神，但却是包容在具有传统色彩的法律思想体系中的。《政事论》认为，法有四体(源)：达摩(dharma，即天理)，以真理为本；Vyarahara，基于证据，可译为司法；Charitra，源于人们普遍接受，可译为习惯；rajsasana，即国王法令。(康格勒依次译作 law, transaction, custom and the royal edict)[2] 国王若能按此四者而行事，将征服天下。在另一处，又提到 Samstha 和 nyaya，前者相当于 charitra(习俗)、后者对应于 rajsasana(王命)。如果达摩(dharma)与 samstha(习惯)相忤，从达摩；若达摩与王命相左，王命具有更大权威。[3] 可见，王命高于达摩，达摩高于习惯。帕尔玛认为，四体中，第四项王命具有最终效力。[4] 如果这个论证能够成立，那么《政事论》关于王命的观点将成为印度古代政治思想史上具有划时代意义的革命，因为它在司法上把最终决定权交给国王。在有关司法的具体论述中，《政事论》又提出了一些突破传统限度的观点。比如，同情低级种姓，婆罗门死刑不予宽赦，司法保护应施予每一个人，等等。不过，国王仍须按天理——达摩来行事，瓦尔那制度受到保护，不同种姓仍受到区别对待，习惯法的地位并未动摇，司法体系根

[1] *Law in Imperial China*, p. 9.
[2] *The Kautiliya Arthasastra*, Bk. III, Ch. 1, 39-40, p. 195.
[3] *The Kautiliya Arthasastra*, Bk. II, Ch. 1, 45. 对此条有不同理解，本文据 Parmar 的解释，参见 *A Study of Kautilya's Arthasastra*, p. 179。
[4] *A Study of Kautilya's Arthasatra*, p. 180.

据具体情况而实行地方分权制。① 凡此种种，又说明传统和宗教的影响根深蒂固，这是古代印度政治思想的特点。

《政事论》是考底利耶向孔雀王朝进献的治国之术，因此它的政治思想毫无疑问是君主主义的，不过，却具有浓厚的传统色彩和民本精神，它反映了孔雀帝国时期新与旧、君与臣、集权与分权之间错综复杂的矛盾关系。其中，关于王权至上，特别是防止奸臣的内容与韩非的思想较为接近，对王后、王子、近臣的警惕和恐惧，两者竟如出一辙，这说明孔雀帝国与战国时代的中国王朝内君臣斗争都达到了相当严重的程度。《政事论》提高王命的地位，与《韩非子》有关法的主张有相通之处，都表现了高扬君权的要求。不过，《政事论》对传统的文化、宗教、习惯做出了重大让步，其所谓君德、臣德之中保留了大量的传统道德；它还维护瓦尔那制度，对传统的血统等级，虽然在司法上有意提高低级种姓地位，抑制婆罗门的特权，但是并未从根本上予以批判；法律观念中，达摩习惯法仍占主导地位。更严重的是，严格说来，国王没有立法权，而只有执行和维护 dharma 的义务和责任。所谓王命至多也只是从属性的，不具有完全意义上的立法性质，而且只关涉到日常行政，为行政官员制定一些无关大局的行政法规，在社会的规范上，起作用的仍然是神法、习惯法。这与中国的法治传统和法家的君主立法论有着很大距离，不可同日而语。《政事论》关于国家统制经济和社会生活的思想，在《韩非子》中却不见踪影，这又说明两者的目标并不一致。《韩非子》关注的是日益严重的君臣矛盾，而《政事论》则表达了孔雀帝国对政治管理的兴趣。从总体上看，它更接近的不是《韩非子》，而毋宁是齐国的《管子》之学。可以相信，《政事论》与《管子》的比较研究，将会有益于对古代政治和政治思想的认识。

大约与《政事论》同时略晚的《摩奴法论》是另一部反映当时印度政治思想的代表作，由于它与婆罗门教传统紧密相连，所以更具有典型性。法论（dharmasastra）是从古代婆罗门教的法经（dharmasutras）发展来的，

---

① *A Study of Kautilya's Arthasastra*，pp. 180-181.

故又称传承(smritis)。《摩奴法论》就是最早的传承。法经一般由简短的散文体写成，而《摩奴法论》则用颂的诗体写成。公元前 6 世纪至公元 3 世纪是法经编纂的时代，此后直到公元 6 世纪或更晚一些时候，就是法论的编纂时期。《摩奴法论》，据英译者毕勒尔(G. Bühler)研究，大约编定于公元前 200—公元 200 年，相当于中国两汉时期，这个观点目前已为多数学者所接受。①

《摩奴法论》与《政事论》的显著区别在于它不是以向国王进说统治术为目的，而是保存了婆罗门教祭司根据《吠陀》经典，累世传承的古代习惯而编成的具有宗教色彩的律法。《摩奴法论》的法(dharma)就是宗教、习俗、社会规范和法律混合起来的东西，相当于古代中国的广义的礼，与其说它是古代印度的国家法典，毋宁说是当时的社会规范的总汇。不过，其中关于法律的内容毕竟占有四分之一的比重，这在印度古代法典和法论中竟是极为难得的。因此，它不仅是研究古代印度社会和文化的重要历史资料，也是研究古代印度政治思想的重要依据。

《摩奴法论》全书凡 12 卷，核心内容即围绕种姓制度的合理性及各种姓的义务而展开。据初步分析，它的政治思想有如下几个特点。

其一，以婆罗门为中心。《摩奴法论》强调为区别婆罗门与其他种姓的义务，摩奴才宣示了这部法论。书中很大篇幅是讨论各种姓的权利和义务，特别指出："各地方各种姓各家族的古法(the primeval laws)，各邪宗各商团的习惯法(the rules)，都在本书中由摩奴予以宣示。"②《摩奴法论》明确指出法律的基础在于全部《吠陀》，由于古来传承，在国内原始种姓和杂种种姓间流传久远的习惯称为良习。这说明《摩奴法论》关于种姓制的观点来自《吠陀》以及积久而成的社会习惯。因此，在宗教、社会、政治、法律等各个方面，各种姓间都有严格的区别规定。由于内容较多，仅试举几例予以说明。

① 参见[法]迭朗普译：《摩奴法典》译序，马香雪转译，i～iv 页，北京，商务印书馆，1982。

② *The Laws of Manu*，Ch. 1，118，G. Bühler tran. ，p. 28. in *The Sacred Books of the East*，edited by F. Max Büller，vol. XXV，Oxford，the Clarendon Press，1886.

第一，关于种姓的来源。《摩奴法论》取《吠陀》的说法，认为原人（Pouroucha，普鲁沙）为了繁衍人类，从自己的口、臂、腿、足创造了婆罗门、刹帝利，吠舍和首陀罗。婆罗门为祭司，刹帝利为武士，吠舍为农牧业者和商人，首陀罗服务于上述三种姓。前三个等级为再生族，祭拜圣火，有权参加氏族的再生礼，加入氏族，成为公民，首陀罗为一生族，无权参加再生仪式，不得进入氏族的社会。

第二，关于种姓婚姻的规定。由于种姓制的存在，人生来就是不平等的，在婚姻上表现得最为突出。《摩奴法论》对种姓婚姻进行了严格规定，各种姓实行内婚制，即只在同种姓内部通婚。超越种姓婚姻有两种情况：一种是高级种姓男子娶低级种姓女子，是为顺婚，有时是允许的；另一种是低级种姓男子娶高级种姓女子，是为逆婚，被禁止。但据一些立法的意见，不论顺逆，任何超越种姓的通婚都是不允许的。《摩奴法论》严厉对待超越种姓的婚姻，特别是对逆婚，规定这种婚姻所生之子称为堕姓人，成为不可接触的贱民，本人死后堕入地狱。

第三，在法律上，各种姓间的地位是不平等的。对于婆罗门，"在世界上没有比杀害婆罗门更大的罪恶，因此国王甚至不应该萌发处死婆罗门的念头"[1]。《摩奴法论》在各种姓犯法量刑上予以区别对待。比如，有关侮辱罪的规定，同样辱骂婆罗门，刹帝利罚 100 帕那，吠舍罚 150 帕那或 200 帕那，首陀罗则处以肉刑。反过来，婆罗门辱骂其他种姓，骂刹帝利罚 50 帕那，骂吠舍罚 25 帕那，骂首陀罗仅罚 12 帕那。

此外，《摩奴法论》多处提到国王应尊重婆罗门，比如："国王应该尊敬知识渊博的神学家 ……出身高贵的人和德高望重的人"[2]，"国王即使陷入极度困境也不能触怒婆罗门，因为如果婆罗门发怒，将会不断地毁灭国王，连同他的军队和辎重"[3]，"婆罗门，不论无知还是博学，都是伟大的神"[4]，"婆罗门即使从事各种微贱职业，也必须在各方面得到

---

①　*The Laws of Manu*，Ch. Ⅷ，381，p. 321.
②　*The Laws of Manu*，Ch. Ⅷ，395，p. 323.
③　*The Laws of Manu*，Ch. Ⅸ，313，pp. 397-398.
④　*The Laws of Manu*，Ch. Ⅸ，317，p. 398.

尊敬和荣誉。因为他们每一个都是伟大的神"①，等等。

《摩奴法论》还在一定程度上注意到刹帝利的地位，主张婆罗门与刹帝利互相合作，不可或缺，两种姓应该联合起来，如此才可在此生和来世带来繁荣和好运"。②

比较而言，《政事论》不反对种姓制度，甚至以维护种姓制为己任，但它并不强调这一点，反倒有意识地强调王权的重要，对婆罗门进行抑制，甚至可以处以死刑。由此可以看出两书在对待婆罗门的态度上的不同立场。《政事论》站在国王的立场，具有政治性，理性色彩要浓重一些，因而更接近于事实。《摩奴法论》则站在婆罗门祭司的立场上，宗教性更突出，因而更趋向理想。

其二，对王权的限制。在政体上，《摩奴法论》同意君主制，承认国家七要素说，不过，值得注意的是，在这七要素中却没有任何一项可在性质上高于其他六项③，这显然是对王权的有意贬低，与《政事论》相左。在国家起源上，《摩奴法论》明确宣扬契约论，为王权的神源造舆论，认为这个世界曾经因为没有国王，而为恐惧所迫，人民无所适从，混乱不堪。梵天为了保护世人，从天王（Inkra）、风神（the Wind）、阎摩（the Yama）、太阳神（the Sun）、火神（Fire）、水神（Varuna）、月神（the Moon）和财神（Kubera）那里取永久的粒子，创造了国王。国王因而具有上述诸神的神性。"即使一位国王尚处于冲龄，也决不能以为他仅仅是一个凡人而轻视他，他是一个具有人形的伟大神灵"④。把王权建立在神源之上，一方面是神化王权，另一方面理所当然地是对它的限制。比如，国王具有神性，是神造出的权力，在地位上自然要低于神，而婆罗门本身就是神，所以国王要低于婆罗门。按照《摩奴法论》的说法，"因为刹帝利出自婆罗门"⑤，国王被创造出来，是为了保卫种姓制

---

① *The Laws of Manu*, Ch. IX, 319, p. 399.
② *The Laws of Manu*, Ch. IX, 322, p. 399.
③ *The Laws of Manu*, Ch. IX, 294, 296, p. 395.
④ *The Laws of Manu*, Ch. VII, 8, p. 211.
⑤ *The Laws of Manu*, Ch. IX, 320, p. 399.

度，特别是保护婆罗门的利益。"国王被创造出来为了保护瓦尔那和秩序，使他们各依所居身份，完成其义务"①。国王及其仆人必须保护人民，"不保护人民……的国王，死后立即堕入地狱"②。至此，我们看到，所谓民本思想是当时的印度的种姓为本、婆罗门为本的一种冠冕堂皇的说法。《摩奴法论》在谈到国王在战争中的义务时说："临阵勿脱逃，为保卫人民、尊崇婆罗门（而战），乃国王致福之门径"③，"即使财用匮乏且死，国王也决不许向精通圣典的婆罗门（Srotriyas）征税，居住其国的 Srotriyas 决不许因饥饿而死亡"④。

为了使国王能够胜任保护婆罗门利益的工作，《摩奴法论》在君德方面对国王做了一些要求。例如，第 7 卷第 26 条规定，国王必须真诚、慎思、明智，了解美德、快乐和财富的价值，这样的国王才有资格使用刑法。国王应该谦让有节、谦卑有礼，否则便会亡国。国王必须向婆罗门学习《吠陀》，按照婆罗门的教诲行事。在政治上，国王遇有重大决策应与婆罗门进行商讨。《摩奴法论》主张国王应按氏族社会的标准选用七八位大臣，比《政事论》所要求的竟多出一倍！大臣由家世显贵、精通学术、巧使兵器、受过考验的英雄担任。国王若感疲劳，可将考绩官员之责委托于宰相，宰相须是熟谙律法、明察睿智、自制力强、出身高贵的人。此外，国王要守法，对待所有的人要像父亲对待儿女一样。这里的法指的是"圣法"（the Sacred Law）⑤，即氏族社会流传下来的社会规范和习惯法的总合，即达摩（dharma），《摩奴法论》宣称它"来自古来习惯"⑥。因此，国王无立法权，只有执行保护传统习惯法的职责，他必须根据地方习惯法、圣法条文来审理案件，在涉及再生族和宗教等重要事务时，切忌以己意解释法律，因为法律源于神，非国王所应解释。第

---

① *The Laws of Mam*，Ch. Ⅶ，35，36，p. 221.

② *The Laws of Mam*，Ch. Ⅷ，307，p. 307.

③ *The Laws of Mam*，Ch. Ⅶ，88，p. 230.

④ *The Laws of Mam*，Ch. Ⅶ，133，p. 237.

⑤ *The Laws of Manu*，Ch. Ⅶ，80，p. 229.

⑥ *The Laws of Manu*，Ch. Ⅰ，110，p. 27.

8卷第309条甚至诅咒道：国王"若无视圣典教训，否认来世，积不义财，不保护人民，侵吞民产，注定要堕入地狱"①。可见，王权在宗教、社会、政治、道德、习惯法的重重束缚之中，受到极大的限制。

其三，对王权的支持。一方面《摩奴法论》站在婆罗门的立场上，对王权设置了种种限制。但是另一方面，为了维护婆罗门的地位和利益不受侵犯，需要有现实权力的保障，因此对王权仍做了一定的肯定和支持。例如，从保护婆罗门利益出发，《摩奴法论》要求国王慎刑，可是从另一角度，为了确保等级制度，《摩奴法论》又要求国王严格执行惩罚，认为"假如国王不能不懈地对应受惩罚者施以刑罚，那么强暴者就会像用烤叉烧鱼那样来折磨弱者"②。因此，支持国王的司法权。

其四，大臣虽具有传统的道德和社会地位，但仍须由国王选任。为了保证官员效忠，《摩奴法论》主张在各部门设总监察人员，侦伺官员行为，在各城镇设总监，监视地方官员，国王还可令密使通过各地区的密探刺探官员的所作所为。此外，还规定国王应如何保证个人安全，防止有人投毒、暗杀等。这些都表现了婆罗门对王权的肯定和支持。通过以上所述，我们可以清楚，《摩奴法论》的基本精神是只要符合婆罗门的利益，就支持国王，否则便对国王施以诅咒。而对王权的肯定和支持也只是对《政事论》和孔雀帝国施政方针与政治制度的某些内容的保留及继承，并未做特别的强调，与《政事论》那种不惜辞费、反复申论、详细描述君主治国之术的做法相距显然不可以道里计。

《摩奴法论》虽然也讨论王权，但无论是思想的深度和广度，还是对王权的肯定和支持，都无法与《韩非子》相比，那么，两者是否还有比较的价值呢？

刘家和指出："历史比较的功能在于明同异"，同时"同异也是历史的比较研究赖以实现的前提。……无异之同不具有比较研究的条件。……无同之异也不具备比较研究的条件。总之，有相同，才能比其

---

① *The Laws of Manu*，Ch. Ⅷ，309，p. 308.
② *The Laws of Manu*，Ch. Ⅶ，20，p. 219.

异同；有相异，才能比其同异。"①依我理解，只有兼具同异两方面条件，才可进行比较。比如，上文关于《政事论》与《韩非子》的比较，因二者都讨论王权强化，所以才能比较其强化的程度及特点。这是因同而比其异同，又因为两者程度不同、特点各异，所以才有比较的价值，这又是由异而比其同异了。《摩奴法论》与《韩非子》的关系，虽然比较而言同少而异多，但具备同异两方面条件则是确定无疑的。比如，两者都讨论王权问题，在政治观上有相同的条件，因而可以求其异同；但是两者的王权观又明显地具有差异，这又为比其同异提供了条件。在我看来，真正的比较研究从来都是在比同异和求异同中进行的，抛开对方而单纯求同或求异都是不可理解的。但这不等于说，求同和比异毫无差别、可以替代，实际上，它们的侧重点不同，目标各异，不可混为一谈。求同比较的意义大体在于确定两个或两个以上事物在某方面的共同属性，但却是求异同，即于个性中见共性；而求异比较则在于表现事物各自的特点，但却是比同异，即于共性中见个性。

具体言之，异是一种相斥相引、相反相成的联系。一般说来，求异比较不但可以发现事物各自的多样性特点，还可以使人在相斥相反之中体验同的丰富内涵。例如，《摩奴法论》与《韩非子》，前者以婆罗门教为思想基础，重视宗教、习惯法、道德的作用，主张限制王权，这反映了婆罗门祭司集团的实际利益；后者则相反，它以理性思考为基础，重视人力和经验知识，轻视道德和传统习俗，强调成文法的意义，压制臣民，反映了王权强化的实际需要。这是两者的异，但却是内在于古代王权论这同一个范畴中的异，它们互相排斥，互相反对。可是另一方面，恰恰是这种相斥相反，使它们互相成就，共同丰富了王权论的内涵。这种对比在以下与希腊思想的比较研究中将具有更重要的意义。

古代希腊文化被认为是西方文明的一个重要来源。希腊的政治学说也像其他许多学科一样，成为当今西方学术的一个不可缺少的组成部

---

① 刘家和：《历史的比较研究与世界历史》，载《北京师范大学学报（社会科学版）》，1996(5)。

分，它对社会、国家、法律、道德等进行了较为深入的思考，形成了一些个性鲜明的体系。其中，以柏拉图（公元前 427—前 347）和亚里士多德（公元前 384—前 322）的思想较为典型、足以代表希腊文化的成就，对后世影响也较大。以下对他们的政治学说略做分析，以反衬韩非政治思想的特点。

以柏拉图、亚里士多德为代表的希腊人的政治思想，反映了希腊城邦衰落时期人们恢复城邦政治传统和往日繁荣的愿望，就这点来说，柏拉图和亚里士多德是一致的。

柏拉图认为："我们建立这个国家并不是为了任何一个阶级的特殊的幸福，而是为了全体（公民）的最大幸福。我们认为在以全体（公民）的善为目标的国家中，我们应该尽最大可能去发现正义"[①]，"这个国家不大不小，是一个自足的城邦"[②]。可见，柏拉图的理想国家仍是城邦，不过，他的理想国并非从现实生活中归纳出来，而是他的哲学理想的逻辑结论。

我们知道，柏拉图的理念论区别了意见（opinion）和知识（intellect），以此为基础，他把关于特殊对象的认识称为意见，即关于感官世界的认识；而把对普遍和永恒存在的认识称为知识，或者说，知识的对象就是理念（idea）。在他看来，只有理念才是真实的存在，而具体的东西只是这种理念的不完满的表现，因而是不真实的。因此，只有根据一种理性（念），才会获得某事的真正知识，要想解决现实的政治问题，也必须首先拥有理想的模型。

据此，他创造了他的理想国。这种理想国的政体是君主制和贵族制的，即由有知识的统治者（一个人或若干人）管理。它与现实的四种政体相对。这四种政体是克里特和斯巴达制、寡头制、民主制、僭主制。理想的政体是善的，而现实的这四种政体是恶的。不过，其中的克里特和

[①]　*Plato's Republic*，translated by Benjamin Jowett，notes by David Masson，New York，Airmont Publishing Company，1968，p.145.

[②]　*Plato's Republic*，p.149.

斯巴达制比较接近理想国家的政体，他称之为贵人政体（timocracy），即他所谓的荣誉至上为原则的政体。

由于理想国是理念在政治生活中的体现，所以统治这个国家的应是一个哲学家化的国王，或国王化的哲学家。因为只有哲学家才能认识理念的真谛，理想国的善、智慧、勇敢、节制、正义，这些美德（即知识）只有哲学家才能认识并且具备，所以只有他们最有资格当国王。正如他所说："只有哲学家成为国王，或者现在的国王和君主具有哲学的精神和力量，使政治权力与聪明才智合而为一，城邦才会脱离邪恶——正如我所相信的那样，人类才会获得安全。"[①]哲学王为了更好地完成国家的使命，就必须自我调节生活，摆脱对物质的贪欲和沉迷。只要还有统治者迷恋于个人利益，那么社会的共同利益和真正无私的服务就无法实现。因此，他主张废除私有财产制度。不过，他敏锐地发现，单纯废除私有财产制度，还不足以根除私有观念，只有取消了私有家庭，使统治者没有可施以眷顾的亲近之人，才会使他摈弃私有观念，成为纯粹合乎理念的人，才会成为全心全意服务于公民、以实现城邦目标为己任的理想国王。

理想国是以公民的善为目标，又由无私的哲学王来管理，它的政治是合乎理性的，是完美的。因此，除了保卫城邦的法律和习惯，不必强调法律的统治。

以上是《理想国》一书对理想国家的设想。不过，柏拉图在他后期的著作《政治家》和《法律篇》中，对上述观点做了一定的修正，特别是在《法律篇》中，他对于法律和法治的看法有了较大的进步。

《政治家》和《法律篇》比《理想国》的写作要晚许多年，它们包含了柏拉图晚年的思想，这两篇与《理想国》的最大不同是重新承认法律的重要地位，代表了柏拉图对国家和政治的最后的看法，它们对亚里士多德的影响要大大超过《理想国》。

《政治家》是从《理想国》到《法律篇》的过渡。一方面，它把哲学王根

---

① *Plato's Republic*，p. 219.

据美德和知识以及技艺的统治明确化，认为真正的国王或政治家具有使他的统治为人们自愿接受的艺术①，由此将导致开明君主论；另一方面，又认为理想的国家或为哲学家——国王统治的完美无缺的君主政体是"神圣的"，是政府的合乎真理的形式（the true form of government）②，它是那样的完美，以至于不可能在人世间实现。它之所以不同于一切现实的国家，是由于在这个国家里知识在统治，因而无需法律。柏拉图在《政治家》里把这种理想国称为"只应天上有的一种模式"，可供人类模仿，但却不可企及。柏拉图承认，在这部著作中，法律的统治虽不及理想国的知识统治，但也应算是第二等好的，因为它也是正义和善的。法律的监护者不得为自己的利益而破坏法律，那样做更糟，因为法律基于经验，由智者制定，低级形态的国家更需遵循法律的统治，在这种国家中，法律和习俗具有最高的地位。

据此，他对国家政体进行了重新分类，把理想国以外的国家类型分为三种非真实的形式（the untrue forms of government），它们是君主制、少数人统治、多数人统治，这三种政体又各自一分为二，于是就得到了正反各三种（共六种）政体，君主制分为君主制与僭主制，少数人统治分为贵族制和寡头制，民主政体或多数人的统治也要一分为二。是否有法律的统治是评价这六种政体的标准。如果有法律，君主制就是六种政体中最好的；如果没有法律，就会成为对臣民实行最残酷的压迫的政体。少数人的统治在善恶之间处于中庸，多数人的统治在各个方面都是最为软弱的，既不能做得很好，也不能太坏，因为它的各个机构都被分割，并由很多人掌握，因而它是法治国家中最坏的，又是非法治国家中最好的。如果没有法律，那么民主制就是最好的形式；而一旦各政体都由法律管理得井井有条，那么民主政体就是人们最后的选择。③ 这段文字不但说明政体划分更趋成熟，还让人注意到，柏拉图对法律在现实政

---

① Plato，"The Dialogues of Plato，" in *Statesman*，276，translated by Benjamin Jowett，Oxford University Press，1924，vol. 4.

② "The Dialogues of Plato，" in *Statesman*，297，p. 500.

③ "The Dialogues of Plato，" in *Statesman*，302-303，pp. 506-507.

体中的重要作用有了进一步的认识。不过，在这部著作中，柏拉图仍认为管理一个国家与管理一个家庭没有什么区别。国王、政治家、主人、家长是相同的。[①] 这是他的思想中传统特色的表现。

在《政治家》的基础上，《法律篇》对法律的认识又进了一步。它承认国家是一个奉法律为至上权威的政府，统治者和臣民同样须遵守法律。可见，这个见解与《理想国》所谓不受一般规范限制的哲学王的统治具有重大差别。从理想到现实的这个转变，原因何在，学者们仍有不同理解。[②]

据说，柏拉图从未对他的信念做过任何突然的改变，他是在一段很长的时期就意识到谈论理想国家而略去法律是一个主要的难题。另外，他也从未明确表示《理想国》中讨论的理论是错误的，因而应当抛弃。

我以为，《理想国》中所设想的哲学王根据知识——美德进行统治的主张应是柏拉图一生的理想。比如，《政治家》中在讨论六种不真实的政体时，时刻使人感觉到"真实的政体"，即理想政体在隐隐地起着衬托的作用。《法律篇》和《政治家》一样，是他为现实政治需要设计的具体方案，没有必要非要把它与理想国对立起来。它讨论的是第二等好的国家，在这种国家中，同样必须建立法律的统治，每个人都要遵守，否则"他们就和最野蛮的动物没有任何区别"[③]。然而，对于某些生来具有理性和神眷的哲人，当然无须法律的统治，"因为没有任何法律或法令比知识更有威力"[④]。但对大多数人来说，不得不选择法律和规则的统治。可见，在柏拉图的体系中，理想和现实并存，《理想国》所确立的原则仍有普遍意义。柏拉图曾在《法律篇》中毫不隐讳地表示，他仍然认为公有是最好的办法，不过，这种办法太好了，难以为人性所接受。因此，他

---

① "The Dialogues of Plato," in *Statesman*, 259, p. 453.

② George H. Sabine, *A History of Political Theory*, fourth edition revised by Thomas Landon Thorson, Hinsdale Illinois, Dryden Press, 1973. 或参见［美］乔治·霍兰·萨拜因：《政治学说史》上册，盛葵阳、崔妙因译，97 页，北京，商务印书馆，1986。

③ Plato, *The Laws of Plato*, translated, with notes and an interpretive essay, by Thomas L. Pangle, Chicago, The University of Chicago Press, 1980.

④ *The Laws of Plato*, 875c, p. 271.

在两个方面向人性的弱点让步，不得不允许私有制和家庭继续存在。但是，他仍然为妇女保留了同等受教育、参与军事及其他职务的设想。个人拥有的财产的多寡允许不均等，但数量应受到限制。①

平心而论，《理想国》中的君主在理论上说是知识——美德的化身，但是若在现实中免不了要倾向于专制，因为他不受法律的限制。从这点看来，与韩非理想的国君有相同之处。但是他以知识——美德为对象，以国家、公民的福祉为目标，而自己又实行无产、无妻制度，成为一个纯然无私的典范，从这个角度看，又与韩非的君主完全不同。后者的君主是以个人的利益为德的代表。所谓"身以积精为德，家以资财为德，乡国天下皆以民为德"②，这种崇尚物质、追求气力的道德观表现了中国古代君主制极端自私的本质，这种观念把精气、资财、人民当作君主一人的私产。在此基础上，修养是为了强身健体，延长个人寿命，治家是为了保财以供享用，管理天下是为了拥有更多的民众供自己役使。从目的上说，这与柏拉图的君主论恰恰背道而驰。

柏拉图在论述第二等好的国家时强调法律的统治，这与韩非"以法治国"的主张不能说没有共同之处，但是两者毕竟是根本不同的两套方案。柏拉图所认为的法（nomos）具有较为广泛的意义，除了法律之外，还指具有权威的习惯、方式、传统、举止和德行，甚至还指惯例，其主体当然是不成文的习惯法，这些法律的来源是神和祖先。③ 因此，在第二等好的国家里，君主必然要受到法律，也就是宗教和习俗的限制。韩非则完全不同，前面曾谈到，他的法是成文法，由君主因时因事制定，要臣民一律遵守。法律出自君主，因此在本质上无法对君主形成有效的制约。由此又表现出古代法治的辩证精神：若就法与王权的关系而言，习惯法比成文法更符合法的精神。

总之，《政治家》和《法律篇》为研究具体的政治和法律问题开辟了道

---

① *The Laws of Plato*，744c, p. 132.

② 《韩非子集释·解老》，384 页。

③ *The Laws of Plato*，624a, p. 3；680a, p. 62.

路，沿着这条道路，亚里士多德展开了更具学术气息的政治思考。

亚里士多德思想的一个显著特点是它的学术性。它以纯科学研究为自己的兴趣，具有为学术而学术的特点。如在政治思想上，亚里士多德曾带领自己的学生和助手搜集了150多部城邦宪法加以研究，从中归纳出一些特点。这种研究不是出于对某国或某个集团的特殊好感，因而不存在特别的政治意图。但是尽管如此，我们仍然可以从这种客观的学术研究中感受到亚里士多德的政治倾向性。退一步说，即使我们承认亚里士多德政治学是百分之百的客观的学术研究，那么，这种政治学所反映的希腊的政治制度和历史面貌仍可以作为比较研究的资料和对象。这是我们把它与韩非政治思想进行比较的又一个理由。

亚里士多德和柏拉图一样，都希望恢复城邦往日的兴盛和繁荣，这一点决定了他的政治学多少会带有为城邦制探寻出路的意味。但是由于主客观条件的不同，他的思想已与柏拉图产生了很大的距离。比如，他的《政治学》有一个不同于柏拉图的显著特点，那就是关于国与家的分辨。在柏拉图那里，国家不过是扩大了的家庭，这个观点与中国的相似。可是，亚里士多德却认为，柏拉图未能区别家长权力和政治权力，这是一个严重的错误。[1] 希腊城邦在经过梭伦(约公元前638—约前559)和克利斯提尼(约公元前6世纪)的改革，已经完全不同于原来的传统制度，国家以地域划分居民，原有的血缘色彩越来越淡化，亚里士多德的思想适应了这个发展趋势，把握住了历史发展的契机，因而提出国家乃是追求至善的城邦共同体(political community)[2]的观点。

与柏拉图不同，亚里士多德不是从理念的逻辑，而是从历史的事实出发来看待国家的起源及其本质。他认为，当几个村落合成一个完全的社会，其大小足以使自己存在的时候，国家就产生了。国家乃是家庭——村落以一种完美自足的生活而形成的一种联合(union)，这种生

---

① 参见《政治学说史》上册，125页。

② Aristotle, *Politica*, translated by Benjamin Jowett, 1252a 1-5, in W. D. Ross, *The Works of Aristotle*, The Clarendon Press, 1921, vol. X.

活是幸福和荣誉的生活。①而组成村落的家庭却只是以满足一个男性每日所需而建立起来的一种结合体（association），它是天然地出自男性和女性、奴隶主和奴隶关系的第一件事。国家从根本上说不同于并优于家庭，因为它是独立自足的。②两者的主要区别在于内部结构的不同。国家既然是联合而成的，那么组成国家的人们（公民）和村落在本质上就不应该有什么高低之别，这是它的政治性决定的，家庭则不然。首先，在家庭里，男性天然地处于优势，女性处于劣势，根据优者治劣的原则，男女的地位就会不平等。其次，男性和儿童也不能平等，因为儿童被认为是不完善的，他的品德培养并非仅是他自己的事情，它还与完善的男性以及老师有关，这是第二种关系。最后，奴隶主和奴隶也是不平等的。主人是独立的、完美的，奴隶却相反，他的品德与奴隶主相关。③家庭就是由这三种关系构成的。由此可见，国家与家庭至少在以下两个方面不同。第一，家庭维护其成员间的不平等；国家则要求组成它的公民间的平等。第二，家庭由家长统治，其他成员都臣服于这个家长之下；由于公民是有权利参加国家管理或掌握司法和立法机关的成员④，因此国家不允许家长或任何人实行家长式统治，尽管组成国家的公民最初都是各个家庭的父家长。

　　亚里士多德的这个观点反映了希腊城邦产生的特点。它是以对氏族、部落酋长，即巴赛列斯（basileus）政治权力的不断否定的方式建立起来的。⑤这种否定是扬弃，新生的国家保留了传统氏族社会中的平等观念，氏族成员，即各家家长战胜了担任首领的那个家长，经过不断的自我否定，逐渐脱去氏族成员的色彩，成为超越氏族制的国家公民。这与中国国家产生的道路是不同的。如前所述，中国的政治体制具有浓厚

---

　　①　*Politica*，1280b 39-1281a 2.

　　②　*Politica*，1253a 30.

　　③　*Politica*，1260a 29-33.

　　④　*Politica*，1275b 18-21，1276a 4.

　　⑤　参见［法］古朗士：《希腊罗马古代社会研究》（Numa Denis Fustel de Coulanges，La Cité Antique 英译作 Ancient City），李玄伯译，202 页，上海，商务印书馆，1938，英译本，235～242 页。

的父系家长制特色，韩非思想是维护中央集权制下的君父权力的。可见，在出发点上，韩非与亚里士多德所代表的希腊政治思想就存在着重大分歧，它标志着中国和希腊政治文化的不同走向。

由家国相别出发，亚里士多德认为理想的国家必须是法治的。他说："家庭的统治是一种君主制，因为每个家庭都处在一个家长之下，然而立宪的统治却是一种自由人和平等者组成的政府。"①反过来说，自由人和平等者组成的政府在本质上就应该是立宪的，也就是法治的。亚里士多德虽然在理论上接受了苏格拉底"知识即美德"的观念，也深受柏拉图关于哲学王的统治其实就是理性——法律统治的观点的影响，认为"对于品德杰出的人们来说，没有法律，因为他们自己就是法律，任何人若企图为他们制造法律，那将是可笑的"②。所谓"品德杰出"也就是有理性和知识，而所谓法律也无非是理性和知识的产物。但是，尽管如此，他仍认为理想的国家必须由法律来统治。在他看来，对于一个由平等的人群所组成的社会而言，任何个人的主观意愿都可能违背这个社会的原则，只有法律才能保证这个原则得以实现，因为"法律是不受主观欲望影响的理性"③。而具体的个人难免不受主观欲望的左右。正是基于这种考虑，他才提出"法律应高于一切"④的命题。

亚里士多德讨论过各种不同的政体，他总结出三种正体和三种相应的变体。正体包括君主制（kingship 或 royalty）、贵族制（aristocracy）、立宪制（constitution，或译共和制）；变体包括寡头制（oligarchy）、僭主制（tyranny）、民主制（democracy）。这种划分显然来自柏拉图在《法律篇》中对非真实政体的划分法。亚里士多德虽然没有明言哪一种最好，不过据他把法律奉为最高原则看来，他的理想的政体应该是立宪制的。

亚里士多德还对法治的一些原则进行了理论上的探索。他相信，在创制法律上，可以证明人们的集体智慧比即使是最圣明的立法者的智慧

① *Politica*，1255b 19-20.
② *Politica*，1284a 14-15.
③ *Politica*，1289a 32.
④ *Politica*，1292a 32.

还要优越，因而习惯法较之成文法更有价值。① 在法律的适用性上，他强调普遍一致的原则，也就是说，法治的主体和客体是一致的。他还有一句名言："公民是那些既参与而又接受统治的人们。"② 在法治之下，没有任何人，当然也包括国王在内，可以高于法律之上。所谓法治不仅仅在于是否有法律的统治，而在于法律是否高于一切。主人的统治绝不是立宪的。丈夫对妻子、父亲对儿女的统治也不是立宪的，因为这里没有平等，即使妻子儿女是自由的。法制的作用在于它以公正的特点防止有人超然于它之上，它对所有人都有约束力，统治者也不例外，"每一位受过法训练的统治者断事公正"③，因此统治者也不能离开法律行事。在人们相互平等的地方，如果有人以法律自居，成了全体的主人，这是不合时宜的，也是不公正的。除了最高统治者，官吏也是一样。亚里士多德认识到官吏对国家政治生活的必要性："一个人想管理许多事务是绝对不可能的，他必须任命一些属下。"④可是有了官吏就难免会有腐败，要防止官吏的贪污，提高行政效率，同样必须借助法治。于是，亚里士多德又说出了另一句至理名言："每个国家应该由法律来管理和规范，这样，它的官员们就不可能捞到钱。"⑤

亚里士多德的法治观与韩非的法治观有着原则的不同。中国的法家几乎无一例外地相信法律只能由君主制定，商君学派主张"圣人之立法化俗"⑥；《管子》学派认为"有生法，有守法，有法于法。夫生法者君也，守法者臣也，法于法者民也，君臣上下贵贱皆从法，此谓为大治"⑦。韩非的说法更为明确"圣人为法"⑧，"君之立法"⑨，等等。可见，在法家那里，立法是君主权力的体现，不允许他人分享，官吏和人

① *Politica*，1287a 5-6.
② *Politica*，1284a 1.
③ *Politica*，1287b 25.
④ *Politica*，1287b 7-8.
⑤ *Politica*，1308b 32-33.
⑥ 《商君书注译·壹言》，206 页。
⑦ 《管子校正·任法》，《诸子集成》本，256～257 页。
⑧ 《韩非子集释·奸劫弑臣》，248 页。
⑨ 《韩非子集释·饰邪》，310 页。

民只有守法和被法制裁的义务。不管法律多么严谨，文网多么细密，始终有一个人超然于法律之上，法律只是这个人手中统治他人的一个工具，这个人就是君主。中国古代的法治是君主统治他人的一种手段和方法，毫无疑问这是一种主人式的统治，与家庭中的父权没有多少差别。

然而，在一定的历史条件下，如春秋战国以后，成文法竟占了主导地位，这与当时君主权力的强化有关。因为只有成文法可以因时而定，因事而改，赋予立法者以便宜行事的权力。比较而言，它比习惯法具有更大的主观性和随意性，更适合集权化君主的需要。希腊的法律有成文的，如梭伦的木制法表；也有不成文的习惯法。在亚里士多德看来，习惯法更为重要，因为它来自神和祖先，是人民集体智慧和长期的历史传统的结晶，具有无法替代的权威，遵守习惯法，其实是对公民社会集体智慧和历史传统的尊敬，是对公民的尊重。

中国古代法家强调成文法，否定传统习惯法——礼的意义和价值，表现了王权与民（其实是传统的公民、贵族，因为人民中能与王权抗衡争利的只是一少部分上层分子）的对立，这样的法更近乎亚里士多德批评的民众领袖（demogogues）的政令（decrees）或僭主（tyrants）的法令（e-dicts），后两者都是对所谓"好公民"实行专横统治（despotic rule）的工具，它们超越法律（laws，即习惯法）之上，是个人权力的产物，违反了立宪精神。[①] 按照亚里士多德的观点，法家所标榜的法就不会是真正的法律，这样的法治毋宁是一种人治。其实，法令（edicts）是最古老的法律形式，直到今天它仍然作为法律的一部分被使用着[②]，这是一般人都能理解的。可是相对于现在的法律主体——立法机关制定的法律——来说，法令毕竟具有更多的因地制宜、灵活机动的特点，它主要由行政长官或机构随时制定实施，如果单纯使用这样的法律，是无法避免人治主义偏向的。

① *Politica*，1292a 17-31.
② Elinor Porter Swiger, *The Law and You*, *a Handbook for Young People*, New York, the Bobbs—Merrill Company, Inc., Indianapolis, 1973. p. xviii.

在古代中国，有过邦国林立的时代，那些林立的邦国无一例外，都遵循同一个政体模式，即家长式的统治。古代希腊则不然，城邦有着不同的政体。在中国历史上，除了对分封制和郡县制这两种行政体制有过争论之外，思想家们对于政体问题基本上未予深入探讨。希腊则不同，在那里，关于政体的研究似乎是政治思想关注的一个中心问题。这种差异是由于历史条件的不同造成的，不足奇怪。不过，通过亚里士多德对不同政体的研究，我们倒可以比较韩非的王权论，或许可以从中发现一些有益的启示，这是一件饶有兴味的工作。

亚里士多德搜集了158国的宪法，在柏拉图的理论研究基础上，集中研究了六种政体，对政体的划分提出了有意义的见解。他认为，一个人的统治，称为君主制；超过一个人，但又不是很多人的统治，叫作贵族制；公民普遍治理的统治叫作立宪制。因为这三者都考虑公众利益和国家利益，因而被列入所谓好政体之列。民主制是穷人的统治，寡头制是富人的统治，而事实上总是穷人多而富者寡，因而有人用人数多少来区别民主制和寡头制两种政体，这并不准确。僭主制是民主制和寡头制的极端形式的结合。这三种政体可算作坏的政体。从以上粗略的叙述即可看出，君主制和僭主制与韩非的王权论较为接近。下面我们通过亚里士多德对这两种政体的分析来比较韩非王权思想的特点。

关于君主制，亚里士多德认为有五种形式。第一种是"英雄时代"的王，他是对自愿的臣民的统治，其权力的范围也仅限于战争、司法和宗教事务，兼有将军、士师和祭司的职能。这就是著名的巴赛列斯制，实是军事民主制下的部落或部落联合的酋长。中国春秋时代，仍然奉行"国之大事在祀与戎"①的原则，戎又往往兵刑合一，诸侯拥有军事、司法和宗教职权，系原始时代军事酋长权力的遗留。第二种是所谓野蛮人的君主制，是一种合乎法律的世袭专制政府。第三种称为阿西奈蒂亚（aesymnetia），或曰独裁制，是选举的僭主制。第四种是拉栖第梦人的王权，实际上是一种世袭的将军制，只握有军事指挥权。第五种，君主

---

① 《春秋左传正义·成公十三年》，见《十三经注疏》，1911 页。

对所有事务有处置权，这种权力与对家庭的控制相一致，在这种制度下，君主有权对一个城市、一个国家，甚至许多国家实行家政式管理。①

亚里士多德对君主制的理想与他的道德哲学不无关系。他认为，国家以美德为最高目标，其目的是增进全体公民道德的完善，若有一人或一个家庭能在道德上做出表率，那么君主制就是一种好政体，这样的王权与贵族制在本质上是一致的，因为贵族政体的原则也是美德。这种观点显然是受了苏格拉底和柏拉图关于美德的思想的影响。这种与贵族制一致的王权观不禁使人想起中国古代的分封制，对于韩非而言，它早已成为过去，因而亚里士多德对王权的美德本质的肯定在韩非那里同样不会引起任何共鸣。

斯巴达的军事首长式的君主制很难在中国古代找到近似的例子，倒是所谓"野蛮人的君主制"和僭主制与韩非的君主制有很多的相似之处。"野蛮人的君主制"的卫士由公民构成，这与希腊君主制相同，僭主的卫士却是雇佣兵。僭主制又称阿西奈蒂亚，它是源于古代希腊的一种独裁制，僭主由选举产生，因此也是合法的，但却不是世袭的，任期长短不一，有时可以是终身的，有时却只有几年。僭主拥有专横的权力（despotic power），因而是一种特殊的君主制。②

僭主制的另一个来源是民主制。民主制的原则是自由，而享有自由是公民的权利，因此在民主制下统治者的人数最多。民主制也有多种形式，在一般的民主制下，国家服从于法律，最优秀的公民占据第一流的职位，因而不需要民众领袖。在另一种民主政体下，拥有最高权力的不是法律，而是民众（multitudes），因而民众领袖兴起，他们以政令代替法律，从而走向极端民主制。极端民主制之于民主制，相当于僭主制之于君主制，民众领袖的政令（decree）相当于僭主的法令（edicts），民众领袖把自己的政令置于法律之上，最终成为新的僭主。僭主制被认为是

---

① *Politica*，1285b 20-33.

② *Politica*，1285b 1-2.

寡头制和极端民主制的结合。它与君主制不同，君主往往由贵族拥立，
是与民众对抗的结果，他们选举国王是根据德行上的优越地位，而僭主
却是民众选出与贵族对抗的代表，其初衷是保护民众不受贵族侵害。历
史表明，几乎所有的僭主都是以批评贵族而博得人民好感的民众领
袖[1]，又都是在城邦权力增长过程中出现的。僭主的产生还有一些其他
方式：有的是由有野心的国王突破世袭权力的限制而成为专制暴君
（despots）；有的是由选举的行政长官演变而来；还有的是由寡头们拥
立的代理人转变而来。不论哪一种，只要野心家愿意，那么建立僭主制
并不难。

据亚里士多德的研究，僭主拥有民主制和寡头制的所有坏的特点，
这是极为明显的。和寡头一样，僭主的目的是获取财富，因为只有据有
财富，僭主们才能维持卫士和他自己的奢华生活。他们和寡头一样不相
信人民，剥夺人民的武装，压制人民，甚至把他们驱逐出城邦。另外，
僭主们又从民主制那里学会了向贵族开战的本领，他们或公开、或隐秘
地摧毁贵族的势力，甚至放逐他们。因为贵族是他们的有力对手，是他
们攫取权力的绊脚石。极端民主制就是僭主制，君主和贵族都反对僭主
制，因为君主制和贵族制其实与立宪制极为接近。僭主们要保住自己的
权势和地位，就一定要削平具有竞争力的势力，压制地位过高的人，处
死信仰虔诚的人，禁止公餐制、俱乐部、教育等，为了做到这一点，就
一定要依靠自己的军队，反对任何可能鼓起臣民勇气和自信的东西，如
禁止自由集会；就一定要采取各种手段阻止人们互相了解，因为那样会
促进人民之间的信任和团结；就一定要强迫所有的人公开自己的生活，
以便更好地控制他们；就一定要他们学会卑下。总之，僭主一定要学会
波斯人和"野蛮人"那样的本领。此外，僭主还要尽一切可能地了解所有
臣民的所作所为，要使用奸细，制造公民间的不和，使他们贫弱下去，
迫使他们不停地劳作，以免有余力蓄谋推翻自己。僭主的另一项实践就
是大幅度增加税收，他们还喜欢发动战争，这样不但可以使臣民永远有

---

[1] *Politica*，1305a 8；*Plato's Republic*，565，p. 339.

事可做，而且臣民永远需要一个领袖。国王的权力由朋友支持，僭主却不相信任何人，因为他知道所有的人都想推翻自己，而且他们有这个力量。僭主们之所以会有如此恶劣的品质，是由他们的本性决定的。亚里士多德认为："除了自己的私利，僭主对任何公共利益了无尊敬之意，他的目的只是享乐，而国王的目的却是荣誉……僭主追求富有，而国王却追求名声。"[1]根据这种认识，亚里士多德把僭主制列为最恶劣的政体。

这里之所以不惮其烦地转述亚里士多德对僭主制的评论，是因为从中我们可以看到韩非法、术、势的影子。僭主们以政令为本，有似于"君主立法"的法治；他们使用奸细，控制臣民，相当于"藏于胸中"的术治，至于他们一切以攫取权力为目标，当然近乎"势治"。因此，研究僭主制对于理解韩非的政治思想是有帮助的。但是，僭主制与极端民主制的联系，僭主攫取权力的种种途径，与韩非的王权论不同，因此我们又不能简单地把韩非的君主政治等同于僭主式的专横统治，而毋宁说韩非的法、术、势循环互补的思想表现了这样一种理想：君主是世袭的，他实行家长式统治，这与亚里士多德的第二、第五两种君主制的有关内容相当；而法、术、势这些维护君主权力的手段又与僭主的统治方法近似，从中不难看出韩非思想中新与旧、传统与维新的交织。

行文至此，似乎可以对本章略做如下总结：韩非政治思想体系的基本内容是法、术、势循环互补的理论，它是君主集权与法律的矛盾，即当时的所谓法治的内在矛盾发展的必然结果，它的目的在于无限地加强君主的权力，因而在主张用成文法代替习惯法的同时，又建议君主实行权术和高压手段，从而违背了法治精神，回归人治主义。这个人治主义的独特之处在于，它在人性论和天道观的范畴里形成了系统的看法，因而它才反对君主拥有知识和美德，只要求他们自私自利，以力为德，是君主主义的极端形态。在政治思想的发展历程中，它既不同于其他先秦诸子，又有别于大体同时的印度和希腊哲人，在古代世界堪称独步。

---

① *Politica*，1311a 1-8.

第三章　韩非政治思想的理论基础

一、人性论

这里所谓的人性论，是指关于人性或人的本质的学说（the study of human nature）。而所谓人性，在西方，一般是指人的天赋（innateness）或指非人为的东西（inhuman behaviour）[①]，中国的哲人也早就说过："凡性者，天之就也。"[②]两者意思相同。本书也在这个意义上使用这个概念。

人性还有两种含义。广义的人性指人的诸种属性，本书用为人性的内在构成；狭义的人性指人所独具的性质，本书用作人的本质。[③]

我们知道，大凡一个政治思想体系，除去它的社会历史根源以外，一定还会有理论上的基础。这个体系是否成熟，是否完整，关键还要看它的理论基础是否牢固。无论它的体系多么庞大，结构多么精密，理想多么高远，都少不了对人的认识，都要以人性作为自己的理论基础的一部分。从某种意义上说，对人或人性的认识决定着一个社会或政治思想

[①]　Arthur S. Reber，*The Penguin Dictionary of Psychology*，Penguin Books Ltd.，Harmondsworth，Middlesex，England，1985，p. 330.

[②]　《荀子集解·性恶》，《诸子集成》本，290 页。

[③]　*The Concept of Man in Early China*，p. 81.

体系的基本倾向和理论深度，这在韩非的政治思想体系上表现得同样甚为明显。因此，认识韩非的人性论基础，对于进一步理解他的政治思想体系，无疑具有重要的意义。

(一)对人性内部结构的认识

所谓人性的内部结构是指它的内部构成(components)或要素(elements)[①]及其相互关系。孟旦(Donald J. Munro)在解释荀子"生之所以然者，谓之性"[②]时指出："性是某一存在物天生的素质(constitution)，它在此物产生时由上天赋予。"[③]按 constitution 有"构成、组成"之意，可见，他也是把人性当作天生的内在组织和结构来看的。了解韩非人性思想中的内部构成论，对于理解他的人性论的实质进而认识他的政治思想的特点具有基础性的作用。

毋庸讳言，韩非的人性思想并未形成自觉的形态，这与他有意回避或试图超越先前的儒家关于人性善恶的伦理思考有关。可是往往事与愿违，不论怎样努力，他都无法完全逃脱儒家的理论影响，他对人性的思考更是笼罩在孟、荀人性论的荫翳之下。因此，研究韩非的人性思想不得不从儒家的人性论开始。

殷周之际，中国的文化传统中发生了一次深刻的变革。[④] 殷人"率民以事鬼神"的宗教传统衰落下去，代之而起的是以周公"敬德保民"为核心的人本主义传统。如果说周初的人本主义尚蜷伏于氏族血缘的樊篱之内，无法对人本身做深刻的反思，那么到了春秋战国时代，随着政治体制上宗法关系的解体，个人自由的不断扩大，人的地位的提高，思想家们越来越感到有必要对人类自身的存在进行反省，也就是说，人类精神的觉醒开始出现了。传说的孔子所谓"天地之性人为贵"[⑤]，无疑代表

---

① *The Concept of Man in Early China*，pp. 12，49.
② 《荀子集解·正名》，《诸子集成》本，274 页。
③ *The Concept of Man in Early China*，p. 66.
④ 参见王国维：《观堂集林》卷一〇《殷周制度论》，见《王国维遗书》，上海，上海古籍书店，1983。
⑤ (汉)董仲舒：《天人三策》引，见《汉书·董仲舒传》，2516 页。

了这股觉醒的浪潮。然而，要说到这次觉醒的最高成就，当然还是关于人性的讨论。人性论与政治思想的联系有如水乳交融，这正是本书的关注之点。

就目前所知，关于人性问题的讨论是由孔子首先提出来的。他提出"性相近也，习相远也"①的命题，在人类自我认识的历史上具有划时代的意义。

孔子生活的年代以前，人们生活在宗法政治关系中，由氏族的血缘纽带束缚着，无法突破狭隘的小天地，与氏族以外的人们彼此沟通，更不可能对人类自身进行反思，当然也就不知道人性为何物。孔子突破了传统道德的氏族界限，提出了普遍的人性概念，应当说具有革命性的意义。如果说在中国历史上是孔子第一个发现了"人"，也不为过。孔子倡导的仁学就是这种人性论的生动体现。比如，孔子以"爱人"解释"仁"②；他所谓"己欲立而立人，己欲达而达人"③，"己所不欲，勿施于人"④，从正反两个方面表明仁对人的关怀和理解；他以"有教无类"⑤的精神创办新时代的教育事业，促进不同出身的人们的交往和了解；他的弟子子夏甚至喊出了"四海之内皆兄弟也"⑥的响亮口号，这一切都从不同的侧面映衬并折射出"性相近也"所内含着的普遍人性的精神实质。

由于孔子很少谈论人性和天道问题，我们无法确知他的人性思想的丰富内容，但是从他的仁学强调"为仁由己，而由人乎哉"⑦和"我欲仁，斯仁至矣"⑧来看，孔子的确"承认个人具有一种内在的或潜在的理性，这理性正是人类理性的来源"⑨。由此推断，所谓使人相近的人性包含

---

① 《论语正义·阳货》，《诸子集成》本，367 页。
② 《论语正义·颜渊》，《诸子集成》本，278 页。
③ 《论语正义·雍也》，《诸子集成》本，134 页。
④ 《论语正义·颜渊》，《诸子集成》本，263 页。
⑤ 《论语正义·卫灵公》，《诸子集成》本，348 页。
⑥ 《论语正义·颜渊》，《诸子集成》本，264 页。
⑦ 《论语正义·颜渊》，《诸子集成》本，262 页。
⑧ 《论语正义·述而》，《诸子集成》本，150 页。
⑨ 刘家和：《论中国古代轴心时期的文明与原始传统的关系》，见《古代中国与世界——一个古史研究者的思考》，471 页。

着理性的因素或道德的倾向。另外，孔子又常常把人划分为君子和小人，"君子求诸己，小人求诸人"①，君子之所以反求于己，是因为己中包含着仁的因素；反之，小人的己中仁性泯没，只好求之于人。君子与小人的区别类似于柏拉图的哲学家和普通人的区别，也近乎亚里士多德所谓有理性者与无理性者的区别。小人的所作所为总是背离仁性，这说明在人的内部似乎又潜藏着某种非理性因素或非道德化倾向。就人性的状况与政治的关系而言，大概孔子承认人性中仁的因素是主要的，所以才主张德治为主，重视发扬仁的精神，从根本上解决问题。安乐哲对此也有所见，他说："孔子相信：人在任何情形下追求道德之义的潜能就是他或她的天然禀赋中的一个关键因素（a vital component of his or her natural endowment）。"②

战国时代，告子主张人性浑沦自然，"无分于善不善"③；世硕提出"人性有善有恶"④的观点。萌发于孔子思想中的关于人性内部构成的思考明确化了，而且表现了强烈的道德实践的特色，为此后的关于人性的讨论奠定了基本思路。孟子和荀子的人性论都是沿着这条理路发展起来的。

孟子的人性概念主要是指人心，即人的天生的同情本能，或曰道德倾向。这在他与告子的"性无善无不善"的争论中有着生动的表现。告子认为，"性犹杞柳"，自然天成；"性犹湍水也，决诸东方则东流，决诸西方则西流，人性之无分于善不善也，犹水之无分于东西也"；"生之谓性"；"食色、性也"。⑤总之，告子认为人性就是人的自然性，它自然而然，无善无不善。此外，一种观点认为，"性可以为善，可以为不善。是故文武兴，则民好善，幽厉兴，则民好暴"⑥。还有另一种观点，主

① 《四书章句集注·论语集注·卫灵公》，165～166页；《论语正义·卫灵公》，《诸子集成》本，342页。

② *The Art of Rulership*, pp. 1-2.

③ 《孟子正义·告子章句上》，《诸子集成》本，433页。

④ 《论衡注释·本性篇》，《诸子集成》本，190页。

⑤ 《孟子正义·告子章句上》，《诸子集成》本，431、433、434、437页。

⑥ 《孟子正义·告子章句上》，《诸子集成》本，441页。

张"有性善，有性不善。是故以尧为君而有象；以瞽瞍为父而有舜；以纣为兄之子且以为君，而有微子启、王子比干"①。以上三种观点有一个共同之处，即都把道德之善看作一种外在的偶然性，可以肯定，不论是在哪一种观点的基础上，都无法建立起道德伦理的大厦。为了从根本上解决道德根源的问题，树立伦理之善的绝对权威，孟子一定要从人性里面找到内在的必然性。他说："恻隐之心，人皆有之；羞恶之心，人皆有之；恭敬之心，人皆有之；是非之心，人皆有之。恻隐之心，仁也；羞恶之心，义也；恭敬之心，礼也；是非之心，智也。仁义礼智，非由外铄我也，我固有之也。"②

孟子倡言性善，认为仁义礼智这些道德观念皆源于人心的"良知""良能"。他说："人之所不学而能者，其良能也；所不虑而知者，其知良〔良知〕也。"③从表面看来，良知和良能一个重知识，一个重实践，似乎很全面，其实，这里的知并非探索自然规律和思维规则的纯粹的科学知识，而是道德的涵泳和砥砺。他认为："万物皆备于我矣。反身而诚，乐莫大焉。"④人已经包括了天地万物的一切品质，只要能够回复到自身最真实的境界，就可以认识自然。孟子相信，人心、人性蕴藏着最高、最精微的天道，因此认为"尽其心者，知其性也，知其性则知天矣"⑤。只要了解了自己的人性，就算认识了天道。在这种理解的基础上，学问只有一种，那就是伦理学或曰道德哲学。正是在这个意义上，孟子断言："学问之道无他，求其放心而已矣。"⑥总之，孟子承认人具有道德实践的本性。可是，孟子又说过"口之于味也，目之于色也，耳之于声也，鼻之于臭也，四肢之于安佚也，性也"⑦。这似乎又承认口耳目鼻和四体的感官欲望也是人性的内容。这样，在他的人性概念中出现了矛

---

① 《孟子正义·告子章句上》，《诸子集成》本，441 页。
② 《孟子正义·告子章句上》，《诸子集成》本，446 页。
③ 《孟子正义·尽心章句上》，《诸子集成》本，529 页。
④ 《孟子正义·告子章句上》，《诸子集成》本，520 页。
⑤ 《孟子正义·尽心章句上》，《诸子集成》本，517 页。
⑥ 《孟子正义·告子章句上》，《诸子集成》本，464 页。
⑦ 《孟子正义·尽心章句下》，《诸子集成》本，582 页。

盾，一方面是良知、良能，另一方面是感觉欲望，两者处于对立状态。

与孟子相反，荀子主张性恶，认为人的好恶、喜怒、哀乐之情乃是人性的基本内容。荀子的人性概念主要是指人情。他说："性者，天之就也，情者，性之质也，欲者，情之应也。以所欲为可得而求之，情之所必不免也。"注云："性者成于天之自然，情者性之质体，欲又情之所应，所以人必不免于有欲也。"①三者的关系是这样的：性是指自然天成的特点和属性；情则是性的实体或根据；欲则是情的作用或功能。所谓"应"，即回应、对应之意，当时流行"影之象形，响之应声"这样的说法，这里的"影"指形体的影子，"响"指原声的回应，即回声；形体和原声永远是影和响的根据，影和响永远是形体和原声的必然结果。后世把结果或作用称作"影响"，即源于此。作为"情之应"的欲，即是情的作用或功能。按照这个逻辑，荀子的人性概念大致可以做如是描述：天生的、具有欲望的实体。这个实体，就是"情"。②荀子说到人性的时候，大多指的是人情。这样的情有什么特点呢？我们来看看下面这段话："今人之性，生而有好利焉，顺是，故争夺生而辞让亡焉；生而有疾恶焉，顺是，故残贼生而忠信亡焉；生而有耳目之欲有好声色焉，顺是，故淫乱生而礼义文理亡焉。"③这样的情不正是他所谓的性恶吗？荀子性恶论所根据的就是这种推理。

然而，另外，荀子也倡导礼乐，这是众所周知的。可是如果人性是恶的，那么礼乐或对礼乐的认同感又缘何而生呢？为了建立礼乐的权威，他就一定还要在人性中找到根据。且看他如何解决这个问题。

在讨论性恶的同时，荀子很自然地要考虑道德的人性之源，他说："不事而自然谓之性，性之好恶、喜怒、哀乐谓之情，情然而心为之择谓之虑，心虑而能为之动谓之伪。虑积焉，能习焉，而后成，谓之

---

① 《荀子集解·正名》，《诸子集成》本，284页。
② 按"情"，即实。《论语·子路》："上好信则民莫敢不用情。"何晏集解："孔曰：情，情实也。"见《十三经注疏》，2506页；《论语正义·子路》，《诸子集成》本，284页。
③ 《荀子集解·性恶》，《诸子集成》本，289页。

伪。"①由性而情，这与上面所述性、情、欲一体的观点是一致的，到这里还属于性恶的范畴；接下来却出现了逆动。按照荀子的逻辑，若无其他因素的影响，人情自然趋向邪恶，可是他又发现人总是要受到另一种影响，这种影响的根据在于"心"，"心"具有选择方向、指导性情的能力，叫作"虑"，在"虑"的基础上必然又有所行动，叫作"能"，通过"虑"的积累、"能"的锻炼，人性就会得到改造，以另一种面貌出现，这就是伪。所谓"伪"，意即人为。荀子认为，心虑和行动造成的结果已经不再是自然天成的人性了，而是人为。可是"心"本身却并不是"伪"，它仍是"天之就也"的，"虑"也是一种本能，这样看来"心虑"仍旧属于人性的范畴。我们知道，荀子的"伪"往往包含着伦理道德规范，这样的"伪"却要源于"心"，而"心"又属于人性的范畴。按照这个逻辑，社会伦理规范和道德意识不是同样源于人性本然吗？

至此，我们恍然大悟，原来荀子和孟子一样，都承认道德源于人心，嗜欲源于性情，只不过一个把"心"叫作性，而另一个把"情"叫作性；一个主张发扬道德的人性，另一个主张限制嗜欲的人性，两者殊途同归，最后都落到了道德实践的出发点上。

由上述可知，儒家各派都在探索道德教化的人性根据。因此，他们又都必然地揭露了人性中的矛盾。他们在人性的内在构成上的思考无疑影响了韩非。

韩非虽然没有写过专题文章讨论人性问题，但对人性的看法自成体系，有独到之处，其理论意义不容低估。他继承老师荀子的性恶思想的某些内容，不承认人性中有先天禀赋的道德属性。不过，他比老师走得更远，甚至对于人心与道德的关系也予以否认，这是先秦人性思想上的一次重大突破。不论性善论还是性恶论，都相信道德的根源在于人心，因而具有理想主义色彩，属道德形而上学的范畴。韩非却不然，他更相信道理。所谓道理，在韩非那里，就是自然的情实，用今天比较常用的话说，就是客观实际。他认为世界的本质不在于任何超现实的本体，而

①　《荀子集解·正名》，《诸子集成》本，274 页。

在于如其实在的世界本身，人的本质同样不在于任何道德本体，而在于人的生存本身。所谓人的道理，就是人性，即人的本质。人性的外部表现是情，情也就是道理的真实表现，它的特征仍然是欲求，这与荀子的性情观念几无差异。比如，韩非认为："人情者，有好恶"①，夫安利者就之，危害者去之，此人之情也"②，"好利恶害，夫人之所有也"③。这样的情与荀子所谓的情一样，是恶的人性的表现。那么，接下来的问题是，韩非是否承认人性中还会有道德良知良能呢？

儒家承认人性内部的道德实践的根源，重视伦理道德的仁爱基础，韩非则不然，他虽然说过"子母之性，爱也"④，"夫人情莫不爱其子"⑤，可是单纯的亲子之情乃是出于繁衍种类的需要，非为人类所独有。儒家讲慈爱，更讲孝悌，以仁爱为本，能够推己及人。如果说慈爱多少还受动物本能的支配，那么孝悌却实实在在地属于人类所有。仁的意义不在于爱这种情感本身，而在于它能推己及人。把爱推广到所有人类，这是人之不同于动物的地方，在这个意义上，仁就是同情（sympathy）。由此看来，单纯的生物学上的爱连动物也有，唯同情之爱才是人所独享的本性。儒家所孜孜以求的仁，就是这种人类之爱，他们认为这种爱其实就植根于人性之中。可是这种爱在韩非那里却遭到断然否认。韩非对仁爱孝悌之类的道德观念的批判充斥于今本《韩非子》全书，今引几段较为激烈的言论，以见其思想的特点：

> 人为婴儿也，父母养之简，子长而怨。子盛壮成人，其供养薄，父母怒而诮之。子、父，至亲也，而或谯、或怨者，皆挟相为而不周于为己也。夫卖庸而播耕者，主人费家而美食、调布而求易钱者，非爱庸客也，曰：如是，耕者且深耨者熟耘也。庸客致力而疾耘耕者，尽巧而正畦陌畦畤者，非爱主人也，曰：如是，羹且美

---

① 《韩非子集释·八经》，996页。
② 《韩非子集释·奸劫弑臣》，245页。
③ 《韩非子集释·难二》，840页。
④ 《韩非子集释·八说》，975页。
⑤ 《韩非子集释·难一》，800页。

钱布且易云也。此其养功力，有父子之泽矣，而心调于用者，皆挟自为心也。故人行事施予，以利之为心，则越人易和；以害之为心，则父子离且怨。①

且父母之于子也，产男则相贺，产女则杀之。此俱出父母之怀衽，然男子受贺，女子杀之者，虑其后便、计之长利也。故父母之于子也，犹用计算之心以相待也，而况无父子之泽乎！②

且万乘之主，千乘之君，后妃、夫人、嫡子为太子者，或有欲其君之蚤死者。……唯母为后而子为主，则令无不行，禁无不止，男女之乐不减于先君，而擅万乘不疑，此鸩毒扼昧之所以用也。故《桃左春秋》曰："人主之疾死者不能处半。"人主弗知则乱多资，故曰：利君死者众则人主危。③

这几段文意明白，不必解释。从中可知，人不但性恶，心也是恶的。由于人"皆挟自为心""以利之为心"，不但子女因生活困苦而怨恨父母，因而无从谈起什么孝悌；更有甚者，父母为了利害而竟至残杀亲生骨肉，连慈爱也成了问题；后妃、夫人、太子为了个人利益竟希望丈夫、父亲早死。这哪有半点仁爱可言？比之于禽兽，有过之而无不及。父子夫妻是人间至亲，这种关系尚且以利害相待，更何况其他关系呢！

如果说仅仅承认人情的好利恶害，这与荀子的性恶论相一致，尚不足以与儒家学说完全划清界限，那么肯定人心之恶则在最核心的问题上斩断了与儒家人性学说可能相通的渠道，为法家彻底的性恶说的宫殿奠定了最关键的一块柱石。

那么，是不是说韩非所谓的人性就是兽性，在他的内心世界，人类与禽兽毫无区别了呢？我以为这样看也不合实际。韩非不承认人性中存在天然的道德良知，甚至认为人"皆挟自为心"，皆"以利之为心"，心和性一样，都不能说是善的。但他对心的认识仍有一定保留。他曾明确表

---

① 《韩非子集释·外储说左上·说三》，638～639页。
② 《韩非子集释·六反》，949页。
③ 《韩非子集释·备内》，289～290页。

示："夫智、性也"①，"聪明睿智天也"②。人有智慧的天性，这是一种推理能力，毫无疑问也是人区别于动物的地方。在他看来，人的情即自然本性，是无为的，父子之间、主庸之间，人人为己，本来无法合作，可是由于有聪明睿智之心，人们才能够辨别利害、通晓事理，发现一种合作的方法，满足各自的愿望，由此看来，人心有导致善的可能。

此外，父母与子女、丈夫与妻子本来是人伦至亲，可是他们为了各自的现实利害，心经过周密的计算和权衡，竟能做出杀亲害子、违背天伦的决定，这种"违情"的事例在韩非笔下随处可见，可知这是韩非对人性采取悲观态度的主要原因。韩非云：

> 故王良爱马，越王勾践爱人，为战与驰。医善吮人之伤，含人之血，非骨肉之亲也，利所加也。故舆人成舆则欲人之富贵，匠人成棺则欲人之夭死也，非舆人仁而匠人贼也，人不贵则舆不售，人不死则棺不买，情非憎人也，利在人之死也。③

所谓"爱人""憎人"，并非人性本然，而是计算之心使然。由此，我们可以看到韩非人性思想内的深刻矛盾：人的自然欲望——情和聪明睿智的推理能力——性（心）都是自私为己的，但情是自然的、无为的，心则不然，它具有推理的能力，是一种能动的力量。有时，它可以克服情的盲目性而使人趋向合作，这是人类较其他动物可爱的地方；可是有时，它又会大大超越本能，干出连禽兽也无法做出的罪恶行径来，这又是人较畜类更为可怕的另一面。韩非发现了人类推理能力中的矛盾，目光是敏锐的，但是他又夸大了人性中黑暗的这一面，在人性基础上为君主集权论的形成奠下了第一块铺路石。

(二)对人的本质的认识

如果说人性是指人所具有的诸种属性（attributes）的集合，那么，

---

① 《韩非子集释·显学》，1099 页。
② 《韩非子集释·解老》，349 页。
③ 《韩非子集释·备内》，290 页。

人的本质就指其中使人区别于他物的根本属性(essential nature)。^① 中国的人性善恶之争，是从道德伦理的方面表达的对人的本质的看法。孟子和荀子的人性论虽然出发点不同，但却都是把人的心当作善的源泉，而把情作为恶的根据。他们都承认人性内部善恶对立的事实，他们的道德标准、价值取向也是一致的。或者说，他们事实上都认为人的本质是善的道德良知。

如前所述，孟子承认嗜欲乃是人性的一部分，可是说到人的本质，他却毫不迟疑地认为只有良知、良能才足以当之。他说："人之所以异于禽兽者几希，庶民去之，君子存之。"^②这种异于禽兽的微弱的东西是什么呢？从孟子思想的内容来看，当然是人性中的善端。他曾举例说："舜之居深山之中，与木石居，与鹿豕游，其所以异于深山之野人者几希。及其闻一善言，见一善行，若决江河，沛然莫之能御也。"^③舜居深山，与野人、禽兽几无异处，可是一朝闻道，便欣然向善，其势竟至不可阻挡，这是为什么呢？按照孟子的思想，可以肯定这是因为舜心中的善端未曾泯灭之故。所谓善端，就是恻隐、羞恶、辞让、是非之心，它们是决定人之所以为人的本质。孟子在论述不忍人之心以后，又进一步强调说："由是观之，无恻隐之心，非人也；无羞恶之心，非人也；无辞让之心，非人也；无是非之心，非人也。"^④没有"四端"，竟连做人的资格也丧失了，这恰恰从反面告诉人们，存于人心的善端才是使人区别于禽兽的本质属性。在孟子看来，只有循着善端扩而充之的仁义礼智之教才是使人性之树常青的雨露和阳光；反之，若仅仅满足于"饱食、暖衣、逸居"而背离仁义教化，那样，人群"则近于禽兽"。^⑤ 说近于禽兽，是因为"暖衣""逸居"里面多少还包含着人的努力，人类若连衣物、房屋也抛弃了，那就真的等同于禽兽了。孟子善辩，论辩中常用是否符合人

---

① *The Concept of Man in Early China*，p. viii，p. 15.
② 《孟子正义·离娄章句下》，《诸子集成》本，334页。
③ 《孟子正义·尽心章句上》，《诸子集成》本，531页。
④ 《孟子正义·公孙丑章句上》，《诸子集成》本，138页。
⑤ 《孟子正义·滕文公章句上》，《诸子集成》本，226页。

道作为武器，攻击论敌，著名的辟杨墨就是典型的例子。他说："杨氏为我，是无君也；墨氏兼爱，是无父也。无父无君，是禽兽也。"[1]在孟子心目中，忠孝乃为仁义在臣子身上的具体表现，按照这个逻辑，杨朱不忠，墨翟不孝，违背了仁义道德，因而也就丧失了人性中的本质属性，当然不齿于人类。君子则恰恰相反，"君子所以异于人者，以其存心也。君子以仁存心，以礼存心"[2]。君子居仁行礼，以存心中的善性，当然是人性的楷模。但是，由于人之心中皆有善端，因而都有居仁行义、成为君子圣人的内在根据，正因为这一点，孟子相信"人皆可以为尧舜"[3]。在孟子看来，人是伟大的，因为他能发扬自己本性的善，推己及人，从而成为圣人。

关于孟子的性善论，有着不同的看法，因为涉及方法论问题，所以需要引起注意。美国汉学家葛瑞汉（A. C. Graham）在宋儒那里受到启发。他引用苏轼（1035—1101）的话：

> 昔者孟子以善为性，以为至矣。读《易》而后。知其非也。孟子之于性，盖见其继者而已。夫善，性之效也。孟子不及见性，而见夫性之效，因以所见者为性。[4]

意思是说，孟子把性的效果当作性本身，把效果之善当作本身之善。他又引胡宏的话——"孟子道性善者，难美之词也，不与恶对"——来加强自己的论据，即认为，孟子只说到人性趋向仁义，或把人趋向仁义称作性善，并未说人性本身是否善恶。[5]

葛瑞汉有如此见解，与他对中国哲学的一个特点的认识有关。他认为，中国传统，特别是上古时代的传统里有一种"是"（即如时下所谓的"事实认识"）和"应该"（"价值认识"）一分为二（dichotomy）的倾向，当时

---

[1] 《孟子正义·滕文公章句下》，《诸子集成》本，269页。
[2] 《孟子正义·离娄章句下》，《诸子集成》本，350页。
[3] 《孟子正义·告子章句下》，《诸子集成》本，477页。
[4] 李之亮笺注：《苏轼文集编年笺注》第12册，258页，成都，巴蜀书社，2011。
[5] A. C. Graham, *Studies in Chinese Philosophy and Philosophical Literature*, Albanny, State University of New York，1990，pp. 58-59.

的思想家只取"应该"而舍弃"是",或以"应该"代替"是"。[1] 按照他的逻辑,孟子事实上是把人性向善的趋势(即"应该")当作人性本身的属性(即"是")。他认为,性善论在孟子时代只粗具形态,到了南宋,朱熹用天理贯穿万物,人性作为"是"的范畴,即人性本身是什么的问题才开始触及。[2]

葛瑞汉的见解颇有启发意义,它涉及如何看待中国古代思想的理论深度的问题,不过,若能把"一分为二"换成"合二而一"(duality),或许更符合中国传统的特点。中国古人重视的恰恰是"合",而非"分","二重性"(即此即彼)比"二分性"(非此即彼)更合乎实际。的确,从思维习惯来看,中国思想家,特别是古代思想家并非总是直接展现事物的本体,描述性的论说往往更多一些,而希腊哲学家则不同,他们的论述经常是直触事物的本质(essence)。essence 这个词的希腊文词根即是"是"。正如本论开始时所说,这仍然只是特点的不同,不足以否定中国古典的内在逻辑性。就孟子而言,他的性善论究竟能否成立,这要看从什么意义上说。从内容上看,"良知""良能",本身就具有善的性质;从发展趋势来看,"四端"仿佛种子,蕴藏着未来发展的全部基因。宋代学者从理的角度,发现了人性的本质,为加强性善论的哲学基础做出了贡献,从解释学的意义上说,这个发展不但不能否认孟子的性善说,恰恰相反,倒进一步证明孟子的性善论是完全可以成立的。孟子的所谓"四端",所谓"良知""良能",毫无疑问是人区别于他物的根本属性,也就是人的本质(essence),从这个角度仍然可以说明把性善作为人性的本质特征是可以成立的。就认识的发展过程而言,孟子和宋儒只有程度的不同,没有本质的差异。这种情况同样适用于春秋战国时代其他思想家。

再看荀子,他虽然以性恶立论,却并未认为恶就是人的特有属性。他曾明确写道:"水火有气而无生,草木有生而无知,禽兽有知而无义,

---

[1] *Studies in Chinese Philosophy and Philosophical Literature*,p. 5.

[2] *Studies in Chinese Philosophy and Philosophical Literature*,p. 431.

人有气、有生、有知、亦且有义，故最为天下贵也。"①从这里可以看出，荀子并非像孟子那样，直接肯定人性中的道德本质，人为地将人从自然界中提升出来，而是有意识地强调人是自然界的一部分，是自然进化的最高阶段。从逻辑上讲，人之异于水火草木禽兽，恰恰不在于有气、有生、有知，而在于有义。人何以有义？按义者，宜也。所谓宜，就是应该的意思，也就是适宜的意思。应该、适宜，往往是心的思虑能力在辨别后做出的选择。荀子说："人之所以为人者何已也？曰：以其有辨也"，"辨莫大于分，分莫大于礼，礼莫大于圣王"。②又说："力不若牛，走不若马，而牛马为用，何也？曰：人能群，彼不能群也。人何以能群？曰：分。分何以能行？曰：义。"③上文曾论及，荀子所谓选择源于人心的"虑积"和"能行"的本能，也就是说，义源于人心，是虑和能的结果，也就是伪，伪是人之区别于自然界的本质属性。荀子的逻辑虽然从人性中的自然(天)开始，但着意的目标却是对自然的超越，是人为(人)，他之所以用性恶立论，是因为更深刻地把握住了人性中的矛盾，目的主要是为了在人性里面实现人(伪)定胜天(性恶)的变革，从而为"化性起伪"寻找到实实在在的理论根据和依托。性恶，正是为了化性起伪而设，伪就是义，就是善，而倾向于善正是人的本质属性。至此，又与孟子走到了一起。关于这点，葛瑞汉有相同看法。他认为，荀子和孟子一样，都主张道德能力为人区别于他物的本质特征。④ 孟旦的见解也比较接近。他认为，孟荀相同之处在于，他们都认为人有一种潜能，它与人的行动之间的联系是间接的，但却是绝对的。⑤ 这种潜能就是向善的愿望，虽然动机不同，但愿望和倾向却是一致的。他又认为，是非心指导人们的社会行为，使其天然的社会倾向得以表现，在这点上，孟荀

---

① 《荀子集解·王制》，《诸子集成》本，104 页。
② 《荀子集解·非相》，《诸子集成》本，50 页。
③ 《荀子集解·王制》，《诸子集成》本，104 页。
④ *Studies in Chinese Philosophy and Philosophical Literature*，p. 36.
⑤ *The Concept of Man in Early China*，p. 78.

又是相同的。①

荀子承认心的能动作用(伪)，事实上为道德伦理找到了人学上的根据。但与孟子不同的是，这个理论是建立在性恶论的基础上的，是他自觉地从性恶中挖掘礼义的资源、努力使性恶与礼义在逻辑上相联系的结果。因而，荀子的性恶论存在着深刻的矛盾，揭示这个矛盾或许更有启发意义。

在礼义与性恶的关系上荀子有这样一种逻辑：

> 凡人之欲为善者，为性恶也。夫薄愿厚，恶愿美，狭愿广，贫愿富，贱愿贵，苟无之中者，必求于外；故富而不愿财，贵而不愿势，苟有之中者，必不及于外。用此观之，人之欲为善者，为性恶也。②

荀子似乎是想在心理学的意义上从性恶的前提直接推出善的结论来，其目的不能说不善，但是在逻辑上却犯了以偏概全的错误。生活中时常可见到一些贪得无厌、喜新厌旧的现象，人之已得和他所欲贪的东西、他所喜之新和所厌之旧同出于私欲，不管它们在内容、样式上有什么不同，本质上是相同的。比如，一个人为了虚荣或现实目的的满足而去行善，这虽不能说是坏事，但在本质上与一个人为了私欲而去偷窃并无不同。出于欲望的善举必然是欺世盗名。真正的善应出于同情和怜悯，出于仁。孔子、孟子强调仁，主张从不忍人之心出发，把同情推己及人、扩大到全人类，这样的善与欲望绝了缘，甚至处于对立之中，因此是真正的道德。而荀子以为，人们追求善只是由于他们厌倦了物质的丰富，想要获得新的高级享受，填补精神上的空虚。这后一种思想或行为把行善作为一种奢侈或精神享受，虽然不必批评或反对，但指出它隐含的危险，引导它落到同情之爱的基础上，却是十分必要的。出于欲望的善举与同样出于欲望的恶行之间有着如此本质的联系，因此我们很难说这样

---

① *The Concept of Man in Early China*，p. 81.
② 《荀子集解·性恶》，《诸子集成》本，292 页。

的人性会有什么中流砥柱、独立不阿的伟大品格，很难确信它不会因时势的流转和物欲的膨胀而颓败、而沉沦。谭嗣同批评荀学是乡愿，指出它的无原则的特点，可谓切中了要害。

此外，这段话的逻辑矛盾也是明显的。生活中可能有"苟无之中者，必求于外"和"苟有之中者，必不及于外"的现象，但它们绝不会具有普遍意义，不能一概而论。比如，没有痛苦经历的人是不会有意寻求痛苦的。从逻辑上说，人类既然性恶，就应是贪得无厌，追求感官物欲的无限满足，怎么可能突然扭转方向，因为人性中太多的恶、缺少善而去向往道德之善呢？如果人性中有什么东西能使人做出如此的转变，那么这个东西肯定不会是恶，因为按照恶的逻辑，人们贪得无厌，只能是薄者愿厚、厚者愿更厚。薄、厚、更厚以至无穷，它们只有程度的不同，并无本质的区别。人们之所以能够突然中断这种无穷演进的行程，而选择相反的方向，这不恰恰说明人的内部存在着某种与恶相反的东西吗？（这种东西荀子已经找到，那就是具有"虑"和"能"的本性的心）由此看来，"人之欲为善者，为性恶也"的结论是难以成立的，它与荀子整个思想倾向是矛盾的。①

性恶论的这个矛盾其实是性和心的矛盾在形式逻辑上的表现，如果荀子能够扩大视野，同时考虑心的特点，可能不会犯这个逻辑错误。荀子承认心的能动作用和道德之原，因而相信人能克服自己本性中的恶而与圣人齐、与天地参，他所谓"塗之人可以为禹"②，表明他同样相信人是伟大的。不过，他的性恶论过于强调物欲，甚至把它当作道德的基础，这点对他的学生韩非产生重大影响，是不能不予以正视的。

韩非的人性论断定人性为己，心又为之计算，但是他拒绝对人性或人的本质做抽象的道德评判，只承认物欲是道理在人性上的表现，并把注意力转到历史领域，试图在社会发展的客观环境中认识人的本质属

---

① 参见《关于战国时期的性恶说》，见《华夏文明与传世藏书：中国国际汉学研讨会论文集》，398页。

② 《荀子集解·性恶》，《诸子集成》本，295页。

性。韩非的历史观其实是为他的人性论服务的。[①]

请看韩非的论证：

> 上古之世，人民少而禽兽众，人民不胜禽兽虫蛇，有圣人作，构木为巢以避群害，而民悦之，使王天下，号曰有巢氏。民食果蓏蚌蛤，腥臊恶臭而伤害腹胃，民多疾病，有圣人作，钻燧取火，以化腥臊，而民说之，使王天下，号之曰燧人氏。中古之世，天下大水，而鲧、禹决渎。近古之世，桀、纣暴乱，而汤、武征伐。今有构木钻燧于夏后氏之世者，必为鲧、禹笑矣。有决渎于殷、周之世者，必为汤、武笑矣。然则今有美尧、舜、汤、武、禹之道于当今之世者，必为新圣笑矣。是以圣人不期修古，不法常可，论世之事，因为之备。[②]

这段著名的文字告诉我们，韩非认为历史发展的动力是人民的物质欲望，与此类似的观点在近代曾作为德国哲学的一项重大发现，受到马克思主义经典作家的高度评价。[③] 可见，韩非这段话的意义的确有必要认真加以体会。其中"有圣人作"，乃是指新生势力为解决当时的社会问题应运而生。在韩非看来，历史是进步的，甚至有时是革命的，每个时代都有自己的问题以及解决这些问题的种种设想。"当今之世"由"新圣"主宰，他们要根据目前的形势，实行新的为政措施。那么，当时的主要问题是什么呢？韩非接着写道：

> 古者丈夫不耕，草木之实足食也；妇人不织，禽兽之皮足衣也。不事力而养足，人民少而财有余，故民不争。是以厚赏不行，重罚不用而民自治。今人有五子不为多，子又有五子，大父未死而有二十五孙，是以人民众而货财寡，事力劳而供养薄，故民争，虽

---

① 对此，Burton Watson 有相近的见解。Burton Watson(translated)，*HAN FEI TZU：Basic Writings*，New York and London，Columbia University Press，1964，p. 11.

② 《韩非子集释·五蠹》，1040 页。

③ 参见北京大学哲学系哲学史组编：《马克思、恩格斯、列宁、斯大林论德国古典哲学》，343 页，北京，商务印书馆，1972。

倍赏累罚而不免于乱。①

韩非以为，古时人口稀少，自然资源相对丰足，因而财产有余，不用耕织，即可得到足够的衣食，所以人民不争，当然也就无须乎厚赏重罚。可如今由于人口以几何基数增长，超过了生产的增长速度，财物金钱相形之下便显得短缺，尽管努力劳作，所得仍然不能满足需要，所以人民争夺，纵然倍加厚赏，屡施重罚，仍不免大乱。韩非从人口与财产的关系来看待社会和政治问题，并由此认识人的本质，的确有其犀利独到之处。他在历史的进化中发现了它的退化，进而又发现了人性的退化。他认为，随着历史的发展，人们的"道德"修养却在逐渐衰退，如果把历史发展划分为三个阶段，那么"上古竞于道德，中世逐于智谋，当今争于气力"②，这里的"上古"即三代以前，"中世"似应指三代，"当今"即指春秋战国。由此可见，在韩非看来，在"道德"的不断衰退中，"当今"的主要问题就是人口过剩与财产短缺之间的矛盾，人性状况就是"争于气力"。这段文字甚至暗示，引起"道德"退化的原因不在于人性本身，而在于它赖以存在的客观物质环境的变化。下面的引文更进一步地阐述了这个思想：

> 尧之王天下也，茅茨不翦，采椽不斲，粝粢之食，藜藿之羹，冬日麑裘，夏日葛衣，虽监门之服养，不亏于此矣。禹之王天下也，身执耒臿以为民先，股无胈，胫不生毛，虽臣虏之劳不苦于此矣。以是言之，夫古之让天子者，是去监门之养而离臣虏之劳也，古传天下而不足多也。今之县令，一日身死，子孙累世絜驾，故人重之；是以人之于让也，轻辞古之天子，难去今之县令者，薄厚之实异也。夫山居而谷汲者，膢腊而相遗以水；泽居苦水者，买庸而决窦。故饥岁之春，幼弟不饟；穰岁之秋，疏客必食；非疏骨肉爱过客也，多少之实异也。是以古之易财，非仁也，财多也；今之争

---

① 《韩非子集释·五蠹》，1040～1041 页。
② 《韩非子集释·五蠹》，1042 页。

夺，非鄙也，财寡也；轻辞天子，非高也，势薄也；争土橐，非下也，权重也。故圣人议多少、论薄厚为之政，故罚薄不为慈，诛严不为戾，称俗而行也。故事因于世，而备适于事。①

尧做天子，住的是简陋的茅屋，吃的是粗米蔬菜，穿的是兽皮麻布，连后世看门的仆役都不如；大禹做天子，亲执工具，走在民众的前面，终生劬劳，以致腿上不生毫毛，奴隶的劳苦也不过如此。他们辞让天子之位，简直是逃脱繁重的苦役，这种“道德”，在后世看来，实在不是出于本性的良善，因而算不得什么。再看后世的县令，一旦身死，子孙后代世世享受乘车之便，所以为人看重。可见，所谓“道德”不“道德”不在人性自身，而在于利害大小的不同。比如居住在山里的人以水为珍贵，节日期间相互馈赠；而居住在泽畔的人又以水为祸患，不惜雇工排放。同样的东西，因地点不同而价值不同。饥年之春，青黄不接，即使是幼小的弟弟，也不让食物给他；丰年之秋，五谷登场，过客也可留食。这并非人性疏远亲人，亲爱过客，而是粮食多少决定的。总而言之，古人看轻财物，是由于财物太多，并非人性的仁慈；今人争夺，是由于财物太少，并非人性的鄙恶。这样看来，韩非的人性观与 20 世纪的所谓环境论（contextualism）有相似之处，这种观点不承认人性天生具有善恶的抽象的道德性质，而只认为人性的状况须由它所处的环境来决定，即不承认抽象的人性，只承认具体的人性。② 不同的是，韩非的人性论是动态的、历史的，他承认人有智慧的天性，却不承认其中有任何先天的道德内容，仿佛一座空荡的房屋，不同的时候任由不同的过客居留。黄帝之学把心比作房屋，称“心舍”③，韩非大概受此影响。他所谓“上古竞于道德，中世逐于智谋，当今争于气力。”④（《八说》作“古人亟于德，中世

---

① 《韩非子集释·五蠹》，1041 页。
② William Outhwaite and Tom Bottomore, et al. *The Blackwell Dictionary of Twentieth-Century Social Thought*, Oxford, Blackwell Publishers, 1994, p. 268.
③ 参见《心术上》《内业》，见《管子注译》下册，2、4、6、8 页。
④ 《韩非子集释·五蠹》，1042 页。

逐于智，当今争于力。"①）外界形势变了，心的抉择也要变化。这也是
一种理性能力，只不过，它的内容不是天然的道德实践，而是随时间、
地点、条件为转移的东西。"道德"的时代为"道德"，禽兽的时代为禽
兽。如果承认环境是人性的最后根据，并以此作为行动的准则，人类就
势必要丧失人性里面那中流砥柱的伟大的能动性，而成为随波逐流的芸
芸众生；或者说，人类将丢掉其顶天立地的伟大品格而变得庸庸碌碌、
卑鄙龌龊。由此可见，这种人性观虽然貌似客观和科学，其实具有极大
的危险，韩非的非道德主义直接以此为逻辑前提。

韩非的人性论看来像是环境论，那么，它究竟属于性善论呢，还是
性恶论呢？学界对此有不同的理解。过去，学者一般都同意"法家多以
为人之性恶。韩非为荀子弟子，对于此点，尤有明显之主张"②。应该
承认，所谓人性善恶是儒家的论题，有着特定的内涵，凡承认良知、良
能为人性之决定因素者即为性善论，孟子为其巨擘；凡承认好利疾恶为
逻辑上之最初本质者即为性恶论，荀子为其代表。"韩非以为天下之人，
皆自私自利，'皆挟自为心'，互'用计算之心以相待'。"③按照性善性恶
的既定内涵来理解，当然是性恶论，这是毫无疑问的。不过，这种看法
可能掩盖了韩非本人对待人性善恶的态度，而这个态度，在与他的政治
主张的关系上并非无关紧要的（对此，下文将详论之）。

有学者看到了这个危险，对上述观点提出疑问，并指出：韩非从来
"没有说过'自为'的人性是恶的。如果认为这就是性恶论，那么试问：
这是韩非的观点，还是我们根据某种观点对韩非的观点所作的评论？"这
派人士根据韩非的态度，认为"韩非的人性论既不是性善论，也不是性
恶论，而是无善无恶的自然人性论"。它与前期法家和告子的道家人性
论有关。④

这种提法当然是有一定道理的。但是，假如据此便认为"和他的自

① 《韩非子集释·八说》，974 页。
② 《中国哲学史》，398 页。
③ 《中国哲学史》，399 页。
④ 张申：《韩非是性恶论者吗？》，载《吉林师大学报（社会科学）》，1979(3)。

然人性论相适应，韩非主张后天道德论"①，那就失之偏颇了。究其原因，在于这派人士没有意识到所谓"自然人性论"还有着深刻的内在矛盾。比如，《五蠹》的论证就存在一个严重的逻辑矛盾，反映了环境论人性观的理论贫乏。韩非所谓尧、禹辞让天子之位是由于他们厌恶劳苦，"今人"看重县令之位是因为贪其厚利，可是按照环境论的逻辑，人性应该像白布，有什么样的环境就会浸染上什么样的色彩，"今人"贪重县令之厚利，这是符合环境的人性表现，但是尧和禹的所作所为与环境却是矛盾的。按照环境论的逻辑，既然他们所处的是财产有余、竞于"道德"的时代，那么就该当仁不让，乐于吃苦耐劳才是，怎么会厌恶劳苦、逃避责任呢？难道为了竞于谦让的美德，就有理由违背吃苦耐劳、舍己为人的道德吗？但如果谦让不是出于内在的良知，而是出于利害的计算，那么这样的谦让又怎么能和推卸责任、嫁祸于人、以邻为壑，或者欺世盗名等不道德的行为区别开来呢？如果谦让是出于计算之心，人们又怎么能相信道德是环境的产物而不是计算之心使然呢？道德不道德需要由物质财富的多寡来决定，这不恰恰说明人的贪欲和计算之心才是最后的根源吗？所谓环境论，说的是人性随时间、地点、条件的变化而变化，可是变化的动机不就是深藏于人类灵魂中好利恶害的物欲之性和计算之心吗？人类若没有独立于环境的善的道德力量，而只有追求满足的物欲和审时度势的历史理性，这不恰恰说明这样的人性论才是彻底的性恶论吗？荀子虽然承认人的欲望（恶）导致道德（善），认为人性是恶的，但是他仍然相信人心是善的，心的辨别是非的能力是克服人性之恶、改恶从善，使"涂之人可以为禹"的内在根据。韩非虽然未从道德观念上对人性做善恶的评判，但是他认为人的内部除了物欲，就只有计算之心，用他的话说，人性只是人情，人心也只是"以利之为心"的。这种人性论剔除了荀子人性论中的善的因素，不论站在哪家的立场上，都可以肯定它才是真正的性恶论。

总之，对待韩非的人性论，我们既要指出其貌似环境论的一面，由

---

① 《韩非是性恶论者吗?》。

此可以理解他为什么采取了一种非道德化的态度，以便正确认识其非先天道德论的特点；又要指出其中的矛盾，揭示出性恶论的实质，以防止偏离方向，误认他的人性论是所谓"后天道德论"。必须明确，韩非的人性论既不承认先天道德，也不承认后天道德，它只强调环境不同，人性的表现不同，如此而已。

当然，这种理解不是韩非自己能做到的，他甚至不曾意识到自己的人性论中隐藏着如此深刻的矛盾，他所能够做到的，只是不承认性恶，因为他知道，凡恶必有善，承认某物为恶，自然是要树立某种善，这样做会导致对自然性的否定，最终回归道德主义的范畴，这与他的初衷是相违背的。所以他只强调环境论，而不做善恶的讨论，这说明他虽受荀子的影响，但主观上却努力转向道家的自然主义，在政治实践上，他的这种观点当然最适合于王权强化的需要。

韩非坚持认为，即使人性看起来有什么变化，决定这种变化的也绝不会是它自身的内在根据，而只能是某种外部力量。他相信，人的本质不在于他自己，而在于他生活于其中的环境，在于历史的发展、变化之中，有什么样的客观环境，就会有什么样的人性，有什么样的统治秩序，就会有什么样的民众，有什么样的君主，就会有什么样的臣民。至此，我们才可明白，韩非之所以强调环境的重要，其政治上的用意在于说明人是渺小的，他只是一个自在的躯壳，需要外物的填充和外力的主宰，这个外力，就是他的法、术、势循环互补的王权。

(三)对人性与法、术、势之关系的认识

性恶之需要法治，在儒家那里就有所表现。前面曾提到，孔子、孟子在树立仁学和仁政的论点时，并未忘记法治的必要性，他们知道仁并非多数人所能理解和做到。大众的人性泯没在日常琐碎的物欲当中，难免为恶，所以需要法律刑政以辅德治。到了荀子，性恶与法治之关系得到明确的承认，他说：

> 人之性恶，故古者圣人以人之性恶，以为偏险而不正，悖乱而不治，故为之立君上之势以临之，明礼义以化之，起法正以治之，

重刑罚以禁之，使天下皆出于治，合于善也。①

因为人性恶，所以"圣人"设立君主之势也就是王权，用礼义法正（政）刑罚统治并压迫，使人民趋向于善。这里，虽承认性恶，但对人之可以改恶从善仍有信心，所以尽管主张用刑罚禁止其恶，却没有改变儒家礼义教化为主、刑政法度为辅的格局。

韩非的人性观中剔除了善的因素，因而礼义自然也就随之失去存在的价值和余地，剩下的只有所谓法政刑罚，这些在孔子看来都是使人"免而无耻"的。

在韩非那里，法、术、势之所以能够结合起来，是由于它们都以人性的盲目性及自在状态为基础。刑德（赏）二柄是法、术、势之间的连接物，法以刑德（赏）为处置手段，术以刑德为实施基础，势以刑德为必要条件，而刑德二柄恰恰是针对"人情"而设的。诚如韩非所言："（明主）设民所欲以求其功，故为爵禄以劝之；设民所恶以禁其奸，故为刑罚以威之"②，"凡治天下，必因人情。人情者，有好恶，故赏罚可用；赏罚可用则禁令可立而治道具矣"③。人情有好恶，而心又为之计算利害，这不但是法、术、势循环互补的王权针对的目标，也是它可以利用的资源和基础。由此，似乎可以理解为什么韩非尽管把人的本质归结为自私自利，却仍然不愿承认性恶的原因了。

在韩非心目中，人情为己是强化王权的基础，因此必然要加以鼓励和培植，以便把无数自私自利的"小我"吸引并规范到王权的"大我"之下，任其驱驰。耕战政策就是一个典型。韩非认为，人情莫不好富贵而恶贫贱，"夫耕之用力也劳，而民为之者，曰：可得以富也。战之为事也危，而民为之者，曰：可得以贵也"④。统治者要"掌好恶以御民力"⑤，

---

① 《荀子集解·性恶》，《诸子集成》本，293页。
② 《韩非子集释·难一》，800页。
③ 《韩非子集释·八经》，996页。
④ 《韩非子集释·五蠹》，1067页。
⑤ 《韩非子集释·制分》，1141页。

因势利导，实行奖励耕战的政策，使人民"以力得富，以事致贵"①，这样才会服服帖帖，成为王权下的顺民。反之，若"使人不衣不食而不饥不寒，又不恶死，则无事上之意。意欲不宰于君，则不可使也"②。人若没有欲望，君主就会失去控制的把柄，正如韩非讲述的驯乌的故事那样。驯乌之法，必须断其下翎，使它"必待人而食"，这样才会驯服。"夫明主畜臣亦然，令臣不得不利君之禄，不得无服上之名；夫利君之禄，服上之名，焉得不服？"③对于那些不畏强暴、蔑视利欲者，则只有以法、术、势严加制裁。韩非把杨朱派道家出世之流叫作"轻物重生之士"，认为是王权的大敌。他说："今上尊贵轻物重生之士、而索民之出死而重殉上事，不可得也。"④他还列举了古代传说中的许由、卞随、伯夷、叔齐等 12 人，批评道："此十二人者，皆上见利不喜，下临难不恐，或与之天下而不取，有萃辱之名，则不乐食谷之利。夫见利不喜，上虽厚赏无以劝之；临难不恐，上虽严刑无以威之；此之谓不令之民也。……有民如此，先古圣王皆不能臣，当今之世，将安用之？"⑤正因如此，鼓励自私自利，反对高尚品德，就成了韩非思想的一大特点。

那么，是不是说在韩非那里人性中自私为己、计算利害的本能可以不受限制，任其膨胀、发展呢？当然不会的。在他看来，人性只能以君主的意志为原则，必须受王权的规范和限制，破坏君主利益的欲念是绝对不允许的。他说："饕贪而无厌，近利而好得者，可亡也。喜淫而不周于法……可亡也……"⑥超越君主许可的限度，欲望多了可以引起亡国之祸。此外，他还从个人修身的角度提出了节制欲望的主张："人有欲则计会乱，计会乱而有欲甚，有欲甚则邪心胜，邪心胜则事经绝，事经绝则祸难生。由是观之，祸难生于邪心，邪心诱于可欲。可欲之类，

---

① 《韩非子集释·六反》，952 页。
② 《韩非子集释·八说》，976 页。
③ 《韩非子集释·外储说右上·说一》，726～727 页。
④ 《韩非子集释·显学》，1090 页。
⑤ 《韩非子集释·说疑》，917～918 页。
⑥ 《韩非子集释·亡徵》，267 页。

进则教良民为奸，退则令善人有祸。奸起则上侵弱君，祸至则民人多伤。……大罪也。故曰：'祸莫大于可欲。'"①可酝酿成大祸的根据就在于它诱使人们萌生奸心，上侵君主，这样既威胁王权，更有祸于百姓，当然是要不得的。正是在这个意义上，韩非才提出"任理去欲，举事有道"②的主张。由此，我们也清楚地看到韩非为什么不可能把人的本质归结为善的原因了。

前面说过，韩非承认智慧在人性中的地位，在他心目中，人是智力动物，是有计算之心的动物，也就是说，人具有推理能力，这种推理能力虽然有时会突破自然的限度，做出违背道德的恶行来，但它也有认清利害，促成合作，使行为符合社会、政治规范的一面，因而又具有一定的理性的因素。这种具有一定理性因素的智慧与王权又是什么关系呢？首先应该明确，和对待其他一切事物一样，韩非也是把智慧当成自然资源，主张加以利用的，但同时他又要求把它纳入王权统治秩序的轨道。他说：

> 明君之道，使智者尽其虑，而君因以断事，故君不穷于智；贤者敕其材，君因而任之，故君不穷于能；有功则君有其贤，有过则臣任其罪，故君不穷于名。是故不贤而为贤者师，不智而为智者正。臣有其劳，君有其成功。③

韩非曾宣称"上君尽人之智"④，最优秀的君主是懂得发挥臣下智谋的；同时，"明主使其群臣不游意于法之外"⑤，即不让臣下越过法的限制。那么，韩非对智慧的这种态度算不算对人性的尊重呢？回答仍然是否定的。他曾说过："夫物者有所宜，材者有所施，各处其宜，故上下无为。使鸡司夜，令狸执鼠，皆用其能，上乃无事。"⑥君主并非把臣下

---

① 《韩非子集释·解老》，361 页。
② 《韩非子集释·南面》，298 页。
③ 《韩非子集释·主道》，67 页。
④ 《韩非子集释·八经》，1001 页。
⑤ 《韩非子集释·有度》，88 页。
⑥ 《韩非子集释·扬权》，121 页。

当作平等的人类看待，而是像对待司夜之鸡、捕鼠之猫那样，把他们当成了工具。他多次把君主与臣下的关系说成"畜臣"，即把臣子当成牲畜一样豢养、驯服和驱使，他的所谓"主道"，其实就是"豢养术""驯服术"和"驾御术"，所以他只重视传授如何做主子，对于国务、政事却不屑顾及，这就是为什么他的法治学说总是有名无实的又一个原因。总之，韩非是把臣民当成了有智力的工具。

退一步说，即使我们承认韩非的所谓人类智慧中包含着某种善的趋势，那么也不能认为个别开明君主对它的礼遇具有尊重人性的性质。人性一旦落入某个外在权威设下的法网，就必然要丧失自我，走向反面。在韩非眼里，人性是环境的产物，它既不是独立的，也不是自由的，具有如此人性的人在环境面前、在历史面前，只能像动物一样，成为被动的适应者，而这，正是王权强化所需要的。至此，我们看到，韩非在人类推理能力上给人性留下的那么一丁点余地，又被他的政治实用主义无情地践踏了，剩下的，就只有对人类精神自由的赤裸裸的挞伐。

韩非对人类精神的贬低和批判充斥于字里行间，这里选取比较典型的"愚民"思想略做分析。

韩非出于强化王权的政治目的，主张对人的精神采取严厉压制的做法，他说：

> 古者黔首悗密（悗密，谓忘情而静谧也。采孙诒让说）蠢愚，故可以虚名取也。今民儇诇（即慧察之意。采陈奇猷说）智慧，欲自用，不听上，上必且劝之以赏然后可进，又且畏之以罚然后不敢退。[1]

古人纯朴自然，故可以用荣誉来激励和引导，"今民"聪明狡诈，非赏罚不足以治之。所谓"欲自用，不听上"，其实是自由精神的觉醒。在春秋战国时代，这种觉醒与私学的兴起、教育的发达有关，对此，韩非也有

---

[1] 《韩非子集释·忠孝》，1109 页。

清楚的认识。他说："凡乱上反世者，常士有二心私学者也。"①所以，他告诫君王既要懂得如何禁止这种独立于君主意志之外的"二心"，又要了解杜绝"私学"的重要性：

> 是故禁奸之法，太上禁其心，其次禁其言，其次禁其事。今世皆曰'尊主安国者，必以仁义智能'，而不知卑主危国者之必以仁义智能也。故有道之主，远仁义，去智能，服之以法。②

这里的"仁义""智能"，虽然不一定与君主的利益相冲突，但是它们毕竟包含着自由的精神，与君主集权是不相容的。韩非幻想的政治秩序是君主集权的统治，他的理想国是这样的：

> 故明主之国，无书简之文，以法为教；无先王之语，以吏为师……是境内之民，其言谈者必轨于法，动作者归之于功，为勇者尽之于军。③

在这样的理想国家，最好的臣民应是这样的：

> 贤者之为人臣，北面委质，无有二心，朝廷不敢辞贱，军旅不敢辞难，顺上之为，从主之法，虚心以待令而无是非也。故有口不以私言，有目不以私视，而上尽制之。为人臣者，譬之若手，上以修头，下以修足，清暖寒热，不得不救，入，镆铘傅体，不敢弗搏。④

把这种了无自我意识的驯服工具誉为"公民"（"公家"之民），这就是韩非愚民思想的最画龙点睛的一笔。这样的"公民"既不是春秋以上的"国人"，更不同于希腊城邦时代的 citizens，这两种人在政治上都有一定的自主身份和独立地位，韩非的"公民"其实是王权之下的奴仆。

---

① 《韩非子集释·诡使》，946 页。
② 《韩非子集释·说疑》，913～914 页。
③ 《韩非子集释·五蠹》，1067 页。
④ 《韩非子集释·有度》，87 页。

不过，韩非的理想毕竟太高，超过了历史许可的限度，很难在真实的生活中兑现。当时，集权国家已经建立，但私家依然存在，他们无时无刻不在扩充实力，与公家争夺人口和财富，他们必然要在思想意识上维护自己的地位和尊严，与日益强化的王权抗衡，甚至与强化王权思想统治的愚民主张发生冲突，因为在王权治下，他们也是臣民，但他们绝不愿堕落为有欲无知的群氓。韩非的思想免不了经常受到来自各方的攻讦和抨击，正说明这种对立的存在。

韩非曾抱怨道："寡闻从令，全法之民也，而世少之曰朴陋之民也。……嘉厚纯粹，整谷①之民也，而世少之曰愚戆之民也。"②可见，"愚民"竟是时人讥评之语，对此，韩非倒有些嗛嗛于心哩。

韩非主张禁绝独立于王权的"仁义"（贤）和"智能"（智），这是他的愚民思想的实质，表明它一方面受老子影响，另一方面又不同于老子。老子主张"愚人之心"，"虚其心，实其腹，弱其志，强其骨"③，"为腹不为目"④。让人成为头脑简单、体格强健的自然人。老子反对一切文明成果，幻想回到"小国寡民"的自然状态。韩非从老子那里接受了愚民的思想，却并不一般地反对文明和文化成果，他只是主张禁止那些与王权相抗衡的思想和行为，这在秦始皇、李斯焚书时得到了生动的体现。当时下令焚烧的有各国史记、百家语，这些书能够唤起故国情思，激发独立思考，当然不容于统一集权的秦王朝；而对"医药、卜筮、种树之书"以及秦国史书⑤则予以保留，秦国史书可作为政治教化、思想统治的资料，而医药、卜筮、农艺之书则满足日用所需，当然可以保留；至于官府里的法律文书则更是不能销毁的。由此可见，韩非的愚民思想一方面是压制、清除与王权冲突的文化，另一方面则是对王权所需的文明成果予以保护。韩非不可能同意逃脱现实政治、回归自然的真正的愚民，他

---

① 即端正惇愨之意。采刘师培说。
② 《韩非子集释·六反》，948 页。
③ 《老子道德经》，《诸子集成》本，2 页。
④ 《老子道德经》，《诸子集成》本，6 页。
⑤ 《史记·秦始皇本纪》，255 页。

知道，那样便会纵容"轻物重生之士"，壮大"不令之民"的队伍，与王权相抵触。可见，他的愚民与老子的愚民有所不同。后者是要人们挣脱传统社会虚伪伦理的羁绊、逃避现实政治残酷斗争的灾难，重新成为自由的自然人，因而多少带有一些解放的意味，而韩非的愚民思想。虽然也有反对传统道德、挣脱旧礼制束缚的意义，但更主要的却是要人们在现实政治权力的压制下，放弃自我意识和自由精神，成为听任王权摆布和驱使的驯服工具，因而带有更浓厚的奴役的色彩。

前面曾经谈到，法、术、势是有矛盾的，它们之所以能结合起来，除了在本质上都是强化王权的手段以外，还因为它们都以"不上贤"作为自己的原则，而"不上贤"恰恰源于对人性的否定态度之上，这就是韩非的人性论与他的法、术、势循环互补的政治思想的关系。韩非的"不上贤"显然也是受到老子的启发，但是老子主张"不尚贤，使民不争"①，目的是"使民无知无欲"，吐净浸淫心灵的文化苦水，返璞归真，回到原始的自由天地。韩非的"不上贤"却仅仅反对违背王权的仁义道德，对于任何逃避现实政治的企图和行为却从未主张宽赦，其目的和他的愚民思想一样，在于使人成为甘心接受王权压迫的社会人、政治人，两种不上贤有着原则的区别。

(四)与墨子、商君性恶说的关系

韩非曾深有感慨地写道："人主之患在于信人，信人则制于人"②，"今天下无一伯夷，而奸人不绝世，故立法度量"③。从这里不难看出，韩非在骨子里是相信人性恶的，他的环境论所依据的，就是性恶的前提，这种性恶说除了与荀子的性恶说有一定关系外，更与墨子和商君学派的性恶说有着直接的联系，从中可以进一步看清韩非人性思想的特点。

郭沫若曾指出韩非思想与墨子"通了婚姻"，他所指的主要是墨子的

---

① 《老子道德经》，《诸子集成》本，2页。
② 《韩非子集释·备内》，289页。
③ 《韩非子集释·守道》，492页。

尚同集权、层层监视与韩非的强化王权和多设耳目的相通之处。其实，所谓"通了婚姻"，首先要有当事的双方，而双方必须是相异的，唯其不同，方才可以通婚。这就是和而不同。在性恶说上，韩非与墨子之学同样有一个和而不同的问题。

墨子的性恶说是这样表述的：

> 古者民始生，未有刑政之时，盖其语人异义，是以一人则一义，二人则二义，十人则十义。其人兹众，其所谓义者亦兹众。是以人是其义，以非人之义，故交相非也。是以内者父子兄弟作怨恶，离散不能相和合；天下之百姓皆以水火毒药相亏害，至有余力不能以相劳，腐朽余财不以相分，隐匿良道不以相教。天下之乱，若禽兽然。①

与《尚同中》首所记内容相同。墨子描绘了一幅人类原始状态的可怕图画，它与韩非的"上古之世"略有不同。"上古之世"强调的是人与自然的矛盾，所谓"人民少而禽兽众，人民不胜禽兽虫蛇"，"民食果蓏蚌蛤，腥臊恶臭，而伤害腹胃，民多疾病"，这个矛盾到了"中古之世""天下大水"时依然存在。在韩非心目中，人类的生存斗争是历史进步的基础，欲望是社会前进的动力。从这个意义说，尽管人性是恶的，可是它却导致了人类团结起来与自然抗争：一方面是"上古竞于道德"，由于财产关系简单、财富的相对充足，人类相互间并未形成尖锐的冲突和斗争；另一方面是产生了"有巢氏""燧人氏""鲧禹"这些英雄人物，他们团结人民、领导人民同自然展开了英勇的斗争，在这场斗争中，社会、民族得以生存和发展。韩非对原始状态的性恶所持的态度不是单纯的批判，而是一种听任自然发展的历史主义。

墨子则不同，他一上来就摆出救世主的架势，对人性之恶采取了一种严厉批判的态度，直至把"原始状态"说成"若禽兽然"的可怕境地，较之韩非的"上古之世"多了几分臆想成分，少了几分历史感，与霍布斯

---

① 《墨子间诂·尚同上》，《诸子集成》本，44 页。

(Thomas Hobbes，1588—1679)所描述的"自然状态"(the state of na-
ture)相近。

墨子、韩非对人类原始状态的不同看法与他们的政治主张有直接关
系。和霍布斯一样，墨子认为人性自私，需要权力的统治，所以主张尚
同，这在韩非思想中也是可以接受的。不同的是，墨子认为要从根本上
解决问题，单从政治上考虑就不够了，还不能不考虑兼爱，只有在人与
人之间实现了兼相爱，才能在政治上实现非攻，从而消弭战乱，彻底免
除人类的伤亡和苦难。这就产生了一个问题，既然人的本性为恶，那么
兼爱由何而生？墨子无法在人性中找到根据，只好祈求天志鬼神，把兼
爱外化为一种宗教之爱。在他看来，天无差别地兼爱世人，人们自然应
该像天那样互相兼爱了。[①]韩非同样不承认人性中有道德实践的内在根
据，不同的是他甚至不承认宇宙间有爱这回事，这与他"归本黄老""原
于道德之意"有关。老子的天道观标榜自然无为，否认神的终极地位，
他说："天地不仁，以万物为刍狗，圣人不仁，以百姓为刍狗"[②]，宇宙
的本体就是存在本身，它没有人格，当然就没有爱。韩非的道理说即源
于此，这是他的性恶说不同于墨子的地方。

不过，韩非关于人性善恶的环境决定论承认在某个特定的条件下人
性可以表现出"道德"的特征，如"上古竞于道德"，可是这种"道德"却并
非出于心灵之爱，而是出于时势的需要和利害的计较，人在竞于"道德"
的时候并没有丝毫的主体自觉和内心感动，并未获得一丝良心的安慰和
平静，仿佛在外力驱使下被动地完成了一项任务，仍然是那样的沉重、
那样的晦暗，在这点上，墨子的兼爱说也有一致之处。兼爱既然是天志
的道德命令(a moral imperative)，因而也就成了必须完成的一种外在任
务，就像偿还某种额外的债务，行动上做了，却总感觉不是出于主观情
愿。与孔子倡导的仁爱比较起来，韩非和墨子的道德观都显得缺少人性

① 参见《关于战国时期的性恶说》，见《华夏文明与传世藏书：中国国际汉学研讨会论文
集》，393 页。

② 《老子道德经》，《诸子集成》本，3 页。

自觉的基础和根据。孔子承认人性自身的道德因素，所以才有"为仁由己，而由人乎哉"，"仁远乎哉？我欲仁，斯仁至矣"的自由感。朱子注云："仁者，心之德，非在外也。"①可谓得其精髓。

当然，墨子要求人们服从天志，看起来似乎玄远神秘，不切实际，不如儒家仁学那样具有人道色彩，可是在我们看来，"天志"无非是人志的异化，它虽然戴上了宗教的神圣光环，其实却是人类之爱的折射，只不过这爱是抽象的罢了。墨子提出人性恶，正是因为他有一个普遍之爱的理想和渴望。韩非既不承认有爱，也不承认有恶，不论是人性，还是天命、鬼神，都被他还原为自然，一切都是那样的混沌、那样的盲目，这正说明他对人类的道德良知已经彻底绝望，两相比较，后者的悲观情绪更为强烈，政治高压也更为严重。

韩非的性恶说受到墨子的一定影响，但两者又有着重大区别。已如上述，那么，它与商君学派又有什么关系呢？

首先，韩非的"因情"的主张来自商鞅学派。《商君书》云："人君②而有好恶，故民可治也。人君不可以不审好恶。好恶者，赏罚之本也。夫人情好爵禄而恶刑罚，人君设二者以御民之志，而立所欲焉。夫民力尽而爵随之，功立而赏随之，人君能使其民信于此如明日月，则兵无敌矣。"③又云："故法不察民之情而立之，则不成。治宜于时而行之，则不干〔扞〕。"④显然是韩非《八经》中的"因情论"的思想渊源。

其次，与墨子和韩非相较，商君学派恰好处于中间，其思想因而显得杂而不纯、矛盾冲突，具有过渡的特征。且看他描绘的原始状态：

> 天地设而民生之，当此之时也，民知其母而不知其父，其道亲亲而爱私。亲亲则别，爱私则险，民众，而以别险为务，则民乱。当此时也，民务胜而力征，务胜则争，力征则讼，讼而无正，则莫

---

① 《论语正义·颜渊》，《诸子集成》本，262 页。
② 陶鸿庆认为"人君"当作"人生"。
③ 《商君书注译·错法》，226～227 页。
④ 《商君书注译·壹言》，215 页。

得其性也。故贤者立中正，设无私，而民说仁。当此时也，亲亲废，上贤立矣。凡仁者以爱〔利〕为务，而贤者以相出〔屈〕为道。民众而无制，久而相出为道，则有〔又〕乱。故圣人承之，作为土地货财男女之分。分定而无制，不可，故立禁。禁立而莫之司，不可，故立官。官设而莫之一，不可，故立君。既立君，则上贤废而贵贵立矣。然则，上世亲亲而爱私，中世上贤而说仁，下世贵贵而尊官。上贤者以道相出也，而立君者使贤无用也。亲亲者以私为道也，而中正者使私无行也。此三者(指仁、贤、君)非事相反也，民道弊而所重易也，世事变而行道异也。……三代异势，而皆可以王。故兴王有道，而持之异理……古之民朴以厚。今之民巧以伪。故效于古者，先德而治。效于今者，前刑而法。……古者，民蒙生而群处，乱，故求有上也。[1]

　　昔者昊英之世，以伐木杀兽，人民少而木兽多。黄帝之世，不麛不卵，官无供备之民，死不得用椁。事不同，皆王者，时异也。神农之世，男耕而食，妇织而衣，刑政不用而治，甲兵不起而王。神农既没，以强胜弱，以众暴寡，故黄帝作为君臣上下之义，父子兄弟之礼，夫妇妃匹之合，内行刀锯，外用甲兵。故时变也。由此观之，神农非高于黄帝也，然其名尊者，以适于时也。[2]

　　古者未有君臣上下之时，民乱而不治。是以圣人列贵贱，制爵位，主名号，以别君臣上下之义。地广，民众，万物多，故分五官而守之。民众而奸邪生，故立法制、为度量，以禁之。是故有君臣之义、五官之分、法制之禁。不可不慎也。[3]

我之所以不惮其烦，引述三段议论，是为了更清晰地展示商君学派关于原始状态的观点。商君学派与墨家有其相通之处，这就是把原始状态描

---

　　[1]　《商君书注译·开塞》，182~184、192、194、201 页。高亨曰："蓁即丛之异文。"

　　[2]　《商君书注译·画策》，372~373 页。高亨引朱师辙《商君书解诂》云："《说文》：'麛(音迷)，鹿子也。'此处麛卵都用作动词，言不猎小兽。不取鸟卵，以使鸟兽繁殖。作者认为黄帝时代，鸟兽已经稀少，其实不然。"

　　[3]　《商君书注译·君臣》，476 页。

绘成人人为私、争讼不已、民乱不治的可怕图景。他们认为"上世亲亲而爱私","中世上贤而说仁",上世即原始状态,中世是对上世的否定,或扬弃。惩于上世的混乱,"是以圣人列贵贱、制爵位、立名号,以制君臣上下之义","立法制、为度量以禁之,是故有君臣之义",这种政治权力起源论又与荀子礼制起源论有共同之处。可见法家与儒墨并非泾渭分明,毫不相关的。

这几段中又自有一套理论,预示着新的发展趋势,即认为"古之民朴以厚,今之民巧以伪,故效于古者,先德而治,效于今者,前刑而法";神农以前"人民少而木兽多","刑政不用而治,甲兵不起而王";神农之后,"以强胜弱、以众暴寡",因此,"黄帝作为君臣上下之义,父子兄弟之礼,夫妇妃匹之合,内行刀锯,外用甲兵"。可见,在神农以前的原始时代,人与自然的矛盾为主,人民纯朴敦厚。后来,道德衰败,混乱频起,人心机巧诈伪,因此需要礼法以制之。显然,这个观点才是韩非《五蠹》之源,它与前面那个观点的差异表明商君之学正处于过渡状态,具有兼容的特点。墨子、荀子强调原始状态的可怕,人心的蒙昧,是为兼爱尚同和隆礼重法寻找逻辑前提,商君倡法治,与墨子尚同、荀子重法相通,自然也可以接受两家关于原始状态的观点;另外,又不满意于儒、墨两家的观点,以为把恶作为原始状态的标志,就等于把它当作斗争的目标,这就给兼爱和隆礼留下余地;也可能因为他们意识到承认原始状态的恶其实就等于把"今世"也否定了,因为那样的恶正是"当今"君王们着意保护和培植的东西。因此他们试图寻找到一种新的解释,既能堵住兼爱、尚礼的出路,又能自然而然地过渡到法治上来,第二种观点就是他们的发现。其特点是历史进化和道德退化的统一。历史进化是按阶段进行的,"当今"已经进入法治阶段;同样,道德退化也是按阶段进行的,"当今"又是机巧诈伪的时代,墨、儒尚贤隆礼已经过时,无法应付"当今"的严峻形势,只有法治适合新时代的需要,应运而生,足以担负起治理天下的重任。商君学派的这个观点虽然也具有强烈的政治功利性,但却更具有历史感,思想也更为深刻,这种进化和退化相统一的矛盾的历史观显然为韩非提供了一个新的思路。到了韩非这里，它所为之服务的，已不仅是单纯的法治，而是法、术、势结合的新的王权统治了。

（五）与古代印度、希腊人性思想之比较

公元前8—前3世纪，和春秋战国时代的中国一样，古代印度和希腊也经历了一次人类精神觉醒，在那次觉醒中，那里的哲人们对人和人性问题也发表了别具一格的见解，为人类精神文化的宝库做出了特殊的贡献。把它与中国的人性思想进行比较，不论对于认识韩非人性思想，还是理解印度和希腊文化在人学上的成就，都是有益的。

婆罗门教在古代印度文化中一直占据主导地位，它认为"梵我一致"，现实的人乃无常的幻象，灵魂与"神我"、与梵天一致，人不具有独立的人性而只是梵性的体现，印度最古老的《梨俱吠陀》(*Rig Veda*，X，90)和后来的《摩奴法论》(*The Laws of Manu*，Ch. I，31)都认为人生而为不同种姓，这种区别来自他们创生于梵天化身普鲁沙(Purusha)身体的不同部分，是早就注定的，按照业报轮回的法则，又无限地延续下去。因此，在婆罗门教里面，没有统一的人和人性概念，只有具体的种姓，每个种姓从梵那里禀受了不同的因素，婆罗门生来和梵天一体，因而在人类中最高。这种神本主义的观点从根本上窒息了对人性的思考。

公元前6世纪，佛教兴起，作为人类精神觉醒的代表，它向婆罗门教统治思想提出了挑战。它反对种姓制度，用经验事实证明人与人的平等性，在对人的认识上具有一定的理性色彩。不过，佛教的这个观点是在众生平等的前提下提出的，而所谓众生(sattvas)，上至天神，下至牲畜、饿鬼，连同人，在佛性上一律平等，即都有觉悟得救脱离苦海的相同机会，由于业报轮回把众生连为一体，这样，人自然就泯没在众生性中，未能获得独立的人性，因而所谓人性的结构、本质及其与政治权威的关系也就无从谈起。[1]

---

[1]　参见刘家和：《印度早期佛教的种姓制度观》《论古代的人类精神觉醒》，见《古代中国与世界——一个古史研究者的思考》，4、584～595页。

但是，在《政事论》和《摩奴法论》两书中，多少可以感觉到人性自觉的苗头。Krishna Rao 是印度研究《政事论》的著名学者，他在谈到王权政治成功的原因时指出，国王在政治上的成功靠的不是对臣民的恫吓，而是对人性及其各种表现的了解和研究。[①]《政事论》对契约论的态度就是一个典型的例证。契约论的前提是承认人性中具有恶劣的因素。《政事论》对契约论的同情，正表明它对人性中恶的因素的存在持肯定态度。此外，《政事论》提醒国王要警惕王后、王子、大臣的阴谋篡逆以及官员贪污，主张在行政管理中使用高压手段、设立监察机构、派遣密探等，都表现了对人性的不信任。

《政事论》虽也承认国家的宗教目的，维护种姓制度，但对人的独立性的认识比婆罗门教前进了一步。这首先表现在它的历史观上。在《政事论》中，我们发现，历史并非神意的体现，而是人的智慧的表现。作者试图在历史中为现实政治寻找理性的基础。他认为决定政治成败的不是神意，而毋宁是人类自己，只有那些合乎实际的人才能实现自己的愿望。作者对生活的每个领域都使用清晰、冷静的逻辑进行推理，表现了世俗人文精神的觉醒，这与韩非的方法相同。

在论述历史变化时，《政事论》提出两种原因的观点，一为可预见的，另一为不可预见、不可控制的。婆罗门教宣称人类生活由神决定，《政事论》则认为统治者是历史的创造者。为了说明这一点，作者指出历史变化并非单纯由神决定，而是由多重原因决定。他强调历史的不可预见性原因、机遇和复杂性，主张政治策略在变动不居的世界中应灵活而具有适应性。这就给国王提供了更大的自主权。《政事论》提出法律四源说，认为国王甚至可以修改习惯法，王命也有法律效力，都与这种人文精神有关。正因如此，Krishna Rao 称《政事论》为"纯理性的法理学"（pure rationalistic legalism）。[②] 可见，《政事论》对人类本性的恶的趋

---

① V. Krishna Rao, *Studies in Kautilya*, 1958, New Delhi, Munshiram Manoharlal Publishers Pvt. Ltd., third revised edition, 1979, p. 32.

② *Studies in Kautilya*, p. 53.

向，对人类智慧和历史变化的思考，的确有与《韩非子》相通之处，不同的是，它不像《韩非子》那样拥有先辈们关于人性论的理论成果作为基础。因而其思考的深度极为有限。此外它还受着婆罗门教的精神束缚，始终不曾达到对人性的自觉，这些都是它无法与《韩非子》相比的原因。

《摩奴法论》对人的思考代表了婆罗门教的社会思想，在印度社会中影响很大。它站在神的立场上，对人的恶劣性居高临下，采取了一种鄙薄甚至敌视的态度，这种态度可以认为是一种类似于墨子的性恶论，但在性恶的具体论述中又与孟子的嗜欲之性和荀子、韩非的性情相似。摩奴曾说："很难找到无犯罪心之人，一个社会若无限制将不成其为社会。"①又说："利己之心不可称道；但世上无物可以免除它。因为学习圣典是从利己出发，执行圣典规定的条件亦然。"②法论以神为本，但在神创的前提下，论及人事时又强调人对神的背离，由此可见人性恶的思想因素。

关于性恶的根源，《摩奴法论》以为原于人的感觉器官，称为根（organs），根有十种："耳、皮、眼、舌和居第五位的鼻，肛门、生殖器、手、足和被认为居第十位的语言器官。"前五者称为觉根，后五种为作根。此外还有一官，称为意（manas，即意识），意是对十根性质的总结，制服了它，十根随之而制服，若"使诸根倾向欲乐，势必陷于罪恶，但若加以控制，则可以达到最后解脱"。③可见，在人性中，根有两种倾向，倾向欲乐，即陷于罪恶的一面，而加以控制，则可达到最后解脱的另一面。这与韩非的情有两种发展趋向形似。但这种观点中的控制力量却并非来自人性内部，而是来自法，来自神，来自梵天。儒、墨的善与天命和天志是相通的，从这个意义上说，与《摩奴法论》具有一致之处。

韩非不承认人有由以向善的内在根据，就此而言，他所谓的性（情）

---

① *A Study of Arthasastra*，p. 74.

② *The Laws of Manu*，Ch, 2, 2. 译文参考马香雪译本，25 页。

③ *The Laws of Manu*，Ch. 2, 90-93，pp. 46-49. 译文参阅马香雪译本，37 页。

和《摩奴法论》所谓的根相同，不同的是，他甚至不承认在人之外还存在着制约人性、引人上升的神性之善，这又是他不同于《摩奴法论》的地方。《摩奴法论》对刑罚作用的观点也表现出性恶论的倾向。说："刑罚支配整个人类，因为生来有德的人难得；只是由于恐惧刑罚，人类才可以取得给予他的享受。"①正因为人性之恶，法律才显得有用。那么，人性中那点向善的潜能可否由此逻辑推导出人可以制定法律，达到自律呢？可惜，由于宗教的严重桎梏，这个目的无法达到。在韩非那里，人还有不倚靠神灵启示的独立的智慧，正是由于智慧有能力辨别利害，所以君王们才有可能制定法律，这是成文法在人性上的根据。在印度，人只有趋向善恶的可能，但决定人类行为善恶的，不是人，而是神，规范人们行为的道德和法律都由神宣示②，因此习惯法在印度一直居于主导地位。③ 这是印度思想与韩非人性观的又一个不同之处。

如果说印度人由于婆罗门教的严重束缚，究竟未能形成独立的人性学说，那么希腊人则不同，比较说来，由于城邦制的发达、血缘关系的破坏、旧宗教的衰落、新哲学的兴起，希腊的哲人们更有条件对人以及人性进行深入的思考，并取得系统的具有科学性的认识。柏拉图和亚里士多德师徒二人可说是杰出代表。

首先让我们看一看柏拉图是如何看待人性问题的。柏拉图的人性论与他的理念论有关。理念论的基础是区别意见和知识，认为只有知识才是以理念——形式为对象的。认识事物的目的是获得知识——即对该事物的形式或理念进行把握。这在人性的认识上也有表现。柏拉图显然超越了人性的表面现象，试图解释它的内部结构。他认为灵魂（soul）是生命的原则（principle），灵魂的构造表明，它与宇宙的"形式"和数学的秩序相仿④，那么人的原则——人性大体上可以由人的灵魂来表现，人的灵魂也有自己的内部结构，其中有一个较好的原则，还有一个较坏的原

---

① *The Laws of Manu*，Ch. 7，22. 译文参考马香雪译本，146 页。
② *The Laws of Manu*，Ch. 9，46，p. 335.
③ *The Laws of Manu*，Ch. 9，64，p. 338.
④ *The Concept of Man in Early China*，p. 47.

则。如果较坏的原则在较好的原则控制之下，那么一个人才可以认为是自己的主人。① 在另外的地方，他又将灵魂分为三个部分：一为灵魂的理性部分（the rational principle of the soul），人们用它来思考（reasons）；二为非理性或嗜欲部分（the irrational or appetitive），人的饥渴、意欲等物质要求皆源于此；两者之外，还有激情（passion or spirit），初看上去，它似乎为欲望的一种，但在灵魂内部冲突时，它却往往站在理性原则一边。或者说，在灵魂中，理性原则居领导地位，激情应该服从并协助它。② 可见，所谓理性原则相当于上面所说的"好的原则"，非理性原则相当于"坏的原则"，柏拉图对人性内部构成的认识本身就带有较强烈的道德意识，与中国先秦诸子把人性区分为善、恶两部分具有同样意义。

那么，人究竟是理性的，还是非理性的，抑或是激情的动物？或者说，人究竟是好的、还是坏的动物？这是由人的内部构成自然而然地引发的问题，对这个问题的回答，代表着对人的本质的看法。从柏拉图认为理性（好的）原则应居统治地位，因此人才成为自己的主人的观点看来，结论自然应为人是理性的动物，是好动物。但是，柏拉图又明确表示，在有的情况下，非理性原则也会占了上风，使人变成坏的动物。比如在寡头制的"欲望"和"爱财"原则统治之下，"理性和激情被迫折节为奴，理性只被允许计算和研究如何更多地赚钱，激情也只被允许崇尚和赞美财富和阔佬，只以致富为荣"③。

这段论述不禁使我们联想到韩非对人的本质的看法，他认为人的自然本性—情—自私为己，而人的推理能力—聪明睿智之心—又帮助它计算利害、得到满足，也就是所谓"皆挟自为心""以利之为心"。按照柏拉图的划分，韩非的人性论显然是坏的非理性原则占了上风，而应该是性恶论。不过，从理性和非理性都有可好可坏的发展趋势上看，韩非把人

---

① *Plato's Republic*，431，p. 160.

② *Plato's Republic*，439，p. 173；580，581，p. 359；440，pp. 174-175；442，p. 177.

③ *Plato's Republic*，553，p. 321. 译文参考［古希腊］柏拉图：《理想国》，郭斌和、张竹明中译，326页，北京，商务印书馆，1986.

性区分为情和心倒与希腊人的非理性和理性的划分相近而不同于儒家的观点，后者认为，心永远是善的，而不善的注定只是情欲，这种观点具有强烈的道德倾向，与希腊思想比较起来缺少科学的成分。

柏拉图认为，非理性可称为兽性部分（the brutal part of his nature）[①]，理性为高贵部分（the nobler elements of his nature）。由于人性由三部分构成，所以"有些人的心灵里是这个部分统治着，在另一些人的心灵里却是那两部分之一在统治着，依情况不同而不同。正因为这个原因，所以我们说人的基本类型有三：哲学家或爱智者，爱名者和爱利者（lovers of wisdom，lovers of honour，lovers of gain），三者之中，爱智者最高，爱利者最低"[②]。正因为人性有这种三品之分，所以才需要哲学家来统治，好比在人性里面，三个原则各得其所，领导者领导着，被领导者被领导着，由此达于和谐，这才是正义一样，在人群乃至国家之中，具有美德的人统治也就是正义。不过，柏拉图以为，人虽分为三种，但每个人的人性中都有理性的因素，都有好的原则，所以都有善的可能。因此，除了哲学王的统治，建立良好的政治以外，教育又是极为重要的。可见，柏拉图还是认为从根本上说理性原则是人的本质，他的人性论同样具有性善论的特征。

在《理想国》中，柏拉图强调哲学家的统治，强调知识的统治，对于法律却未予重视，这又从侧面说明他对人的理性原则的肯定，对人的好的一面的信心。到了晚年，柏拉图的思想有所发展。他的兴趣渐渐转向第二等好的国家，因而开始更多地考虑法律问题，同时也说明，他对人性中非理性因素的影响有所警觉。《政治家》仍然承认哲学家的统治要胜过法律，认为人类事务纷繁复杂，单靠立法难以解决，因为法律只关心一般情况，只能照顾到多数，却无法适合每一个体。[③] 但无论如何，这种观点毕竟给法留下了余地。法既然不如哲学家的统治，又无法解决所

---

① Plato's Republic，591，p. 375. Statesman 作"The animal nature"，参见 The Dialogues of Plato，vol. 4，p. 515.

② Plato's Republic，581，p. 360；583，p. 362.

③ Plato, The Statesman, The Dialogues of Plato，vol. 4，pp. 496-498.

有人的问题，那么又何以需要呢？柏拉图认为，法是为了节省时间和精力，根据多数人的普遍问题制定的，在没有哲学家统治的情况下，法治就是最好的统治形式，因为一方面，它是由有知识的人制定，因而具有理性精神；另一方面，它以矫治百姓的偏蔽之病为己任，正像医生有时违背患者意愿为他治疗一样。医生比患者更了解他的病情，有知识的统治者同样比被治者更了解他们的非理性的祸患。① 可见，法律之所以需要，有比效率更重要、更深刻的原因，那就是对人性中的兽性进行救治。法律既然由有知识者制定并实施，而所谓知识在当时又包含着对永恒神性的理解，那么法律就不仅仅是成文法，表现神的意志的习惯法当然也包含在内，尽管这些法永远也不可能恰切地适合于每一个人。②

在《法律篇》中，柏拉图终于明确提出法律之所以需要和之所以可能的人性基础："人类有必要为他们自己制定法律，按照法律生活。否则，就与野蛮的兽类没有任何差别。"③又说："如果某些人类生来本性良善，深得神眷……他就勿需法律的统治，因为没有任何法律和条例比知识更有威力。"④前一段表明，法律之需要，的确与人性之不完美有关。人的非理性部分若得不到有效的限制，人类就会堕落到兽类的境地；而人们又有理性的另一面，所以他们不但能够意识到自己的不完美，需要用法律来约束，他们还有能力制定法律，在实践上做到自律和自我约束。这个思想是柏拉图晚年对法律与人性之关系问题的重大贡献，对亚里士多德有直接影响。后一段话则告诉人们，《法律篇》的思想并非对《理想国》的背叛，而是在具体问题上的发展。从根本上说，两者的理想是一致的。在《法律篇》中，理性仍然存在，理性的统治、哲学家的统治作为最高理想仍未过时，法律的统治只是第二等好的国家的标志。《法律篇》的这个观点竟成了亚里士多德讨论人性与法律之关系的起点。

---

① *The Statesman*，*The Dialogues of Plato*，vol. 4，p. 499.
② *The Statesman*，*The Dialogues of Plato*，vol. 4，p. 498.
③ *The Laws of Plato*，874e-875a，p. 270.
④ *The Laws of Plato*，875 c，d，p. 271.

    亚里士多德的人性思想继承柏拉图而来，又有所发展。他对于人性的研究也是集中在对灵魂的研究上。在亚里士多德看来，人的灵魂作为人性的代表，与万物构成论有关。他认为，凡物皆被造就，而"凡物之被制造，其原理皆出于制造者——这是理智或技术，或某些机能；凡事物之被作成者，其原理皆出于作者——这是意旨，意旨之所表达，亦即事物之完成"①，"关于事物之生成，有些是自然所成，有些是技术所成，有些是自发所成。每一事物生成必有创之者，必有所由来，又必有所成就"②。因此，认识事物就是认识其所以成就的原理和原因。他说："我们是在寻求现存事物，以及事物之所以成为事物的诸原理与原因。"③那么，事物的原理和原因是怎样的呢？亚里士多德认为，凡物之造就，必有所需的材料和方法，在哲学意义上，物质（substance）之形成必有质料（matter）和形式（form），"在每一被创制的事物中，质料总是存在的，此物中一部分为质料，另一部分为形式"④。质料只说明该物存在的潜在可能性，形式才使它具有存在的现实性，质料和形式不可分离，否则就不能成物。根据这个前提，可以推断，所谓结构就应是某物之质料的构成形式，而认识此物就是认识它的形式。亚里士多德把形式当成某物的本质（essence，有译"怎是"者，其希腊文原义即"是"），就是明证。在质料和形式中，形式是第一原理，或最初的本原（the first principle），因为质料是一种潜能，没有形式，便是毫无意义的，只有形式才使物质成为现实。亚里士多德的物质并非指具体的某物，而是抽象的概念，是具体事物的一般，因而译家又把它译作"本体"。而对于生物来说，灵魂又称作它们的本体⑤，即它们的质料和形式的结合，它是

---

　　① Aristotle，*Metaphysica*，1025b 22-25，in *The Works of Aristotle*，translated into English under the editorship of W. D. Ross，volume villa，second edition，Oxford，the Clarendon Press，1928.

　　② *Metaphysica*，1032a 12-14.

　　③ *Metaphysica*，1025b 1-2.

　　④ *Metaphysica*，1033b 17-18.

　　⑤ *Metaphysica*，1035b 15-19.

生物存在的原因（cause）和本原，也是它们的本质（essence）①，或者说，有生命物的本质（essence）叫作灵魂（soul）。所以，当希腊人说到人的灵魂时，指的就是人的本体、本质，这与中国人理解的本质意义上的人性概念在内涵上已经十分接近了。近代来华的西方基督教传教士和中国学家乐于用 soul 来指代中国传统中的人性概念②，其实有着宽阔的文化背景和深远的思想渊源。

在亚里士多德看来，人的灵魂当然含有质料和形式的意义，也就是说它一定有内部构成和结构。他认为，灵魂可以分为许多部分（parts），各部分间有着特殊的结构关系，这些部分应该如何分类？其结构关系应该如何界定？这要看从什么角度来进行。③ 他从政治学和伦理学的角度把人的灵魂分为理性原则和非理性原则，并认为二者处于对立状态，但总体说来，根据优者统治的原则，理性居于统治地位，非理性须服从理性原则。这个思想显然来自他的老师柏拉图，不同的是，他以自己特有的学究作风，又把两者各自一分为二，非理性原则由生长因素（vegetative element）和嗜欲因素（appetitive，desiring element）构成，而所谓服从理性主要指后面的嗜欲因素。理性原则分为实践的（practical）和思辨的（speculative）两部分。每部分似乎又可进一步分解下去。④ 由此可以看出，亚里士多德的分析方法已经脱离了他的老师所热衷的道德形上学的范畴，朝着科学的方向大步迅跑。

那么，人的本质是什么？亚里士多德认为，植物有滋养功能（nutritive faculty），相当于荀子"草木有生而无知"的生；动物有感觉（sense），相当于荀子"禽兽有知而无义"的知，唯人有思想和智慧（thought，in-

---

① Aristotle，*On the Soul*，415b 13-14，Translation．D. W. Hamlyn，（Clarendon Aristotle Series，1968）．Text：W. D. Ross（Oxford Classical Texts，1956．），J. L. Ackrill，*A New Aristotle Reader*，Oxford，Clarendon Press，1987，p. 172.

② W. E. Soothill，*The Three Religions of China*，London，Oxford University Press，H. Milford，1923，pp. 196-201.

③ *On the Soul*，432a 23-432b 6.

④ *Politica*，1334b 21-23；1333a 21-23；Aristotle，*Ethica Nicomachea*，translated by W. D. Ross，*The Works of Aristotle*，vol. IX，Oxford，The Clarendon Press，1925，1102b 13-25；1102b 26-29；1102b 29-30.

tellect)①，这又与荀子"人有气有生有知亦且有义"的义相当。可见，人的本质就应该是思想和智慧。《形而上学》开篇即宣布"求知是人的天性"②，正说明人之不同于其他生物的特殊禀赋（gift）。他还说："人的功能，决不仅是生命。因为甚至植物也有生命。我们所求解的，乃是人特有的功能。因此，生长养育的生命，不能算作人的特殊功能。其次，有所谓感觉生命（或译感觉经验）也不能算作人的特殊功能，因为甚至马、牛及一切动物也都具有。余下，即人的行为根据理性原则而具有的理性生活。"③"动物过着自然的生活，尽管它们中某些也受到习惯的影响，人才具有理性原则，而且只有人才有。"④下面这段话不但表明人的本质所在，还表达出亚里士多德对人的本质的由衷的骄傲和赞美：

> 每一种东西所特有的，对于那种东西就自然是最好的和最愉快的；因此，对于人，符合于理性的生活就是最好的和最愉快的，因为理性比任何其他东西更加是人，因此这种生活也是最幸福的。⑤

这种感情的流露又使他的学说在严肃的科学性的水平面上微微泛起道德伦理的涟漪，映射出性善论的光辉。

亚里士多德对人性的如上看法与他对法律的必要性和可能性的认识在逻辑上有着必然联系。和柏拉图一样，亚里士多德倾向于认为非理性的原则具有一定的危险性，他认为人类的邪恶往往归因于人性的弱点，也就是非理性的原则⑥，"人在达到完美境界时，是最优秀的动物，然而一旦离开了法律和正义，他就是最恶劣的动物"。⑦ 因而法律对于人来说毫无疑问是必要的。另一方面，人又有理性原则，这又使他们能够

---

① *On the Soul*，414b 17-18.

② *Metaphysica*，980a 22.

③ 周辅成编：《西方伦理学名著选辑》上卷，287 页，北京，商务印书馆，1964。

④ *Politica*，1332b 2-3.

⑤ *Ethica Nicomachea*，1178a 5-7. 译文可参考北京大学哲学系外国哲学史教研室编译：《古希腊罗马哲学》，328 页，北京，商务印书馆，1961。

⑥ *Politica*，1263b 22-23.

⑦ *Politica*，1253a 31.

认清是非、辨别善恶，选择并维护法律的统治。亚里士多德坚信，法律至上是一个好国家的标志，即使最聪明的统治者也不能置法律于不顾，因为凡是人，哪怕是英明的统治者，同样脱不掉非理性原则的恶劣影响，而法律却恰恰具有一种不受个人情感影响的品质，用他的话说，"法律是不受主观欲望影响的理性"[1]。因为它排除了非理性原则的干扰，是人类集体智慧在漫长的历史过程中对理性、上帝不断追求的成果，因此，他断言习惯法要优于成文法，原因就在于前者更接近于理性，而后者难免掺杂非理性的因素。

从希腊人对人性的思考，我们可以明显地感到一种科学精神，但又不排除对人类的伦理关怀。与中国思想仍然是有同有异。比如，在人性的内部构成上，理性与非理性的划分与中国诸子之学的心（性）与性（情）的区别可以相提并论，不同的是，希腊人虽然赋予理性与非理性一定的道德意义，但究竟没有像孟子和荀卿那样径直用善、恶来代表人性的内部划分，走向完全的伦理哲学。韩非大概是以情和心表示人性中非理性和理性因素，令人惊奇的是他不仅未像他的前辈那样站在伦理道德的立场上来看待问题，甚至连柏拉图、亚里士多德那样对道德的部分容纳也决不允许，他所谓的情和心都是自然而然的，既不善，也不恶，这种冷静、漠然的态度，除了他的道家祖师老子，是不会有第二个人给他这种启示的。韩非不谈善恶，却无法回避对人性做出价值评判，由于法家政治功利主义的支配，他用有利或不利的思想来断定人性的社会意义。

在关于人的本质的思考中，希腊人认为人是理性的动物，理性又包括思辨的和实践的两种因素，从前者而生出科学，后者而道德，由此形成的人将是集科学和道德于一身的完整的人类，这是希腊思想对人类文明做出的一项重大贡献。儒家把善作为人的本质的标志，表明他们更关注人的道德实践，更向往人与人的和谐的生活，由此形成中华文明的伦理精神。无论是希腊先哲，还是儒家前贤，都承认人具有一种顶天立地的真精神，它像参天松柏，任凭风吹雨打、天寒地冻，历万古而常青，

---

[1]　*Politica*，1287a 32.

它是人类同恶劣的生存环境英勇斗争的中流砥柱。韩非则否认人性中有独立自主的道德品格，在他的心目中，人类所特有的智慧天性除了"以利为心"的实用目的外，不曾，也无须考虑自己是否还有独立的精神，人的精神状态完全由他所处的环境决定着。这是一种人类精神的沉沦。

在人性与法律的关系上，希腊人根据理性精神，认为最好的统治是知识，而不是法律的统治，但在现实社会中，法律至上又是一个好国家的标志，因为法律就是理性。儒家先贤们则认为，由于人之性善，人人可以成为圣贤，所以政治主要不是以法，而是以体现伦理教化、激发道德自觉的礼为主，法只是辅助手段或临时措施。从礼部分地具有习惯法的意义来看，儒家的主张与希腊人的观点有相通之处。韩非则认为，由于人人以利己为心，所以他们的利益是冲突的，为了使冲突的利益集合起来为君主一人之利服务，这个君主就要动用他的"聪明睿智"的天性，采用法、术、势等一切手段，把臣民规范到自己的意志之下。因此，体现他们意志的成文法和其他阴谋手段就成了政治上必然的选择。

综合以上所述，在人性论上，印度文化具有虚幻的宗教色彩，希腊文化洋溢着热烈的科学精神，中国的儒家文化则表现了真诚的伦理情怀。当然，这种区别只是取其主流而言的。韩非呢？在他那里，人只是自私为己、盲目被动的有智慧的动物，他没有宗教信仰，也不掌握科学知识，更不追求道德完善，这种人性观为古代历史上所仅见。

二、道理论

韩非的法、术、势循环互补的政治学说，不但可以在他的性恶论上得到解释，甚至连同他的人性思想一起，还可以在他的道理论中得到进一步的说明。分析道、理的内涵及其关系，对于认识韩非政治思想的特点，理解法、术、势循环互补的内在必然性具有不可忽视的作用。

(一)道理论及其在先秦天道观中的地位

司马迁称韩非之学"原于道德之意"，又说它"归本于黄老"，这已经得到学界的普遍认可。韩非的"道理论"就是改造老子道德论而获得的理论成果。

　　道本义为道路，可引申为途径、来源、方法等意义，在老子、韩非那里，道大体有两种含义：一为万物之情实，即事物的本来状态、样式或方法；二为万物的由来、根源或终极原因。也就是说，既是指万物的所然，又是所以然，既是现象，又是本体。老子所谓"道法自然"①是最为精要的概括。道以自然为法，即万物按照自己本然的样子存在，不需人为的干预，更不可赋予任何既定的道德意义，所以又称为"无名"。可是，凡物一落言诠，便成有限，按照黑格尔的逻辑，"凡有限之物都是自相矛盾的，并且由于自相矛盾而自己扬弃自己"②。否定性的规定，当然也是一种规定，说"无名"，不啻是说它是种种有名之外的一种名，"无名"究竟也是一种名。同理，道不具备仁义礼智信这些具体的既定的道德特征，这又从反面成就了它的非仁义礼智信的道德。反对某种道德其实是在树立一种新道德，标榜自然的必然要走向新的不自然，这就是道家思想的根本矛盾。韩非接受了老子的道德论，也就接受了这个矛盾。

　　理的本义为玉石的纹理。由于治玉须按玉石的自然纹理进行，所以又指治玉，即把玉从浑然天成的璞(玉、石混合的东西)中剖析出来并加以琢磨，因而理又具有分辨、整治的含义，后引申为狱官的称谓，所以又有法的意义。由于整治必须合乎客观法则，理便又从人事外化为自然的客观法则。理的这种含义在韩非的前辈和同时代人的著作中已屡见不鲜，有的甚至已经与道联系起来，作为自然的本体了。

　　例如，《商君书·画策》云："圣人知必然之理，必为之时势，故为必治之政，战必勇之民，行必听之令。是以兵出而无敌，令行而天下服从。"③这里的必然之理，当是必然的趋势，具有规律、法则之义，不合规律、法则的事是不会形成一种必然的趋势的。

---

① 《老子道德经》，《诸子集成》本，14页。
② 《小逻辑》，177页。
③ 《商君书注译·画策》，397页。

《庄子·天下》评论稷下学者慎到，说他"泠汰①于物，以为道理"②，即把听任万物之自然作为遵循的法则。

在稷下三为祭酒、最为老师的荀子对道、理有更深一层的理解，《荀子·修身》云："君子……其行道理也勇。"③也是把道理作为行动的原则的。《荀子·解蔽》云："凡人之患，蔽于一曲而暗于大理。"④所谓大理是指事物的普遍规律。《荀子·大略》云："凡百事异理而相守也。"⑤事物不同，理也相异。

毫无疑问，这些思想对韩非关于理的思想产生了重大影响。

此外，虽有争议但大体可信为战国时代作品的《管子》部分篇章、长沙马王堆出土帛书《经法》等、山东临沂银雀山出土竹书《孙膑兵法》以及今本《鹖冠子》《尹文子》《司马法》等都有关于道理的思想，这些对韩非的道理论可能也会有所影响。但是，这些影响是如何发生的？又是怎样表现的？这个问题较大，需另作专题研究。这里所要说明的是韩非在前人的基础上，建构了独具特色的道理论，使它成为自己的政治主张的思想基础，只是在这个意义上，它才显示出特殊的价值。

关于韩非思想中道、理的内涵是什么，两者是如何联系起来的，其特点是什么，下面一段文字比较集中地给予了回答：

> 道者，万物之所然也，万理之所稽也。理者，成物之文也；道者，万物之所以成也。故曰："道，理之者也。"物有理不可以相薄（迫），物有理不可以相薄故理之为物之制。万物各异理，万物各异理而道尽。稽万物之理，故不得不化；不得不化，故无常操；无常操，是以死生气禀焉，万智斟酌焉，万事废兴焉。天得之以高，地得之以藏，维斗得之以成其威，日月得之以恒其光，五常得之以常其位，列星得之以端其行，四时得之以御其变气，轩辕得之以擅四

---

① 注：犹听放也。
② 《庄子集释·天下》，《诸子集成》本，470 页。
③ 《荀子集解·修身》，《诸子集成》本，21 页。
④ 《荀子集解·解蔽》，《诸子集成》本，258 页。
⑤ 《荀子集解·大略》，《诸子集成》本，329 页。

方，赤松得之与天地统，圣人得之以成文章。道与尧、舜俱智，与接舆俱狂，与桀、纣俱灭，与汤、武俱昌。以为近乎，游于四极；以为远乎，常在吾侧；以为暗乎，其光昭昭；以为明乎，其物冥冥；而功成天地，和化雷霆，宇内之物，恃之以成。凡道之情，不制不形，柔弱随时，与理相应，万物得之以死，得之以生；万事得之以败，得之以成。道譬诸若水，溺者多饮之即死，渴者适饮之即生。譬之若剑戟，愚人以行忿则祸生，圣人以诛暴则福成。故得之以死，得之以生，得之以败，得之以成。[①]

道是指万物的本然状态，这是从总体上说的。那么，具体言之，万物各自究竟是怎样的呢？韩非用理来回答这个问题。理就是每个具体之物的内部联系，它的特点是一物与他物相区别，在区别中把握万物。

韩非对此有具体解说："凡物之有形者易裁也，易割也。何以论之？有形则有短长，有短长则有小大，有小大则有方圆，有方圆则有坚脆，有坚脆则有轻重，有轻重则有白黑。短长、小大、方圆、坚脆、轻重、白黑之谓理。"[②]可见，理所表现的是事物各自的特点。它注重个别事物的规定性。

道表示的是万物的总体(all)，理则是个体，如果用一这个字来表现道理的内涵，那么道是大一(the One)[③]，理却是小一(one)，大一包含在所有的小一之内并囊括所有小一，正如我们说全体(all)和每一个(every one)相等一样，道和理也是相等的，只是着眼点不同，道注重从总

---

①　《韩非子集释·解老》，365～366 页，参见《韩非子集解·解老》，《诸子集成》本，107～108 页。

②　《韩非子集释·解老》，377 页。

③　陈荣捷先生解释"万物各异理，而道尽稽万物之理"作"Everything has its own principle different from that of others, and Tao is commensurate with all of them(as one)."即把"稽"训为"同"，认为"道"把所有的"理"总和为"一"。Wing-Tsit Chan, *A source Book in Chinese Philosophy*, Princeton, New Jersey, Princeton University Press, 1963, fourth printing, 1973, p. 260. 不过，他并没有把道和理的关系理解为一种渗透、贯穿或同一的关系。孟旦的观点对此有所补充，他把"道"理解为"one, being, permanent entity, a permanent unitary entity that permeates the many changing phenomena". *The Concept of Man in Early China*, pp. 122-123.

体上把握对象，理则强调个别事物的特点，两者是一而二，二而一的关系。道注重总体，但总体不能凭空存在，必须由个别上升到一般；理强调个别，个别不能孤立独存，必须在他物比照下才有特点。

道理合一是矛盾的统一，是大与小、一与多的统一。"理为物之制"，是个别事物的抽象限定，比如此物与彼物不同，昔时状态与今日者又不相同，这是因为"万物各异理"的缘故。可是在道看来，"万物各异理"正是世界的本来状态，表现个别事物的特点是所有的理的共性，理以它的异而达到同。正是在这个意义上，韩非提出"万物各异理而道尽稽①万物之理"的命题，从而赋予道理以辩证法的含义。

道既是理的总和，又是理的超越。按照韩非的逻辑，理是片面的，凡物有生有死，即有生理和死理，但不管是生是死，都是合乎道的，因此就有了超脱于具体之物的常道。道一方面通过理而成为万物的本然状态，另一方面通过对理的超越而脱离具体之物的限制。同和异是同一的，就道与万物相同的一面来说，它是变化的②，就它超然物外的另一面来说，它又是不变的，即它的变是不变（常道）的，这就是变与常相统一，两者互为条件、互相转化，具有辩证法的特征。"道尽稽万物之理，故不得不化，不得不化，故无常操"说的正是这个道理。③

由于道理具有变常统一、机动灵活的特点，所以"死生气禀焉，万智斟酌焉，万事废兴焉"，"道与尧、舜俱智，与接舆俱狂，与桀、纣俱灭，与汤、武俱昌"，"凡道之情，不制不形，柔弱随时，与理相应，万物得之以死，得之以生；万事得之以败，得之以成"。道与理不同，它不受具体的个别之物的限制（confined），因而柔软灵活（flexible），不论

---

① 段玉裁云："稽，同也。"见《说文解字注》，275 页。陈荣捷即采此说。
② 陈荣捷认为，由于道尽稽万物之理，"consequently, everything has to go through the process of transformation". *A Source Book in Chinese Philosophy*, p. 260. 从道的角度，即从总体来看，万物自然是不断变化的，永远处在变化流转当中。
③ 王晓波、张纯受卜德的启发，也认识到道的以变为常的特点，并进一步认为韩非的道论具有一与多、精神与物质相统一的特征，表现了有机的自然主义或整体的自然主义，仍属于中国哲学的主流。Hsiao-po Wang & Leo S. Chang, *The Philosophical Foundations of Han Fei's Political Theory*, pp. 47，21-22，25.

正理反理皆能适应，生者合乎道，死者亦合乎道，成者原于道，败者亦原于道，这正是"天地不仁，以万物为刍狗，圣人不仁，以百姓为刍狗"①的自然品格的具体表现和升华。因此陈荣捷认为："对韩非来说，道并非使个性泯灭的无差别的统一体（Tao is not an undifferentiated continuum in which all distinctions disappear），相反，却是事物的具体性和确定性的真实原因"，"这是一个激进的观点"，"它把道家的哲学提到一个新的高度"，"为公元 3 和 4 世纪的新道家（即玄学）的成长导夫先路"。②

　　韩非对变常统一的重视，与他的历史观、人性论和法治主张有着必然的联系。由于道理合一，而万物各自有特殊的理，每物又有自己与时变化的理，那么从总体上看，由此理到彼理（即道）就不是一成不变的，掌握政权的人必须随着物理的变化而变化（"故不得不化"），不能拘泥于凝固僵化的原则和模式（即"无常操"）③。就人性而言，也是一样，时世转移，条件变化，人性也必然引起相应的改变，没有永恒不变的道德观念和人性状况，随着历史的演进，"上古竞于道德，中世逐于智谋，当今争于气力"④就是合乎道理的抉择。韩非的人性论之所以具有环境论的特征，原因即在于此。在道理论的基础上，韩非提出"世异则事异""事异则备变"⑤的政治原则，认为历史发展了，治道也该相应地变化。比如"当今"之世，人性恶化，君臣矛盾日益尖锐、复杂，这个形势必然要求统治方法由礼制向法治，由单纯的法治、术治和势治向着循环互补的方向发展。政治必须遵循道理，才能随物变化、与时迁移，适应历史的前进脚步。正是在这个意义上，韩非才说："道者、万物之始，是非之纪也。"⑥至此，变化、柔软、灵活、适应等道理的品德成为名副其实

---

① 《老子道德经》，《诸子集成》本，3 页。

② *A Source Book in Chinese Philosophy*，pp. 252，261.

③ E. R. Hughes 把"无常操"译作"it has no fixed frame"，意即没有固定不变的模式。见 *Chinese Philosophy in Classical Times*，甚得其意。

④ 《韩非子集释·五蠹》，1042 页。

⑤ 《韩非子集释·五蠹》，1042 页。

⑥ 《韩非子集释·主道》，67 页。

的原则（principle）。这就是韩非子道理说在政治上的意义所在。[1]

这个思想与先秦其他学派在天道观上处于尖锐的对立之中。通过以下的比较，可以大体认识它的特点并初步确定它在先秦乃至在中国思想史上的特殊地位。

如所周知，儒家是讲天命的。儒家的天命概念具有浓厚的伦理色彩和人本精神。

本来，天命表现出一定的神秘特征，它来自周代的敬天思想。司马迁谓殷人敬畏上帝鬼神[2]，这可以从今日发现、整理的大量的殷墟甲骨卜辞中得到印证。周革殷命，虽然在天命观中发生了一场变革，加入了大量的人本和民本思想的内容，但对天或上帝的崇拜并未推翻，《尚书·周书》各篇表现出临事必卜筮而行的宗教特点，《左传》《国语》中关于周人卜筮和使用《易经》的大量史实的记载，以及周原甲骨卜辞的发现，都说明周人同样敬畏天帝鬼神，只不过这时的宗教观念中加进了民本思想的内容，它适应了武王伐纣的政治需要，为西周统治者重建宗族的统治秩序和政治权威、加强氏族内部团结提供了理论上、宗教上的依据。不过，据汉代公羊学的观点，周代文化的突出特点在于"文"，即注重礼乐教化的人文精神。[3]

至春秋时代，人们沿着周代文化中的人文主义思路继续前进，对天命发生了怀疑、甚至动摇，但这只是问题的一个方面；另一方面，也是主要的，仍然相信天命鬼神，保持了临事必卜筮而行的传统。

孔子是殷（宋）人之后，又生活在保存周代文化较为完备和系统的鲁邦，对传统宗教观念有其突破宗法局限、强调普遍之爱（仁）的一面，更有继承保留的另一面。他说："君子有三畏：畏天命，畏大人，畏圣人之言。小人不知天命而不畏也，狎大人，侮圣人之言。"[4]可见，孔子是

---

[1]　对于道理合一、变常统一在政治上和人性上的具体表现，王晓波、张纯概括得也比较精当。*The Philosophical Foundations of Han Fei's Political Theory*，pp. 47-51.

[2]　参见《史记·高祖本纪》，393 页。

[3]　《汉书·董仲舒传》，2518 页；亦可参见《史记·高祖本纪》赞。

[4]　《论语正义·季氏》，《诸子集成》本，359～360 页。

畏天命的。那么，孔子的天命究竟是有人格特征的神呢，还是自然无为的宇宙本身呢？这在迄今所见的孔子言论中似乎很难找到确实的证据。我们所能确定的只是孔子对待传统的宗教观念以及神人矛盾采取了一种较为开明的态度。比如，他一方面承认鬼神的存在，另一方面却强调人事的意义。樊迟问知，他回答："务民之义，敬鬼神而远之，可谓知矣。"①子路问事鬼神，他却反问："未能事人，焉能事鬼？"子路又问死后之事，他又反问："未知生，焉知死？"②这些都说明孔子在神人关系上总是把人事置于优先的地位，同时也说明他对可实证的人事与不可实证的鬼神的区别有着清醒的认识，表现了求实的倾向。由此推断，他对天和天命的态度不会不同于这种人本主义精神。

孔子畏天命，却从不奢谈天道。子贡曾说："夫子之文章，可得而闻也，夫子之言性与天道，不可得而闻也。"③《论语》又记载："子不语怪、力、乱、神。"④这说明孔子虽然相信天命，却并不重视天的神秘性，那么，他所推崇的又是天命的哪些内容呢？孔子曾在宋国遭遇桓魋率众围攻，脱险后感慨道："天生德于予，桓魋其如予何！"⑤天之所以庇护，是因为自己保存了它所赋予的德。前面曾经论及，孔子的德已经突破了周代宗法血缘的藩篱，扩大为对所有人的一种同情或道德观。如果这种推论不错，那么，孔子的天命观较之周代宗法天命思想又具有革新的意义，至少可以说它具有从旧的狭隘的血缘宗教向新的人类大同观念过渡的特征和意义。再如，孔子在匡，当地人以为是阳虎而围之，孔子叹道："文王既没，文不在兹乎？天之将丧斯文也，后死者不得与于斯文也。天之未丧斯文也，匡人其如予何！"⑥所谓"斯文"，也就是德。不管是否人格神，天"唯德是依""惟德是辅"的本质不变，这就是孔子从

①　《论语正义·雍也》，《诸子集成》本，126 页。
②　《论语正义·先进》，《诸子集成》本，243 页。
③　《论语正义·公冶长》，《诸子集成》本，98 页。
④　《论语正义·述而》，《诸子集成》本，146 页。
⑤　《论语正义·述而》，《诸子集成》本，147 页。
⑥　《论语正义·子罕》，《诸子集成》本，176 页。

周公天命思想继承的理性成分。

在孔子看来，尽管时有古今之隔，地有南北之限，敬德、斯文、仁义的天命却是一贯如此、永不改变的。唯其超越了尘世的有限性，和天融为一体，升华为天命，所谓德或仁这样的道德理性才会成为永恒的力量。汉儒董仲舒所谓"道之大原出于天，天不变，道亦不变"①，一语道破了儒家天命思想的实质：为理想的仁义道德和现实的礼乐文化寻找到一个永恒不变的终极依托或最高根据。

不过，在孔子那里，天命并未受到过分的崇拜，它只以自己崇高、纯洁的特征表现着仁德的伟大，真正要成为松柏，做一个仁人，还是要靠人们自己的努力。

总之，天命是永恒不变的，天命中的仁德当然也是永恒不变的，而人之追求道德的完善，达到仁的境界的努力也绝不会因为时势的变异，环境的改观而有所减弱，这与韩非注重变化的道理论是截然不同的。

孔子没后，儒分为八，其中引人注目的有所谓"子思之儒"②，荀子将子思孟轲相提并论，目为同道③，后遂有思孟学派之称。司马迁作《孔子世家》，谓"子思作《中庸》"④。《汉书·艺文志》著录《子思》22 篇⑤，今佚。传说今本《礼记》中的《中庸》为子思所作，学者有不同见解，不过，从思想内容上看，与孟子性善论是相通的，可补充孟子思诚哲学和性善论缺乏终极根据的不足。

孟子的天命观与他的人性论有着直接的内在联系。前引孟子所言，谓耳目口鼻四体之欲虽出于人类的自然本性，可是因为它们不合天命的道德规范，所以君子不称其为性（人的本质属性）。可见，天命乃是道德本体，只有合乎这个道德本体的，才配得上称性。《中庸》所谓"天命之

---

① 《汉书·董仲舒传》，2518～2519 页。
② 《韩非子集释·显学》，1080 页。
③ 参见《荀子集解·非十二子》，《诸子集成》本，59～60 页。
④ 《史记·孔子世家》，1946 页。
⑤ 《汉书·艺文志》，1724 页。

谓性，率性之谓道，修道之谓教"①，是这一思想的集中代表。在这个意义上，合乎天命的就是善的，因而也才是真的，人性中善的部分才是真的，才配称性。反过来，人生的修养就在于向自己里面寻求并挖掘善和真的资源。由于善决定真，那么回复到这种善和真的境界就叫作诚。所谓道德修养无非就是做到诚，即回复到善而真实的本性。孟子说："万物皆备于我矣，反身而诚，乐莫大焉。"②说的正是这个道理。

　　由于诚就是真，真就是善，善就是天命，因此，自身实现了诚，就可以知性，从而知天。孟子所谓："尽其心者，知其性也，知其性，则知天矣。存其心，养其性，所以事天也。"③前面说过，孟子的性善实际上说的是心善，所以知性与尽心、存心是一回事。所谓尽心、知性、知天具有相同的道德修养的意义，这就是思诚哲学的基本精神。正是在这个意义上，孟子确信："诚身有道，不明乎善，不诚其身矣。是故诚者，天之道也，思诚者，人之道也。"④真实的善是天生的，反身而诚、反省思诚则是人为努力所应遵循的轨道。至此，又和《中庸》哲学沟通起来。《中庸》云："诚者天之道也，诚之者人之道也。诚者不勉而中，不思而得，从容中道，圣人也。诚之者，择善而固执之者也。"⑤

　　有生而诚者，有学而诚之者，比较起来，孟子似乎更强调思诚的后天努力的重要性。不过，道德的善原于天命，这一点与孔子是一致的，但比孔子更为明确，表现了对人的道德主体自觉的更为大胆的肯定。这个思想一方面在发挥人的主观能动性，摆脱天命的神秘性上与韩非的道理论有所靠近，但在道德本体论上却又拉大了距离。

　　儒家的道德本体论至荀子而为之一变。伦理本原的天变为自然本体的天。他强调自然界的运动变化有自己固有的规律，不以人的意志为转

---

①　《礼记正义·中庸》，见《十三经注疏》，1625 页。

②　《孟子正义·尽心章句上》，《诸子集成》本，520 页。

③　《孟子正义·尽心章句上》，《诸子集成》本，517 页。

④　《孟子正义·离娄章句上》，《诸子集成》本，299 页。

⑤　《礼记正义·中庸》，见《十三经注疏》，1632 页。

移,他说:"天行(道)有常,不为尧存,不为桀亡。"①不独如此,鬼神在他那里也失去了神秘色彩,成了自然变化的代名词:"列星随旋,日月递照,四时代御,阴阳大化,风雨博施,万物各得其和以生,各得其养以成,不见其事而见其功,夫是之谓神。"②天道和鬼神都褪掉了拟人化的道德色彩,成为独立的自然本体。

正如古希腊的智者安蒂芬(Antiphone,又译安提丰)认为"'自然'不过是自私或自利而已"③一样,荀子的天道自然论作为人性的根据,结果只能是性恶论的。在他看来,人性就是人的自然性,而自然性是不具备任何道德色彩的。

这种见解既不同于儒家孔孟之流,后者认为天命鬼神是作为道德本体而真实存在的,又不同于道家老子之流,因为在老子看来,道或天道鬼神虽然不具有仁义礼智的道德品德而以自然为法,可是万物自然本身却是一种新的道德。荀子的天道观取老子道法自然的观念,而剔除其以道为德的新的道德观,表明他的思想处在矛盾之中。比如,人性自然为恶,天道又自然无德,那么他所坚持的道德、礼法又从何而来呢?为了回答这个问题,他只得求助于"圣人之伪",认为"礼义法度者,是圣人之所生也","礼义者,是生于圣人之伪,非故生于人之性"。④ 可是,圣人也是人,既然是人,就一样是性恶的,既然性恶,又如何能生出礼义法度呢?上一章已经指出,他一方面用心来作为伪的根据,可见,他的性和伪是矛盾的;另一方面他又企图用性恶本身作为道德的根据,结果这种道德只能是一种伪道德,也就是谭嗣同所以批评它为乡愿的原因。

由此可见,荀子的礼治主义与他的人性论和天道观是自相矛盾的。它反映了历史转变时期部分士人在传统和现实之间的犹豫和彷徨,他们的思想是混乱的,一方面承认人是自然的产物,人性为恶,因而拥护变

---

① 《荀子集解·天论》,《诸子集成》本,205页。
② 《荀子集解·天论》,《诸子集成》本,206页。
③ 《政治学说史》上册,54页。
④ 《荀子集解·性恶》,《诸子集成》本,292、291页。

法、革新、实施法治；另一方面又不愿完全放弃传统的伦理道德和统治方法，希望以礼治为主，因而承认心的道德倾向。就政治的和伦理的内容而言，荀子的自然天道观与他的礼治主义是脱节的，这和他以性恶作为道德的本原一样，是最终导致其思想体系走向破产的致命内伤。

不过，他的天行有常的自然天道观给他的学生韩非极大的启发，为后者最终超越心性善恶范畴，迈入形式上的环境论的新天地，从而在天道观和人性论里面实现彻底的变革铺平了道路。

在天人关系问题上最富于宗教意味的是墨家学说。

前一章曾经提到，墨子相信人性恶，而且恶到了"若禽兽然"的地步，因此他主张用无差别的兼爱来拯救人类。可是这种爱不但在人性上找不到根据，就是在有差别的"仁爱"所赖以存在的人心那里也无法找到落脚之地，于是只好求诸上天。这就是他的天志明鬼思想之所以必要的逻辑前提。与儒家不同的是，墨子的天有时又称作"天鬼""上帝鬼神"，"天志"又叫作"天鬼之志"[①]，具有一定的人格特征。他说："天必欲人人相爱相利，而不欲人人相恶相贼也……爱人利人者，天必福之，恶人贼人者，天必祸之"[②]，"天之意（志），不欲大国之攻小国也，大家之乱小家也。强之暴寡，诈之谋愚，贵之傲贱，此天之所不欲也。不止此而已，欲人之有力相营，有道相教，有财相分也"[③]。又说："吏治官府之不洁廉，男女之为无别者，鬼神见之；民之为淫暴寇乱盗贼，以兵刃毒药水火，退无罪人乎道路，夺人车马衣裘以自利者，有鬼神见之。是以吏治官府，不敢不洁廉，见善不敢不赏，见暴不敢不罪，民之为淫暴寇乱盗贼，以兵刃毒药水火，退无罪人乎道路，夺人车马衣裘以自利者，由此止。"[④]可见，天是福善祸淫的最高主宰。

关于墨子的宗国，历来有争论，一说宋国，一说鲁国。宋国有目（墨）台氏，墨氏盖其后也。史载墨子曾助宋御楚，这些表明他与宋国可

① 参见《天志上》《天志中》《非命中》。
② 《墨子间诂·法仪》，《诸子集成》本，12～13页。
③ 《墨子间诂·天志中》，《诸子集成》本，123～124页。
④ 《墨子间诂·明鬼下》，《诸子集成》本，150页。

能有某种关系。他的学说尊天敬鬼，兼以异别，与周人文化差异较大，却接近于殷人，因此说他出自宋国似更可信。

墨氏敬天鬼、倡兼爱，中外学者因而比之于耶稣式的宗教家。[①] 其实，两者有相似之处，更有差别。首先，墨子的兼爱与耶稣的普遍之爱（universal love）接近[②]，墨者的社团生活与早期基督教相似，但是墨子的上帝鬼神不具有明确的一神特征，没有造物能力，更无复活、拯救和审判的功能。也就是说，作为理性的终极根源，墨子的上帝鬼神与基督教的上帝有相似之处，但不是相等同的。比如，兼爱，墨子强调它是没有差别的，可是它的赏善罚恶本身就违背了兼的原则，起码对善恶是有区别的。基督教不同于它的前身犹太教的最重要的标志就是它宣扬天父"叫日头照好人，也照歹人；降雨给义人，也给不义的人"。[③] 不论善恶，上帝一体加爱，与这样的普遍之爱比较起来，兼爱仍显得狭隘和简陋。

当然，对本书来说，我们仍要强调墨子的上帝鬼神作为终极根据的意义，它是墨家社会正义所凭依的条件。

在墨子看来，人不具有理性，上帝鬼神却是理性的根源，所谓上帝鬼神的理性就是义和兼爱。墨子说："义者，善政也"，"义不从愚且贱者出，必自贵且知者出"，"然则孰为贵，孰为知？曰：天为贵，天为知而已矣"。因此，"义果自天出矣"。[④] 所谓义，它的具体表现就是兼爱和互利，墨子说："天之爱天下之百姓"，"顺天意者，兼相爱交相利，必得赏；反天意者，别相恶，交相贼，必得罚"。[⑤]

墨子为什么要宣扬上帝鬼神具有义和兼爱的本性呢？看来这与他的

---

① H. G. Wells，*The Outline of History*，the third edition，the Macmillan Company，1921，pp. 505-506.

② 西方汉学家有用 universal love 转译"兼爱"的，参见 *Studies in Chinese Philosophy and Philosophical Literature*，p. 19，又可参见 *Han Fei Zi：The Man and the Work*，p. 15；等等。

③ *The New Testament*，*Matthew* 5：45，English New International Version and Chinese Union Version，p. 7.

④ 《墨子间诂·天志中》，《诸子集成》本，122～123 页。

⑤ 《墨子间诂·天志上》，《诸子集成》本，121、120 页。

救世主张是分不开的。关于救世的动机这里暂且不提，而如何救世则有
必要加以讨论。前面讲过，墨子尚同，由里而乡，由乡而国君，由国君
而天子，由天子而天，层层上同，天是实施兼爱的最高权威和终极根
据，因此它必须是最贵、最智的，也必须是义和兼爱的，如此，它才有
资格和能力督促天子以兼爱治天下。墨子云："吾所以知天贵且知于天
子者有矣。曰：天子为善，天能赏之；天子为暴，天能罚之。天子有疾
病祸患，必斋戒沐浴，洁为酒醴粢盛，以祭祀天鬼，则天能除去之。"①
天比天子高贵、比天子智慧，它的赏善罚暴其实是针对天子的。如果揭
去其宗教的外衣，就会发现，所谓"天志"其实不过是抽象的"人志"，墨
子用以控制和威慑天子的，竟是人类理性本身！

　　这种善良的理想虽然外化为上帝鬼神之义，却仍然无法阻挡世俗权
力的无限膨胀，也无法掩盖它与世俗权力的矛盾冲突。墨家的中绝表面
看来似乎是它的宗教形式不适合中国文化的实用特点，其实，更深一层
的原因却是掩盖在宗教外衣下的追求平等的愿望与中国社会制度中的宗
法等级特点的冲突，是它与政治集权制度无法调和的矛盾，而这些正是
韩非思想所着意维护的。

　　由此可以看出墨子天志思想与韩非道理论的差异在于一个要用外化
为天志的普遍的人志去限制君权；一个却是竭尽全力破除任何对王权的
限制，墨家的最高主宰是天，韩非的最高权威是君王自己，如此而已。

　　墨子与韩非的另一个无法调和的矛盾是对"命"的不同看法。墨子相
信天志，可是这种所谓的天志其实是抽象的人志的外化，除了天志，他
不相信还有人类无法抗拒的"命"。他说："此世未易，民未渝，在于桀
纣则天下乱，在于汤武则天下治，岂可谓有命哉？"②世道还是这个世
道，人民还是这些人民，桀纣统治，就会天下大乱，汤武统治，就会天
下大治，治乱的关键掌握在人的手里，哪有什么命呢？

　　这种非命思想与天志观念是一致的。天志既然是不变的，那么义所

---

① 《墨子间诂·天志中》，《诸子集成》本，123页。
② 《墨子间诂·非命上》，《诸子集成》本，164页。

包含的兼爱、交利原则也是不变的，人们只要兼相爱、交相利就是尚义，也就是顺从天志，因而必定得福；反之，逆天志而动，则注定有祸，是福是祸完全掌握在自己手里，根本没有什么不可捉摸的命。

韩非则不同，在他那里，天命就是道理，道理是万物的本然情况，它无形无象、变动不居、不可捉摸，人是自然的一部分，只能被动地适应环境，不能抗拒道理。他说："夫智、性也，寿、命也，性命者，非所学于人也，而以人之所不能为说人，此世之所以谓之为狂也。"①这里的命即指人的自然寿命，他认为寿命是自然注定的，人没有能力改变。他所谓"天有大命，人有大命"②，也是指的人的自然寿命，人不应过分纵欲，只能"谨修所事，待命于天"③，被动地享用自然赋予的寿命。既然人的寿命是自然注定的，那么为了保护它，就只好"重命畏事"④，谨小慎微，尊上敬长，决不能有半点违抗，这样就由个人引申到社会。

韩非关于"数"的思想同样表现了他对命运无常的畏惧和屈服。他说："众人多而圣人寡，寡之不胜众，数也。"⑤这个数就是必然的趋势，是不可抗拒的力量，也就是道理。"故不乘天地之资，而载一人之身；不随道理之数，而学一人之智"⑥，徒劳而无功。数就是道理的必然趋势，就是事物的本来的趋势，它无形无象、不可捉摸，与人的主观能动性是对立的。"天下有信数三：一曰智有所不能立，二曰力有所不能举，三曰强有所不能胜"⑦，"故以表示目，以鼓语耳，以法教心。君人者释三易之数而行一难知之心，如此，则怒积于上而怨积于下"⑧。其实，术就是根据自然之数而设的策略，它的灵活诡谲、捉摸不定和它所表现的数一样，使人畏惧、使人拘谨。可见，数与人心处于矛盾之中，也就

---

① 《韩非子集释·显学》，1099 页。
② 《韩非子集释·扬权》，121 页。
③ 《韩非子集释·扬权》，122 页。
④ 《韩非子集释·六反》，948 页。
⑤ 《韩非子集释·解老》，345 页。
⑥ 《韩非子集释·喻老》，407 页。
⑦ 《韩非子集释·观行》，479 页。
⑧ 《韩非子集释·用人》，498～499 页。

是说，道理与人心处于对立之中，它所给予人类的，不是自由和自主，而是奴役和限制。韩非重情实、轻人心，重物轻人，恰恰是源于对命的迷信。

通过以上的比较，我们似乎发现了这样一种似非而是的现象（paradox）：墨子信天志，反倒处处高扬人的自觉能动性，表现出新鲜、活泼的个性；韩非不畏天，不信邪，却固执自然的命和数，在他的笔下，人类麻木不仁、死气沉沉，缺少活力和个性，这种现象值得深思。

比韩非略早一些时候兴起的另一派自然论者，是阴阳五行家。

阴阳和五行结合起来并作为一个学派，一般认为是春秋战国之际的事。关于这派的著述，《汉书·艺文志》著录有 10 余种，惜已亡佚。所幸今本《管子》《吕氏春秋》《礼记》以及其他一些子书中还保存它们的若干条材料。关于这派的思想学说，司马谈《论六家之要指》有较为系统全面的评述："尝窃观阴阳之术，大祥而众忌讳，使人拘而多所畏，然其序四时之大顺，不可失也。"[1]《汉书·艺文志》诸子阴阳家小序也评论道："阴阳家者流……敬顺昊天，历象日月星辰，敬授民时，此其所长也。及拘者为之，则牵于禁忌，泥于小数，舍人事而任鬼神。"[2]可见，阴阳家是以天文历数物候为其内容的一个学派，当然其末流则往往流于鬼神迷信。另外，从这派孑遗的作品来看，他们还往往以四时五行附会政治和人事，其中最突出的成果是所谓五行相生相克说。

所谓相生说是指木、火、土、金、水五行依次转化的运行规律，即木生火、火生土、土生金、金生水、水生木，如此循环往复，运之无穷。五行又与四时相配，形成了当时的按时行令的明堂月令图式，《管子》的《四时》《幼官》《礼记·月令》《吕氏春秋·十二纪》都有所反映。春秋战国之际，五行相生与五德相配，衍生出五德递嬗和政权更替的运行模式，为禅让式的篡夺制造舆论，最典型的事例当数田氏代齐。春秋战

---

①《史记·太史公自序》，3289 页。
②《汉书·艺文志》，1734～1735 页。

国时期，有人用"炎帝有天下，以传黄帝"①这类谶语，暗示应以火（炎帝之德，炎帝，姜姓之祖，齐为姜姓之国）生土（黄帝之德，陈即田氏，姓有妫，为黄帝苗裔）的相生顺序，完成田氏代姜的政治行动。

战国中期，齐人邹衍（约公元前305—前240）根据时势发展又创立五行相克说。他著《主运》，声称五行还有相克关系，即火克金、金克木、木克土、土克水、水克火。据他推算，周为火德，齐应水德之瑞（据古代天文学，齐为玄枵之分野，玄枵又称颛顼之虚，处玄宫，居北方，当应水德），以水克火，顺乎五行相克规律，为齐湣王"欲以并周室，为天子"②提供理论根据，可惜，湣王败亡后，稷下学宫解散，这个理论成果被带到秦国，保留在《吕氏春秋·有始览》中，篇名《应同》，取应验相同之意，成为秦国吞并两周、统一天下的思想武器，表现了明显的移植痕迹。

这个学说显然是粗糙的，缺乏思辨色彩，但是它把四时五行与政治结合起来，进而把春生夏长归于德的一类，秋收冬藏归于刑（肃杀）的一类，推衍出刑德兼用的治国模式，与儒家学说有相通之处。司马迁在评论邹衍思想时指出："然要其归，必止乎仁义节俭、君臣上下六亲之施，始也滥耳"，又说邹衍主张"尚德"，以德"整之于身，施及黎庶"。③ 这些都说明其中包含着一定的理性因素。尽管四时五行的运行模式已向道理论的历史观迈进了一步，但仍未最终脱离道德天命观的窠臼，带有浓厚的神秘色彩。这个神秘化的齐学成果为汉代今文经学提供了思想资源，甚至对经学的谶纬化产生了重大影响。它主张德主刑辅、敬鬼神、畏灾异，这些又都成为韩非批判的目标。

以上所述儒家、墨家、阴阳家的天或多或少都具有伦理道德的特征，他们所宣扬的各自的道德观念又都毫无例外地渗透到天的神秘特征里面。从政治思想上分析，可知任何哲学宗教观念上的凝固化的东西明

---

① 《越绝书》卷四《计倪内经》载计倪对越王勾践语，32页，上海，商务印书馆，1929。
② 《史记·田敬仲完世家》，1900页。
③ 《史记·孟子荀卿列传》，2344页。

里暗里都在试图保护着某种传统。德国社会学家马克斯·韦伯有较为深刻的理解，他认识到，中国古代的天和天命是旧的社会秩序和理性规范的卫道士和避难所，对王权具有一定的限制作用。[①]

韩非的自然主义的道理观与此截然不同。它虽受荀子"天行有常"观念的影响，但由于这个观念的革命性并不彻底，无法满足现实的需要，所以他才转而直接从道家老子之学汲取营养。

老子和韩非标榜道法自然、听任万物自生自灭，不承认宇宙有任何神秘的道德理性的支配力量，但是两派在对待传统的伦理文化上仍有很大分歧，它主要源于道德论和道理论的差异。

老子认为，道是万物本体，它无往而不在，它的特点是混沌空虚、无欲无为，没有任何既定的伦理色彩，因此叫作"无名"，即无法用世间通用的道德观念（主要指周代礼乐文化）表达的一种境界，由此老子创立了一种新的道德范畴，这就是无名之德，柔弱谦虚、混沌无为之德，无用之德，这种德相对于周代礼乐文化注重实用的特点来，毋宁说更接近人类道德的精神境界，这样，老子从反对周代礼乐文化的天命论出发，又回归到自己设置的道德天命论的家园。不信，请看："天地不仁，以万物为刍狗，圣人不仁，以百姓为刍狗。"[②]天地圣人以宽容的态度对待万物群生，这样的德对于汲汲于居仁行义和斤斤计较名分得失的儒家道德来，不是更显得从容和大度么！如果承认宽容是道德的极致，那么比之基督的普遍之爱、佛陀的慈悲和孔子的忠恕来，老子的"不仁"似乎应当具有同样深远的意义。老子抨击儒家的仁义，是认为它违背了自然无为的本体，过于狭隘了，他说："大道废，有仁义；慧智出，有大伪；六亲不和，有孝慈；国家昏乱，有忠臣。"[③]在老子看来，礼乐制度既是人性浇薄的产物，反过来又是它的原因，矫治的最好办法莫过于放弃现行的礼乐文化，挣脱仁义礼智的枷锁，返璞归真，恢复纯厚素朴的天

[①]　*Confucianism and Taoism*，pp. 7-9.

[②]　《老子道德经》，《诸子集成》本，3 页。

[③]　《老子道德经》，《诸子集成》本，10 页。

性。这才叫作"有道"。遵循这样的道，出路就只有一个：回归自然，恢复小国寡民的原始生活。这种态度虽然对当时处于衰退之中的周代礼乐文化有一种冲击作用，但仍然不完全适应新兴势力的需要，某些方面，甚至不利于新的集权统治。

韩非一方面赞成对仁义礼乐的道德伦理做彻底的攻击，另一方面又反对人们因此而走向逃避现实之路，认为这种人属于"离世遁上"的"轻物重生之士"，应该归入禁除之列。

此外，老子的道德强调柔弱虚静，这也不符合新兴势力变法图强的功利目标，他们需要的是一种既能冲破传统天命鬼神道德观的羁绊，又不致重新作茧自缚的实用的政治哲学，为现实的变化做出合理的解释，替未来打开已经半开的闸门，让改革的洪流尽情地奔泻，这是道家的道德论之所以让位给道理论的内在契机。令历史家感到惊奇的是，这个契机不早不迟，恰恰为韩非牢牢地擒住了。

韩非仔细地研究了当时流行的各种学说，在商、管之法中找到了历史变化的学说资源。

商鞅主张历史变化的发展观点，认为"治世不一道，便国不法古。故汤武不循古而王，夏殷不易礼而亡"[①]。为他的政治改革构筑理论基础，代表了三晋法家的思想倾向。

韩非在三晋法家历史观的基础上，把齐国《管子》之学的道理论加以条贯提炼，用以解释老子的道德学说，从而把道理哲学发展到一个新的阶段。

老子认为"孔德之容，惟道是从"[②]。道是什么样，德自然也该是什么样。但是他过分强调道德的虚静柔弱的一面，致使道德脱离了万物，具有神秘特征。他说："物壮则老，是谓不道，不道早已。"[③]物有生、有长、有壮、有老，道则不然，它无为无欲，永葆生命，于是便与物脱

---

① 《史记·商君列传》，2229 页。
② 《老子道德经》，《诸子集成》本，12 页。
③ 《老子道德经》，《诸子集成》本，17～18 页。

了节，成为独立于物之外的神秘的道德本原，与道法自然发生了矛盾，老子所谓"先天地生"，所谓"独立而不改"①即是典型的表述。道与物的脱节，使它具有一种凝固、僵硬的道德性质，这尤其不利于转变时期新兴势力变法改革的实际需要，因而成为法家必须加以改造的突破口。

韩非即缘此而进，构筑他的道理学说。他说："夫道者、弘大而无形，德者、核理而普至"②，"道，理之者也"③。通过理这个中介环节，道与物的联系更加密切、更为具体，这样就剔除了老子道论中的神秘因素，为注重情实的法治学说打破了传统的桎梏，开辟了一条康庄大道。在韩非这里，道不过是理的总体，理是物的情实，凡从于道而服于理的，必然要随物而化、因时而动，有什么样的物，就有什么样的道理，与物迁移、随时变化就是服从道理，就是有德，离开了物的变化这个道理，任何道德都是虚伪的、不真实的。至此，道德论中发生的这场变革得以完成。

说到这场变革之得以完成，还有韩非的老师荀子的一份功劳。他的自然之天在老子、《管子》的道与韩非的道理之间起了传导作用。

当然，承认这一点，不等于同意荀子的自然天道观与韩非的道理说毫无差别，事实上它们之间存在着实质的不同。具体而言，在荀子的表述中，天的运行仍有自己的规律，所谓"天行有常，不为尧存，不为桀亡"，虽然失去了拟人化的道德能力，却仍有脱离具体事物的独立倾向，未能彻底摆脱神秘的因素。它以自己独立、绵亘的特征表现出一种超越具体之物的品格（常），映衬在人类社会生活上，就是"百王之无变，足以为道贯"④。既然有百王无变的道贯，那么古今又有什么不同呢？荀子认为诗书礼乐中的伦常，也就是人类社会的道，它与天道一样是亘古不变的。至此，在逻辑上，天人相分便又复归于合一了。在对待历史和现实的态度上，荀子主张"古今一度也"。杨倞注："古今不殊，尽可以

① 《老子道德经》，《诸子集成》本，14 页。
② 《韩非子集释·扬权》，122 页。
③ 《韩非子集释·解老》，365 页。
④ 《荀子集解·天论》，《诸子集成》本，212 页。

此度彼，安在其古今异情乎?"①荀子主张以今持古、法后王、称文武，其政治主张具有一定的保守性，都与"天行有常""百王无变"的独立的常道有关。到了汉代的董仲舒，竟明确地宣称："古之天下，亦今之天下，今之天下，亦古之天下"，"天不变，道亦不变"。②韩非则不同，他的道是变常统一，与"尧、舜俱智，与接舆俱狂，与桀、纣俱灭，与汤、武俱昌"的，因为它有理的中介，所以才能以更为柔软灵活的面貌彻底地遏制传统道论中背离万物的神秘倾向，更适合新兴势力变法图强的政治需要。由此可见，理是韩非完成这场变革的关键所在。

（二）对天命鬼神及传统终极观念的批判

卜德指出，在中国从没有任何人曾经暗示过任何成文法哪怕是最好的成文法由神创造。③他说的有道理。其实不但成文法，就是习惯法，在中国也没有明确地被认为由神谕而产生，这是中国文化的一个突出的特点。非唯如此，对法律进行反省的政治思想，特别是主张法治的政治思想不但不承认法律的神源说，而且为了维护成文法的绝对权威，对宗教或半宗教（quasi-religious）思想进行了一定的批判，试图在法律领域中肃清传统的影响。韩非在道理说的基础上对天命鬼神和终极根据以及人类精神现象的批判，是典型的代表。通过下面的分析，我们可以从反面间接地感受道理论的特点和威力。

本来，韩非的道理论具有辩证的意义，这点已如前述。按照这个理论，理是个别事物的规定，是道的具体化，个别中包含着一般，个别事物只有在与他物的联系中来理解才符合道理论的精神实质，可是，由于政治功利主义的制约，韩非的理却经常忽视与他物的联系，片面强调情实日用的一面，有时甚至达到顽固偏执的地步，最终背离辩证的原则，跌进形而上学独断论和庸俗物质主义的泥潭。这在他对终极根据和人类精神的批判中得到了淋漓尽致的发挥。

---

① 《荀子集解·非相》，《诸子集成》本，52 页。
② 《汉书·董仲舒传》，2519~2520 页。
③ *Law in Imperial China*，p. 10.

　　中国古代虽然没有形成基督教那样的一神教，后来发展起来的佛教也是从印度大乘佛教传入的，但却不能说中国没有宗教，更不能说中国没有宗教思想。道教姑且不论，儒家是否为宗教，学界有争论，这也可置而不论，诸子有宗教思想则是不可否认的事实。殷人的帝，周人的天，都具有满足人民对终极关怀和对稳定社会秩序的需求，因而具有一定的宗教性。而墨家、儒家等学派对天志、天命的论证，多少使人感到具有宗教神学的意味。不过，法家批评古代的宗教思想，其出发点和根本目的，倒不完全在于对天和鬼神有什么特别的恶感，而是隐藏在背后的政治动机，因为几乎任何宗教都在有意无意地维护一定的社会秩序、传统文化和人类的良知，对此，马克斯·韦伯的认识总是那么的深刻，一针见血，他说："在中国的旧的社会秩序中，天力只是这样一种存在，即社会秩序的永久性的有效的卫道士，也是理性规范的和平的避难所，而不是恐惧和希望之命运的非理性的变化之源，它是在这个意义上统治着的。"①这样的天对处于变法革新潮流中的激进分子来说，当然是前进的羁绊，必须破除。韩非对以儒家的天命思想为代表的古代宗教——政治观的批评，集中地表现了这个倾向。

　　儒家倡天命、重人心，所谓天命，如前所述，其实是民心的外化，所谓"天视自我民视，天听自我民听"②，说的就是这个道理。荀子用人心和道心把人和天区别开来。可是这个道心，虽然超越了具体的人心，其实却是人心的抽象，是超人心。韩非不同意为政要"得民之心"，认为"民智之不可用"，"民智之不足用"③，任何超越生活日用的精神现象都与道理相违背，皆在否定之列，当然也包括伦理道德的本原——天或天命。在韩非的天道观中，几乎看不到有脱离物的独立的精神现象，他的天即自然的同义语，指物的本来状态，他的命即物的自然趋势和限度，对天命的这种理解已然包含着对诸子百家神秘的天命观的否定。

---

①　*Confucianism and Taoism*，p. 7.
②　《孟子正义·万章章句上》，《诸子集成》本，381 页。
③　《韩非子集释·显学》，1103、1104 页。

对鬼神迷信的批判是韩非思想中极富特色的内容。先秦时代的天道观之所以具有神秘的色彩，在很大程度上与对鬼神的迷信有关，对鬼神的畏惧和膜拜是天道观走向神秘化的宗教心理基础。韩非敢于揭露原始宗教的虚妄，的确要有非凡的勇气，当然，这个勇气除了来自他对道理的信念，更多的是发自对新兴政治权威的憧憬和依恋。他说："用时日，事鬼神，信卜筮，而好祭祀者，可亡也。"①可见，韩非批判鬼神前兆迷信不是从科学的角度否定鬼神的存在，而只是从政治实用主义的角度指出鬼神迷信无益于治，如此而已。下面引的这段解说更能说明问题：

> 凿龟数策，兆曰大吉，而以攻燕者，赵也；凿龟数策，兆曰大吉，而以攻赵者，燕也。剧辛之事燕，无功而社稷危；骑衍之事燕，无功而国道绝。赵代先得意于燕，后得意于齐，国乱节高，自以为与秦提衡，非赵龟神而燕龟欺也。赵又尝凿龟数策而北伐燕，将劫燕以逆秦，兆曰大吉，始攻大梁而秦出上党矣。兵至釐而六城拔矣，至阳城，秦拔邺矣，庞援揄兵而南则鄣尽矣。臣故曰：赵龟虽无远见于燕，且宜近见于秦，秦以其大吉，辟地有实，救燕有名。赵以其大吉，地削兵辱，主不得意而死。又非秦龟神而赵龟欺也。初时者魏数年东向攻尽陶卫，数年西向以失其国，此非丰隆、五行、太一、王相、摄提、六神、五括、天河〔阿〕、殷抢、岁星非数年在西也。又非天缺、弧逆、刑星、荧惑、奎台非数年在东也。故曰：龟策鬼神，不足举胜，左右背向，不足以专战。然而恃之，愚莫大焉。……越王勾践恃大朋之龟，与吴战而不胜，身臣入宦于吴，反国弃龟，明法亲民以报吴，则夫差为擒。故恃鬼神者慢于法……②

韩非列举燕赵两国依仗龟策卜筮之吉兆，却遭致兵败地削的恶果，越王勾践先是迷信龟卜，却无法取胜，后来弃龟用法，结果取得胜利，说明

---

① 《韩非子集释·亡徵》，267 页。

② 《韩非子集释·饰邪》，307～308 页。引文断句从《韩非子集释·饰邪》，《诸子集成》本，88～89 页。

"龟策鬼神，不足举胜"，"恃鬼神者慢于法"，前兆迷信与法治重人事、遵道理的精神是抵触的，因而无法取胜。可知，韩非只是用经验事实揭露鬼神迷信在政治斗争中的无用，而对于是否存在鬼神，并未给予关注。不过，他对鬼神迷信的批评包含了许多合理的因素。比如他指出："人处疾则贵医，有祸则畏鬼。"①鬼神迷信是出于人们对自身命运的担忧。这是宗教信仰的一般的心理基础，这种解释具有人本主义倾向，在今天的宗教学家看来，也是一条不易之论。按照这个逻辑，既然迷信的根据在于人们自己的心理状况，那么，避免鬼神作祟当然也可由人事来决定。他说：

> 圣人在上则民少欲，民少欲则血气治，而举动理则少祸害。夫内无痤疽瘅痔之害，而外无刑罚法诛之祸者，其轻恬鬼也甚，故曰："以道莅天下其鬼不神。"治世之民不与鬼神相害也，故曰："非其鬼不神也，其神不伤人也。"鬼祟也疾人之谓鬼伤人，人逐除之之谓人伤鬼也……民不敢犯法，则上内不用刑罚，而外不事利其产业，上内不用刑罚、而外不事利其产业则民蕃息，民蕃息而畜积盛，民蕃息而畜积盛之谓有德。凡所谓祟者，魂魄去而精神乱，精神乱则无德。鬼不祟人则魂魄不去，魂魄不去而精神不乱，精神不乱之谓有德。上盛畜积，而鬼不乱其精神，则德尽在于民矣。②

韩非认为，人有人的活动舞台，鬼有鬼的统治畛域，只要人民少私寡欲，就能免除疾患祸害；统治者不用刑罚，不与民争利，就会人口繁殖、财物丰足。这叫作"有德"。不过，这只是物质上的有德，此外还有精神上的有德。所谓精神上的有德，是指精神不乱，精气充盈。在物质和精神两个方面都做到了有德，当然就不会受鬼神作祟的影响，这就叫作"其鬼不神"，"神不伤人"。这里所说的物质和精神并非今日的概念，古人的物质观念只限于有形的可见的物体，而精神观念除了其功能与今

---

① 《韩非子集释·解老》，356 页。
② 《韩非子集释·解老》，356～357 页。

日的精神概念有相似之处外，其本身却往往是一种更为精微的物质——精气。这是我们在谈论古人的物质、精神概念时须时时记在心上的。鬼不伤人只是问题的一个方面；另一方面，既然人鬼各有畛域，那么人也不必逐除鬼神，人不伤鬼，两者就会相安无事，这就叫作"人鬼两不相伤"。人鬼两不相伤，就会达到"其德交归焉"的境界，鬼有鬼的德，人有人的德，这样的德不受对方的干扰，这才是道德的最高境界。由此可见，正像韩非反对神秘的道德本原的天命论，却不否认自然无为的天命一样，他反对鬼神迷信，不相信鬼神具有福善祸淫的道德功能，可对鬼神作为一种自然现象存在于天地之间却不予否认，这样的无神论在理论上当然是要大打折扣的。

如果说，韩非对天命鬼神观念的批判尽管表现了他的非道德化倾向，但多少具有一定的理性精神，那么，他对人类理性思维的贬低和嘲笑却完全表现出他的道理论的政治实用主义本质。本来，韩非的道理论轻视天命鬼神的作用，在客观上，对人的解放、精神的自由、科学思想的萌发有一定促进作用，可事实上，在韩非思想中，否定天命鬼神的权威只是为了树立道理的新权威，这样，人刚刚逃脱神权的束缚，转瞬间又陷于物力的枷锁。在后者之中，人丧失的不仅是异化的精神（天命鬼神），而且是掩盖在这异化的精神之下的道德和科学思想本身。道理论重物轻人的偏向较之天命鬼神论对自由思想的摧残更为严重。诚然，它还给人们一个不受天命鬼神支配的浑沦未分的自然界，这对人们解放思想、放下包袱、重新认识世界本应是一个良好的开端，可是就在同时它却把人们自由思考特别是对精神现象的自由思考的权力剥夺了，尽管这种思考本身可能导致荒谬。按照韩非的逻辑，面对着杂乱无章的世界的，将是一个不会思考，特别是不会做理论思考的人群，我们能期望他们创造出怎样的科学知识呢？

还是让我们通过下面几个例证看一看韩非究竟如何对待人的理性知识吧。

韩非对"前识"的批评比较集中地表现了他的思想特征。《解老》云：

"先物行先理动之谓前识，前识者，无缘而妄意度也。"①所谓前识就是脱离具体事物及其道理的思考，所谓无缘，就是没有具体事物及其道理作为条件和根据，大体说来，前识是形而上的观念的东西。韩非用下面这个例子来说明前识的虚妄：

> 詹何坐，弟子侍，有牛鸣于门外，弟子曰："是黑牛也而白题。"詹何曰："然，是黑牛也，而白在其角。"使人视之，果黑牛而以白布裹其角。以詹子之术，婴众人之心，华焉殆矣，故曰"道之华也"。尝试释詹子之察，而使五尺之愚童子视之，亦知其黑牛而以布裹其角也。故以詹子之察，苦心伤神，而后与五尺之愚童子同功，是以曰"愚之首也"。②

> 所谓大丈夫者，谓其智之大也。所谓处其厚不处其薄者，行情实而去礼貌也。所谓处其实不处其华者，必缘理不径绝也。所谓去彼取此者，去貌径绝而取缘理好情实也。故曰："去彼取此。"③

据此可知，韩非的"所缘"者，乃是感官所及的物的世界，而他所谓的"前识"自然是指脱离感官的思维活动，称之为"察"，韩非把它描绘成"苦心伤神"的，流露出对理性思维的轻蔑和怜悯。在他的心目中，所谓大丈夫是指那些有"大智慧"的人们，他们所拥有的"大智慧"正是关于感官世界的实际知识，即情实和道理，而绝不会是什么超感觉的知识，后一种知识被他归入"礼貌"一类范畴，成为任人嘲笑的伪知识。根据这种理解，许多科学，特别是理论性较强的门类，都将因为无益于实际政治而遭到唾弃。韩非对名辩家的逻辑学的批判就是生动的例证。他说：

> 人主之听言也，不以功用为的，则说者多棘刺（在棘刺之端雕刻猕猴，见该篇《说二》——重跃按）白马（即"白马非马"，先秦著名

---

① 《韩非子集释·解老》，338 页。
② 《韩非子集释·解老》，338 页。
③ 《韩非子集释·解老》，340 页。

的名家辩题——重跃按)之说。①

> 兒说，宋人善辩者也，持白马非马也服齐稷下之辩者，乘白马
> 而过关，则顾白马之赋。故籍之虚辞，则能胜一国，考实按形，不
> 能谩于一人。②

韩非把论说严格地限制在政治实用的方向上，反对人们对思维规律和语言逻辑本身进行深入探讨。至于他以兒说骑白马过关而无法逃脱课税，来嘲笑"白马非马"这个逻辑辩题的无用，其荒唐、愚昧，除了可悲，谁还忍心感到可笑呢。

这种执着于情实日用的道理论对于科学实验又会是怎样一种态度呢？请看韩非讲述的另一则故事：

> 墨子为木鸢，三年而成，蜚一日而败。弟子曰："先生之巧，
> 至能使木鸢飞。"墨子曰："吾不如为车輗者巧也，用咫尺之木，不
> 费一朝之事，而引三十石之任致远，力多，久于岁数。今我为鸢，
> 三年成，蜚一日而败。"③

《墨子·鲁问》篇也记有这个故事，不知怎的，却把制作木鹊的发明权记在公输子(般)的名下，那只木鹊"成而飞之，三日不下"，看来比这里的木鸢成功。而且"不如为车輗者巧"也不是墨子的自我伤叹，反倒成了他对公输子的机巧发出的冷嘲热讽。末了，墨子还特地点出这段故事的主题："故所为功利于人谓之巧，不利于人谓之拙。"④且不管究竟谁应为这个飞行器的发明负责，只说在两千多年前，我们的祖先就发明制造了这种先进机械，这足以使今人激动和骄傲的了，可是在韩非的眼里，政治功利的实用目标才是唯一的标准，按照这个标准，这种发明远不如工匠制作手推木轮车来得实用，因而高级机械的发明者反倒不如粗笨工具

---

① 《韩非子集释·外储说左上》，612 页。
② 《韩非子集释·外储说左上》，629 页。
③ 《韩非子集释·外储说左上·说一》，625 页。
④ 《墨子间诂·鲁问》，《诸子集成》本，292 页。

的制造者为巧，这种荒谬的论调只有在庸俗的道理论的前提下才能推导出。至此，韩非注重情实日用的道理论对理论思维和科学技术的发展将会起到何种作用，已经不言自明。

如同把理论思考当作伪知识一样，韩非还把礼乐文化归入虚伪矫情的一类，必欲去之而后快。前章已经谈到，在对待人的问题上，韩非认为人性就是人的物质欲望和计算之心，这就是人的情实，人的道理，是人的最真实的本质，礼乐制度则是对人性的背离和矫饰。他说：

> 礼者，所以貌情也，群义之文章也，君臣父子之交也，贵贱贤不肖之所以别也。[①]
>
> 礼为情貌者也，文为质饰者也。夫君子取情而去貌，好质而恶饰。夫恃貌而论情者，其情恶也；须饰而论质者，其质衰也。何以论之？和氏之璧，不饰以五采，隋侯之珠，不饰以银黄，其质至美，物不足以饰之。夫物之待饰而后行者，其质不美也。是以父子之间，其礼朴而不明。故曰："礼薄也。"凡物不并盛，阴阳是也。理相夺予，威德是也。实厚者貌薄，父子之礼是也。由是观之，礼繁者实心衰也。[②]

韩非用他一贯的道理论的目光看待礼情、文质关系，自然认为二者是矛盾的。他不知道礼貌和情实、文与质的统一本是合理的存在，反而认为矛盾双方不可并存，就像冰炭不可同器而久那样，只能是有此无彼、有彼无此的。他站在道理的立场上，认为凡依靠形式提高内容的程度的，其内容一定不美，用外表的装饰来表现本质的，其本质一定败坏。正确的选择应该是"君子取情而去貌，好质而恶饰"，只有取消了礼乐制度的文饰，人们的情质才是真实的、美好的。这种观点显然违背了辩证的原则，犯了独断论的错误。其实，一定的内容的美往往是由一定相应的形式美表现出来的，本质的良善也要靠现象来传达。和氏之璧、隋侯之珠

---

① 《韩非子集释·解老》，331 页。
② 《韩非子集释·解老》，334～335 页。

经过琢磨，形式和内容已经融为一体、协调一致，它的美就在于形式和内容的完美结合。这说明，和氏璧、隋侯珠的美是经过文饰的结果。未经雕琢修饰，再好的质料也难以达到和氏璧、隋侯珠那样的程度。韩非自己不是讲述过楚人和氏得楚山之璞，因为未经文饰而屡遭厄运的故事吗？这个故事恰好说明，再好的璞玉也须琢磨才可为世人承认和接受，可是在此处他却大谈"待饰而后行者，其质不美"，已经犯了自相矛盾的错误。韩非轻视文饰、固执朴拙，这对法治主义的政治主张，毫无疑问是有力的支持，但对文化建设，对人的完善和全面发展则必然成为一个巨大的障碍。孔子曾说过："志有之：言以足志，文以足言，不言谁知其志？言之无文，行而不远。"①还说过："质胜文则野，文胜质则史，文质彬彬，然后君子。"②君子本质的良善须同样美好的言辞加以传达，言行要一致，文质要得体，如此才可行于四方，不辱使命。韩非怀救世之志，却因轻视文饰，拙于口才而罹难强秦，其中的道理值得深思。

韩非批判传统的天命鬼神观念的虚妄，嘲笑理论思考和礼乐文化的无用，这与他的道理说维护、支持新兴的政治权力相表里。道理论的一个突出特点是注重情实，凡事都以是否有用来衡量，而有用无用又以是否符合君主意志来决定。韩非提倡法、术、势循环互补的统治方法，就是道理论在政治思想上的具体表现。正如前面所论，在韩非看来，因为人情自私为己，喜赏恶罚，所以要用法、术、势来统治，因为三者都以刑赏二柄作为根据，这恰恰适应了人性的实际情况，也就是符合了人性的道理。在法、术、势的统治下，一切思想、行为以是否符合君主意志和利益为标准。可见，道理论在政治思想上必然演化为政治实用主义。下面几段引文对此有更进一步的说明：

> 明主之国，令者、言最贵者也，法者、事最适者也。言无二贵，法不两适，故言行而不轨于法令者必禁。若其无法令而可以接诈应变生利揣事者，上必采其言而责其实，言当则有大利，不当则

---

① 《春秋左传正义·襄公二十五年》，见《十三经注疏》，1985 页。
② 《论语正义·雍也》，《诸子集成》本，125 页。

有重罪，是以愚者畏罪而不敢言，智者无以讼，此所以无辩之故也。……夫言行者，以功用为之的彀者也。[1]

有道之主，听言、督其用，课其功，功课而赏罚生焉，故无用之辩不留朝。[2]

前面所涉及的天命、鬼神、礼乐，在韩非子的道理论面前，都属于"无用之辩"，因为它们不利、甚至有害于君主集权统治，因此必须加以限制，甚至消灭。

W. K. Liao 认为韩非关于真理的理论与当代的实用主义理论(the modern pragmatic theory)相似。[3] 就其关心理论的实际效果而言，两者的确有相似之处；然而，西方实用主义的出发点却是把实在当作感觉经验的东西，它更关心精神的领域，因而贴近哲学；韩非则把物的世界当作真实的东西，执着于王权和君主的利益，因而更接近政治，它们是根本不同的两个体系。

道理论注重情实，排斥文饰，其实质是王权的绝对化，因而具有排他性、独断论的特点，不允许有矛盾存在。韩非在《难一》《难势》两次讲述矛盾的故事，指出："夫不可陷之盾与无不陷之矛，不可同世而立"[4]，"以为不可陷之盾，与无不陷之矛，为名不可两立也"[5]。后者点出"为名"，更强调概念上的矛盾在形式逻辑上的意义。关于韩非的矛盾说与亚里士多德的排中律是否相同，逻辑学家做了许多有益的论证[6]，本书姑置不论。就现实政治和社会生活而言，我的看法是，矛盾不但在两物之间存在，即在某物自身亦是存在的，矛盾是客观现实的合理的存在。韩非幻想在实际生活中消除矛盾，达到统一而无差别的大清明，这与他主张政治一元论有着必然联系。韩非断言：

---

① 《韩非子集释·问辩》，898 页。
② 《韩非子集释·八经》，1029 页。
③ *The Complete Works of Han Fei Tzu*，vol. II，《五蠹》篇脚注，p. 289.
④ 《韩非子集释·难一》，796 页。
⑤ 《韩非子集释·难势》，888 页。
⑥ 参见周钟灵：《韩非子的逻辑》，17 页，北京，人民出版社，1958。

> 夫冰炭不同器而久，寒暑不兼时而至，杂反之学不两立而治，
> 今兼听杂学谬行同异之辞，安得无乱乎？①

本来，冰炭的确不可同器而久，寒暑不能同时而至，如果硬要将这种不
相干的东西强凑到一块，当然是矛盾的，可是如果不做这种假设，暑天
需冰，冬日需炭，随条件变化，两者同为人所需要，矛盾也随之发生了
转化。寒暑作为历法上的季节，的确不可同时而至，可是实际的情况却
是，气候的变化无时无刻不在寒暑的矛盾消长中进行，它们互相包容，
互相渗透：冬日里，寒暑矛盾中寒成了主要方面；夏日里，反过来暑热
变为主要方面，两者随条件的变化而彼此消长，从未截然分离。据此看
来，所谓"杂反之学"是可以两立而治的。汉代"杂霸王道而用之"就是一
个典型。对同时代以"杂反之学"两立而治的情况，韩非大为不满，他批
评道：

> 国平则养儒侠，难至则用介士，所养者非所用，所用者非所
> 养，此所以乱也。②

除了在政治上为强化王权服务的实用目的外，韩非的道理论的形而上学
一面当然是它的理论基础。他说："凡物不并盛，阴阳是也。理相夺予，
威德是也。"③说矛盾不并盛，是有道理的，矛盾双方总是处在不平衡的
变化之中，可一定要说两者不相容、不两立，从而断定"去彼取此"，那
就完全歪曲了事实，滑入形而上学的泥潭。韩非在理论上的矛盾所反映
的是这样一个事实，那就是表面看来反映实际情况的道理，其实也有自
己的价值倾向，即维护君主集权的政治实用目的。

道理论虽然有形而上学的这一面，但并未改变自然无为、与时迁
移、随物变化的另一面，后者为随历史变化的人性论和变法主张提供了
理论上的支持，因而成为道理论的主要方面，在它的基础上，人性、政

① 《韩非子集释·显学》，1085 页。
② 《韩非子集释·显学》，1091 页。
③ 《韩非子集释·解老》，335 页。

治、历史和存在融为一体，韩非政治哲学体系由此而得以完成。

（三）与古代印度、希腊关于终极根源的思想的比较

政治主张和人性思想的终极根源也是印度和希腊哲人关心的问题，了解他们的这个思想对于认识他们的思想体系的特点具有重要意义，对于比较中国古代的政治思想特别是韩非的政治思想具有重要的学术价值。

古代印度文化无疑是笼罩在宗教的幕纱之下的，从社会生活到思想文化，婆罗门教几乎覆盖了所有的领域。比如《摩奴法论》，从瓦尔那制度、国王的职责、法律的来源，到四住期生活指导，没有一样不是出于梵天的旨意。除了梵之外，人几乎没有自己独立的东西，就连人性也不过是梵性的表现，受到一种宿命论的支配。在这种神学思想的统治下，人只是躯壳，是幻象，并非真实的存在，他是无限轮回流转的不同阶段；既存的一切社会制度、等级礼法都是梵性的表现，因而是神圣不可改变的，人只能听凭神意的摆布，尽其责任，没有其他选择。在现实的人群中，最接近于神的是婆罗门，他们是梵在人间的代表，"婆罗门之生是法的永久体现；因为生以执法的婆罗门生来和梵天一体"①，"婆罗门在人类中地位最高"②，应受到国王的尊敬，有权参与政务，财产、生命不受世俗权力的侵犯。不过，就多数情况而论，婆罗门并未握有政治权力，而事实上，国王时刻试图增强自己手中的政治权力，因此他们为了反对传统的等级制度以及为此等级制度辩护的婆罗门教寻找各种反抗的理由。

佛教倡导众生平等，对婆罗门教的等级制度有一定的冲击作用，因而在孔雀帝国特别是阿育王那里受到礼遇。佛教最初是无神论的，它的众生平等只是追求觉悟和寂灭的平等，是无的平等，也就是无平等③，这种思想丝毫未能触动既存的瓦尔那制度，因此仍无法满足世俗君主加

---

① *The Laws of Manu*，Ch. 1，98，p. 21；96，p. 21.
② *The Laws of Manu*，Ch. 1，98，p. 21；96，p. 21.
③ 参见《古代中国与世界———一个古史研究者的思考》，591 页。

强权力、与传统抗争的需要。在这种情势下,《政事论》便合乎理性地出现了。

《政事论》的思想明显有一丝世俗功利精神在其中,比如对宗教采取了一种实用的态度,甚至主张利用宗教情绪和宗教制度为政治目的服务。比如,建议在神像中暗藏武器,以刺杀前来拜神的敌国国王。① 此外,还利用神来恐吓敌人,激励士兵;建议密探隐藏于神像中与国王讲话,甚至利用巫术于战争。②《政事论》认为国王的责任是维护精神的善和物质的富裕,因此,其统治术的训练科目就绝不止《吠陀》一科,除《吠陀》外,还有哲学、经济和政治思想,③ 从这种学术划分就感到《政事论》的世俗化的倾向,这四科正是为国王完成其维护精神之善、增进物质福祉而设。它认为人生有三个目标:一是精神之善,二是物质之福,三是感官之乐。三者之中物质之福最高,其他两项皆以此为本。④ 由此政治目标的影响,《政事论》对人力有一定的认识,比如在法律的来源上,进行了拓展,除吠陀、习俗、神意外,还认为在某些领域国王可以立法,王命也成为法律的来源之一;在施政中,对财政、市场、货币等经济因素给予了一定的重视;在君臣关系中从物质利益的冲突来看待矛盾,设计密探政治的种种权术,所有这些政治措施都具有唯物主义的特色,反映了王权的利益和要求。

在印度社会中,尽管婆罗门教认为国王是梵天从八神的身体中最永久的粒子创造出来,因而具有八神的威力,成为一个寓于人形的神明⑤,但印度学者认为这种君主神源说(divine origin of king)与欧洲人所谓的君权神授(the divine right of kings)有所不同,国王虽为神造,但自己并不具有神权,只有当他具有美德、能够自律、保护人民及神权

---

① *The Kautiliya Arthasastra*,Bk. XⅢ,Ch. 5,p. 470.
② *The Kautiliya Arthasastra*,Bk. XⅣ,Ch. 11,pp. 494-498.
③ *The Kautiliya Arthasastra*,Bk. Ⅰ,Ch. 2,pp. 5-7.
④ *The Kautiliya Arthasastra*,Bk. Ⅰ,Ch. 7,pp. 3-7,p. 14.
⑤ *The Laws of Manu*,Ch. 7,3-4,7,8.

时，他的职能才被比作神。①《政事论》并未把国王当作神（a divine be-ing），因为如果承认国王的神性，就不得不承认国王在神谱中低于婆罗门，这是孔雀帝国的当政者们所不愿意看到的。《政事论》转而从国家七要素的角度来看待国王的地位，用世俗的眼光来审视国王与婆罗门的高下。在国家七要素中，国王最高，为核心，七要素中没有婆罗门，这种划分是否具有排斥婆罗门在政治上的影响的意图呢？揆情度理，是可以肯定的。

但是，这些唯物主义因素究竟只是昙花一现，犹如夜空中的闪电，转瞬即逝，《政事论》中起主导作用的仍然是婆罗门教神学思想。国王还要以《吠陀》为本，必须向传统和达摩神法屈服，保护种姓制度特别是婆罗门的利益，承认婆罗门智者之言与《吠陀》一样都是神法的源泉，国王仍在神权的重压下和束缚中挣扎，这种对神和宗教传统的矛盾态度反映了印度社会宗教与世俗权力间矛盾冲突及力量对比的现实，具有重要的历史意义，与韩非的较为彻底地摆脱了神权枷锁的道理论不可同日而语。

希腊人重视理性，但是他们的理性实在也有着神学的基础，只不过这种神学已经突破了传统血缘宗教的界限，成为城邦和公民的宗教，亚里士多德所谓"众神只须从公民那里接受荣耀"（"众神之誉，唯民是求"，The Gods should receive honour from the citizens only）②，正表现了神的城邦性、公民性。希腊人对人的看法，对政治的期望，都与这种神学思想有关。柏拉图和亚里士多德仍然具有典型性。但二者的认识却有一定的差别。

柏拉图认为，人的灵魂中有理性和非理性两大因素，他把非理性叫作"人的兽性"，理性叫作"神性部分"，Jowett 把前者译作 the beast in man，后者为 the god in man③，可见，在柏拉图的思想中，理性与神性

---

① *A Study in Arthasastra*，p. 248.

② *Politica*，1329a 29.

③ *Plato's Republic*，589，p. 373.

是相通的，它之所以成为理性，恰是因为与神的合一。他认为："灵魂就像眼睛，当注视到被真理和存在（being）之光照耀的东西时，就会开悟，于是就有了理智（intelligence）；但是当它转而把目光投向那暗淡的生灭世界时，便只有意见（opinion）了。"[1]可见，理性并非灵魂自生的东西，而是由于真理和神性决定的。为了认识真理，获得理性，人们只有通过奴隶般的艰苦磨炼才有希望达到目的。[2] 他举了木匠造床的例子，认为木匠之所以能造出床来，是因为他通过艰苦的劳动，掌握了床之为床的道理，这道理就是理念，或形式，它先于床而存在于自然中，神是它的设计者。[3]

那么，是否所有的理念皆源于神呢？看来在柏拉图的思想中，只有善的理念与神相连。柏拉图认为："在知识的世界中最后显现出来的才是善的理念（idea of good），只有靠努力才能获得。我们一旦见到它，就必会得出结论：它的确是一切事物中所有正确者和美好者的原因，是可见世界中的光明之源，在可以感知的世界中，它本身就是真理和理性的决定性根源，任何人，凡能在私人生活或公共生活中合乎理性地生活，必是看见了善的理念。"[4]所谓理性、知识、真理，都是关于善的理念的，善的理念是一切事物中正确和美好者的原因，是光的创造者，这与犹太教和基督教以及东方许多宗教关于神为光源的提法几乎一致。因此，柏拉图干脆把善的理念叫作神，说："神既然是善者，它也就不会是一切事物的原因——像许多人所说的那样。对人类来说神只是少数几种事物的原因，而不是多数事物的原因。我们人世上好的事物比坏的事物少得多，而好事物的原因只能是神。至于坏事物的原因，我们必须到别处去找，不能在神那儿找。"

柏拉图的神只对善的事物负责，那么在宗教观上就露出神的善一元论的倾向，这与传统的宗教观发生冲突，《荷马史诗》有如下诗句：

---

[1] *Plato's Republic*，508，p. 265.
[2] *Plato's Republic*，494 d. 参见《理想国》，245 页。
[3] *Plato's Republic*，597，pp. 379-380.
[4] *Plato's Republic*，517，p，273. 参见《理想国》，276 页。

> 在宙斯那里，掌握着众多命签，
>
> 只有一枚为善，其余皆恶。
>
> 对吾人而言，宙斯既是善之施与者，
>
> 也是恶的散布者。[①]

古代的神有产生善恶的两重性质，这似乎与当时人们生活于氏族的血缘组织有关。氏族既是族人的保护，又是族外之人的障碍，氏族的神也是这样，对族人是善的，对族外人自然就是恶，因此具有善恶二重性质。柏拉图坚决反对这种观点，认为神的惩罚对受罚者实是一种恩惠，是善举，而非邪恶。这种观点反映了氏族血缘关系破坏后，在以城邦为限度的人类政治共同体中对传统宗教观念的超越，这无疑也是人类精神觉醒的一种表现，对普遍的人类观念的形成是有益的。

总之，在柏拉图那里，神是善的原因和造主，是善的理念，认识神就是认识善的理念，就是理性，有理性才有知识；理性既是道德的，又是科学的，知识因其源于神而神圣。《理想国》在将近结尾处有很多关于神的恩典、末日审判、天堂地狱、来世轮回说的内容，显系东方宗教的影响。

《政治家》关于神学的思想强调灵魂中的理性部分与神相连，因而具有永恒意义[②]，与《理想国》是一致的。

《法律篇》虽详论第二等好国家的法律，但对于神，却和《理想国》一样，仍未放弃向往和崇拜。它承认神的本原，认为凡有限之物甚至天，都属于神；天有善有不善，神却只是善的；人之所以有理性，之所以善，是因为它含有神力，因此才有正义、节制和严谨之德。天下生物人为贵，其原因恰是因为对神的礼敬。即使是法律，也由诸神所定（all the laws are finely made by gods）。[③] 希腊的法（nomos）比我们所认为的法律要宽泛得多，它既可是成文的，也可是不成文的，除了法律外，它

---

① *Plato's Republic*，380，p. 92.

② *Statesman*，*The Dialogues of Plato*，vol. 4，pp. 515-516.

③ *The Laws of Plato*，634e，p. 14.

还可指有权威的习俗、传统、习惯，有时甚至指人们的举止和生活的箴言等。① 这样的法，与古代印度的达摩神法（dharma）和古代中国的礼有共同之处，具有教育意义，因为它们拥有的理性——神性特征是相同的。由此也可看出，柏拉图的第二等好的国家，从本质上说与他的理想国是一致的，两者都把理性——神性贯注到政治中去，不同的是后者强调哲学家对理念——神的知识，前者则承认法律对理念——神的体现，但如果追溯到法的制定和传授，仍可发现古代哲人的功劳。

对于理性的终极根源，亚里士多德做了更为深入、系统的探索，其理论成果比较集中地保存在《形而上学》一书中。据亚里士多德说，希腊人在他之前很久就已经认识到神是事物的原因，称之为世间的第一原理（the first principle），英译者 W. D. Ross 使用了大写的 GOD 来代表希腊文的神（Θεoζ），这个神具有一神的特征，后世用来表示唯一的主宰。阿那克萨哥拉（Anaxagoras，约公元前 500—前 428）则进一步指出理性（νουζ）为终极原因，并且认为"事物所由成其善美的原因，正是事物所由始其动变的原因"。② 他把理性称为创世的神灵（a deus ex machina，旧译"机栝"），使理性与上帝合而为一。亚里士多德的形而上学就是沿着这条思路向前发展的。

柏拉图关于最初本原的思想为亚里士多德提供了直接的渊源。不过，为了弄清楚他的逻辑，我们还是沿着他自己的思路，从原因开始。

在亚里士多德那里，哲学是关于智慧的学问，而"智慧就是有关某些原理与原因的知识"③。他的形而上学的主要任务就是在"寻求现存事物，以及事物之所以成为事物的诸原理与原因"④。

关于事物的原因（the original causes），他提出了著名的四因说。第一是本质（essence，旧译"怎是"，希腊文原义"是"），今人概括为本因；

---

① *The Laws of Plato*，notes，p. 511.

② *Metaphysica*，984b 20-22. 参见［古希腊］亚里士多德：《形而上学》，吴寿彭译，10页，北京，商务印书馆，1959. 后文简称吴译本。

③ *Metaphysica*，981b 35-982a 1.

④ *Metaphysica*，1025b 1-2.

第二是质料(matter)或底层(substratum)，是为物因；第三是变化的根源(the source of the change)，为动因；第四是相反于动因的原因，即目的和善，这是一切生长和变化的目的，称极因(the end)。① 在亚里士多德之前，许多哲学家对事物的原因进行了探索，提出了许多不同的论点，有的以为物质的某一种类，如水、火或气为第一原因，有的用原子来解释事物的原因，有的甚至提到动因。阿那克萨哥拉则提出以理性、情爱为基本原理，对此，亚里士多德评论道：

> 那些谈论理性或友谊的人将这些原因归之于善类：但他们并未承认存在物为此善类而存在或产生，而只承认运动似乎由此开始。同理，那些认为一(one)或存在(existence)是善的人们，认为它只是本体的原因，但本体(substance)却既非因此而是，又非为此而成。所以，这表明，从某种意义上说他们既认为又不认为善就是一个原因，因为他们并未特殊地把善叫作终极的原因(cause)而只是偶然地提到它。②

为了进一步探求第一原理，亚里士多德讨论了极因。他认为，世上必有第一原理，它是运动和变化的原因，这就是极因，事物有的四因兼备，有的并非如此，但每物都要由极因来决定。说：

> 四因都可以称为智慧的学术。至于其中最高尚、最具权威的，应推极因(the end)与善因(the good)之学，终极与本善具有慧性——事物同归于终极而复于本善，其他学术只是它的婢女，必须为之附从而不能与相违忤。③
>
> 不动变诸实是中存在有一个极因……极因之作用不仅为善业，更当为某物之善果而为之作用。后一命意应用于不动变事物，前一命意则不应用于此。极因于其所喜爱产生动变，其他一切事物则依

---

① *Metaphysica*，983a 24-32.
② *Metaphysica*，988b 8-15.
③ *Metaphysica*，996b 7-12. 参见吴译本，40 页。有改动。

所动变而行其动变。①

原动者(the first mover)必需存在，既然其存在为必需，则其为实是之本旨也必善，而正是由于这样的命意，这成为第一原理。②

于是，宇宙自然(the world of nature)与诸天(the heavens)就依存于这样一个原理。而我们俯仰于这样的宇宙之间，乐此最好的生命……而以纯理为活动与实现者尤佳，思想必致想于事物之最佳最高者，由此所启之思想方为嘉想。思想与所想者相接触，相参与，而两者循合于一体。凡能受致理智对象之怎是者，才得成其为理性。于思想活动之顷间亦正思想持获其所想对象之顷间。是以思想(理性)所涵若云容受神明，毋宁谓秉持神明，故默想(神思)为惟一胜业，其为乐与为善，达到了最高境界。如云吾人所偶一领会之如此佳境，神固万古间未尝一刻而不在如此之佳境，这不能不令人惊奇；若谓神所在境宜更佳于如此者，则其为惊奇也更甚。而神确在更佳更高之处。生命固亦属于神。生命本为理性之实现，而为此实现者唯神；神之自性实现即是至善而永恒之生命。因此，我们说神是一个至善而永生的实是，所以生命与无尽延续以至于永恒的时空悉属于神；这就是神。③

宇宙万物甚至诸天即以此第一原理为根源，认识到这第一原理的本质，才能成就其理性，这第一原理就是神，而所谓理性也就是此神性。英译者把原文的神(Θεoς)用大写的 GOD 加以转译，这个神开始具有一神的特征，说明它已突破传统血缘关系的束缚，具有普遍的意义，已然成为理性的化身。

关于终极根据的理性特质，亚里士多德认为："就被制造之物而言，其原理存在于制造者中——它或是理性，或是技术，或是某种机能，凡

---

① *Metaphysica*，1072b 2-4. 参见吴译本，247 页。
② *Metaphysica*，1072b 11-12. 参见吴译本，247~248 页。
③ *Metaphysica*，1072b 15-30. 参见吴译本，248 页。

事物之被做成者，其原理皆出于作者——它就是意志（will），因为所做之事与所欲之事合而为一。"①现存事物之有理性皆因为它的终极原因所致。关于神与人和人心的关系，请看亚里士多德以下的论述：

> 天心（或神思）的本质（the nature of the divine thought）涵有某些问题；我们注意到思想是最具神性的事物（the most divine of things），然而若欲问思想如何安排方能成其神性，这就会引起或多或少的疑难。因为人心若无所思，则与入睡何异？也就无从受到尊敬。然而若说这理性（心）进行思想活动，还得有所赖于另一些事物，那么它的本体（substance）就不是思想活动而是一个潜能，这就不能成为完善的本体；这是由于思想活动，理性才获得其至善。理性的本体究属在于思想的机能，抑或在于思想活动暂置不论，试问它所思想的又是什么？是想它自己或想别的事物？如所思为别的事物，它常致想于同一事物，抑致想于不同事物？它若专意致想于善业或是随意地胡思乱想，这又有何分别？世上有无不可思想之事物？明显地（理性既已预拟为自身不做运动）这当致想于最神圣最宝贵的事物而不为变化；苟为变化这就成为运动而且会每变而愈下。于是，第一，理性（thought）若仅为潜能而不是思想活动，这就得设想不息的延续活动应于理性为疲劳。第二，这就显然需要有较理性更为宝贵的事物以为理性之所思想。思想活动并不必然是至善之事物，因为从事思想活动的人们过去和现在的思想，未尝不想到那些不应该致想的世俗事物。因此，若以理性为至善，理性（神心或天心）（divine thought）就只能致想于神圣的自身，而思想就成为思想于思想的一种思想。②

这段文字，重要处在于区别了思想的两种类别，一为人心，二为神心（或天心）。这种划分与宋儒的方法相近。朱熹即用"天心"指"道心"，

---

① *Metaphysica*，1025b 22-25. 参见吴译本，118 页。有改动。
② *Metaphysica*，1074b 15-34. 参见吴译本，253~254 页。

即理，他认为性善(人心)即源于理善(天心)。所谓人心即"未尝不想到一些不应该致想的世俗事物"，而神心即"只能致想于神圣的自身"。人的理性的活动，就是这种神心的思想活动。至此，我们可以有把握地说，亚里士多德的极因也就是善因，它既是一切运动变化的根源，也是理性的本质所在，因此才被称为第一原理。希腊文原理(άρχή)，拉丁文作 principium，英文译作 principle，含有起点、渊源和原则之意，是真和善的统一，上帝是它们的代名词。这种上帝观念与中国的天命、天鬼、天道观念是否可以相通呢？在孔子、墨子等看来，天、天鬼或上帝之类的概念，虽没有造物的特点，但多少具有本原的意义，至于作为仁、兼爱等的根据，则是当之无愧的。孟子的诚、荀子的圣人之伪、邹衍的五德都或多或少地包含了本原和至善的意义，与希腊的理性相当。由此看来，在真与善的统一这一点上，希腊的上帝(Θεος)与中国的天、天鬼、上帝观念有相通之处。

那么道家和法家的道论是否也是这种真与善的统一呢？黑格尔在评价老子哲学时指出："道就是原始的理性 νους (l'intelligence)，产生宇宙，主宰宇宙，就像精神支配身体那样。"他还引述雷缪萨的话说："道这个字最好用 λογος 来表示"，《老子》第一章"可用希腊人的 λογος 来表示"。①

λογος 这个词即是真与善相结合的理性。如果我们承认虚静柔弱、自然无为也是一种理性的至善，那么老子的道当然可以作为第一原则。可是沿着这个思路，却无法把韩非的道理所表现的万物的自然状态、万物的真实状态也认作至善的理性，尽管他本人或许也以为道理才是最好的，可他却从不认为善是道理的特质。由此看来，先秦诸子中只有韩非的思想与希腊人关于理性的上帝观念截然相反，这反倒凸现了韩非子在中国文化中的特殊地位，值得反思。

综上所述，在政治主张和人性学说的终极根据上，诸子百家的观点

---

① ［德］黑格尔：《哲学史讲演录》第 1 卷，贺麟、王太庆译，126 页，北京，商务印书馆，1959。

是不同的，大体说来，孔子的天命、墨子的天志可算作一类，它强调天的独立于万物的神秘性，表现的是春秋后期至战国前期部分士人的思想；孟子的天命人心、阴阳家的四时五德、荀子的天行有常承认天与自然万物有其相通的一面，又有独立不倚的另一面，反映了战国时代另一部分士人的思想。以上诸家虽时代不同，代表的群体不同，因而思想上有很大差异，但是他们的天道观至少有一个共同点，那就是程度不同地强调天命的脱离万物的独立性，其中或多或少都包含了道德理性的因素，因而为人类的精神文化和社会制度的稳定和发展提供了宗教和哲学上的依据，对传统和人性起到了一定的保护作用。韩非继承法家商、管两派的历史进化思想，改造老子和荀子的天道观，把道理学说发展到一个新的阶段，他的学说强调天道无常、历史变化，否认道德实践的主体自觉，轻视精神的价值，蔑视理论思维，贬低传统文化的地位，并对天命鬼神的终极根据展开了一定程度的批判，从而完成了先秦天道观念中道德主义向历史主义的变革，为新兴的政治集权奠定了坚实的理论基础。

比较而言，印度文化呈现出浓厚的神秘色彩，虽然《政事论》曾对人力有一定的觉醒，但终究未能挣脱婆罗门教的束缚，因而，政治、人性仍旧笼罩在梵天的阴影之下。希腊人冲破了传统血缘宗教的局限，开始树立上帝的权威，并把上帝当作本原和理想的根据，使宗教和哲学在真和善相统一的境界中联系起来，为人类理性奠定了坚实的理论基础。不管希腊文化和印度文化在理性的根据上有何差别，它们和中国文化的主体部分仍有相通之处，那就是上帝（尽管印度人、希腊人和中国人对"上帝"的理解是不同的，但在具有终极性这点上则是相同的）的善决定着人性的善，也决定着政治的民本（或民主）倾向。唯一不同的是韩非，他的道理论以其只真不善的特点，表明人性之恶和政治的无情，这是他强调君主集权的政治思想的必然要求，具有强烈的功利色彩。

第四章　韩非的思想和他的悲剧人生

以上论述了韩非的政治思想体系，我们由此而知，韩非的体系是建立在对道德理性和宗教天命思想的否定态度之上的，他不相信人有可以为善的道德资源，不承认天命中有永恒不变的理性根据，他的所谓天命即道理，乃是纯然无知的自然本体，其中没有任何先验的道德因素，它随物的差异而变化，因时的流逝而转移，天地万物，无不受这个规律的支配。人性不能例外，政治的方略更是如此，这样，韩非的以君为本的政治思想体系就有了牢固的理论基础。

读到这里，人们或许要问，这个在古代世界独步一时的政治学说何以能够产生？构筑了如此庞大而严密的体系的思想巨匠究竟是一个怎样的人？这个体系对他的人生又有何种影响？他个人的行状和命运又是怎样表现他的思想的？

司马迁著《史记·老子韩非列传》，全文转录《说难》一篇，末了，特书一笔："余独悲韩子为《说难》而不能自脱耳！"[①]表达了深切的同情和惋惜。我们知道，太史公曾遭李陵之祸，下狱受腐刑，在"说难"上与韩非有着相似的遭遇，因而引起共鸣，是很自然的。虽然对于韩非思想，他有"引绳墨、切事情、明是非，其极惨礉少恩，皆原于道德之意"[②]的精辟论断，但在描述韩非和李斯、姚贾的矛盾上却又有意偏袒韩非，其行文逻辑混乱，含糊其词，以至故事的发展线索总是若隐若现，扑朔迷

---

① 《史记·老子韩非列传》，2155页。
② 《史记·老子韩非列传》，2156页。

离。据《史记·老子韩非列传》记载，秦王政读到《孤愤》《五蠹》之书，却因不得见其作者而怅恨不已，幸亏李斯及时举荐，才得以向韩非发出邀请。可是韩非到达秦国以后，不但没有受到理应受到的重用，反而遭到李斯、姚贾的陷害，直至身陷囹圄，饮鸩而亡。其间，原委未予交代。不过，从史公的语气揣度，韩非之死似乎是李斯、姚贾制造的冤案。如果加上所谓"（韩非）与李斯俱事荀卿，斯自以为不如非"①的暗示，很自然地，人们便会联想到"李斯妒杀韩非"的可能性。东汉人王充即使不是第一个公开提出这个论点的，也是具有代表性的一位。他明确指出，"李斯妒同才，幽杀韩非于秦"②。此后，李斯妒杀韩非似乎成为定论。两人的矛盾中可能包含的深刻的社会内容和人性内容便被一个简单的"妒"字掩盖住了。

　　近些年来，关于韩非的死因，又有新的看法。有一派观点把韩非定为"阴谋弱秦势力"中的一分子，认为他的被杀是"因为他阻碍秦的统一"。具体言之，"韩非出于存韩弱秦的政治目的和政治需要，不惜在秦王面前对即将出使四国的姚贾进行了卑鄙的人身攻击，可见韩非是善诟于人的"。由此进一步推论："韩非虽为人口吃，不能道说，但他却长于权术，善于阴谋，尤善揣度人主之心，行诽谤之能事……李斯、姚贾所以主张杀韩非，其原因……是对韩非弱秦存韩的根本还击，这哪里是个人之事，分明是一场严峻的政治斗争。韩非之死，死于为韩，非李斯嫉杀明矣。"③这派观点又为我们提出了新的问题：在历史学的意义上，思想家的信仰和理论兴趣与他个人的行事是否必须一致？也就是说，政治理论上的行家是否必为政治实践上的里手？④由此看来，在韩非的政治思想和他的政治实践，他的性格和人生结局上，仍有进一步研究的必要。

---

①　《史记·老子韩非列传》，2146 页。
②　《论衡注释·祸虚篇》，361 页。
③　王举忠：《李斯杀韩非原因再考辨》，载《辽宁大学学报（社会哲学科学版）》，1985(4)。
④　周勋初曰："韩非的文章表明，他有非常高的政治才能，如果他有从政的机会，能够顺利地推行法治，韩国的情况可能会改观。"参见《韩非》，80 页。

下面从韩非的经历入手，分析他生长的环境和性格的关系，从而进一步认识他的思想形成的主客观原因及其人生的悲剧意义。

一、韩非的身世和性格

一个人出身的环境以及由此环境铸范出来的个性不但可以决定他的思想，甚至可以影响他一生的命运。普通人如此，思想家也不例外。

孟子说过："人之有德慧术知者，恒存乎疢疾，独孤臣孽子。其操心也危，其虑患也深，故达。"[①]赵岐注云："人所以有德行智慧道术才智者，在于有疢疾之人，疢疾之人，又力学，故能成德。"按"疢疾"，焦循引《诗·小雅·小弁》"心之忧矣，疢如疾首"。笺云："疢，犹病也。"病即疾甚也。这句话是说，大凡有德慧术智的，往往是那些遭受疾患困厄之人，因为有此疾患和困厄，才会激发勤奋的精神。

同理，在政治领域里，只有孤臣孽子，才会忧虑危殆之事，怵惕祸患之原，所以更能有所发现、有所成就。孤臣即远臣，孽子即庶子，与备受宠爱的嫡子幸臣比较起来，他们往往远离君父，饱尝冷落和欺凌之苦；可有时又因身在权力中心，横遭猜忌和压制，因而难免自卑和嫉愤。韩非就是这种"孤臣孽子"中的一个。

司马迁所谓"韩非者，韩之诸公子也"[②]。"诸"即众、庶。《礼记·内则》："择于诸母与可者"，注："诸母，众妾也"。[③]"诸公子"即太子以外的众公子，或庶子，其中有的由于某种原因而享有高位，如赵平原君赵胜即"赵之诸公子也"。[④] 不过，韩非地位之低是可以肯定的。他自称"疏远""轻贱""处势卑贱"[⑤]，与"法术之士"同列，这恰好说明他的这

① 《孟子正义·尽心章句上》，《诸子集成》本，532页。
② 《史记·老子韩非列传》，2146页。
③ 《十三经注疏》，1469页。
④ 徐广曰："《魏公子传》曰：'赵惠文王弟。'"见《史记·平原君列传》，2365页。
⑤ 《韩非子集释·孤愤》，207页。

个公子身份绝不会是亲近的嫡正之子，而只能是疏远的庶孽之末流。

　　孤臣孽子受到的冷眼和压力是超乎寻常的，因而也最易产生自卑心理。这在韩非身上似乎不难找到证明。司马迁说韩非"为人口吃，不善道说，而善著书"①。近人钱锺书根据奥地利精神病学家阿德勒（Alfred Adler，1870—1937）的个体心理学，称这种现象为"补偿反应"（hyper-compensation，compensatory reaction）。②

　　阿德勒的个体心理学认为，自卑者具有犹豫的态度，结果往往导致口吃。③ 这种口吃乃是功能性的，是自卑心理的结果或表现。还有一种，是器质性的，属器官障碍，而在阿德勒看来，器官障碍正是自卑的一个重要原因。④ 不论哪一种，都可说明韩非可能具有的自卑倾向。

　　总之，韩非的身世和心理合乎孟子所说的"孤臣孽子"的身份，似乎也符合他所谓遭受"疢疾"的德慧术智者的特点。如果以上推测大致不错，那么韩非的自卑倾向就可以作为一个出发点。沿此，我们或许能够找到他与外界冲突，他的思想的深邃、冷峻，以及他的悲剧人生的社会的和历史的根源。

　　个体心理学还认为，具有自卑感的人总是比常人更多地意识到生活中的困难，更容易养成一种寻找生活阴暗面的习惯。⑤ 这在今本《韩非子》中仍可以找到类似的表达方式。韩非惯于以偏概全、善于捕捉生活中极端的负面事例，当作典型，加以评论，如他用溺杀女婴、父子怨恨、夫妻谋害这样的极端事例揭露人性的丑恶，这样做的结果，往往会得出对社会人生的悲观的结论。当然，他之所以能够做到这一点，仍然脱离不开给予他深刻影响并提供丰厚资源的社会条件。韩非的学说之所

---

　　① 《史记·老子韩非列传》，2146 页。

　　② 钱锺书甚至还发现，除了韩非之外，尚有汉人司马相如、兒宽、扬雄、何休，以及南北朝时人范晔、挚虞、潘岳、郭璞等，也都是口吃而善著书的。参见钱锺书：《管锥编》第 1 册，310～311 页，北京，中华书局，1979。

　　③ The Ansbachers, Henz L. and Rowena R. edited and annotated, *The Individual Psychology of Alfred Adler*, New York, Basic Books, Inc. Publishers, 1956, p. 277.

　　④ *The Individual Psychology of Alfred Adler*, p. 368.

　　⑤ A. Adler, *Understanding Human Nature*, translated by Walter Beran Wolfe, London, George Allen & Unwin Ltd. , 1930, pp. 174-175.

以容易引起普遍的反感，原因就在于他看到了常人看不到或不愿看到的阴暗面，并且公然把宗法政治的残酷、血缘亲情的虚伪揭发出来，暴露于光天化日之下。韩非受到了环境的不公正对待，又把不公正的现实原封不动地展现给人们，他之所以忍心用许多极端的例证展示冰冷的人生、阴森的世相，是由于他对周围的环境怀有一种敌意，他不大相信世上还有可以亲近和信任的人，还有幸福和轻松的生活。这种心理，一方面反映了韩非个人对社会的不良适应（maladjustment），另一方面又生动地表现了社会矛盾在人类精神中扭曲的反省。

从历史研究的角度言之，韩非的这种倾向必然导致他与外界的剧烈冲突，这种冲突最终将成为他的人生悲剧的内在根据。

二、韩非与外界的冲突

W. K. Liao 在做《韩非子全译》的工作时发现，以《孤愤》为代表的《韩非子》表现出作者与他的时代的对抗。[①] 他的认识是对的，只可惜未能展开说明。通过以上对韩非性格的分析，我们完全可以断定，韩非必然要与他的时代发生尖锐的冲突。

战国是中国历史上变动最为剧烈的一个时期，它的显著特点之一就是七雄间的战争。在当时的形势下，每个国家的政治人物都要受到战争的影响，个人的荣辱与国家的强弱息息相关。韩非出身贵族，是统治阶级中的一员，韩国的强弱兴衰，无时无刻不牵动着他的心绪。不过，他是公室的疏属旁支，"无党孤特"[②]，是一个弱者，他的宗国在七雄中又是最为弱小的一个。这样，他这个弱国中的弱人就背上了双重自卑的重负，其操心和虑患又较其他孤臣孽子更为危殆、更为深远。在此基础上，韩国内部黑暗的政治现实又使他更加感到极度的压抑和愤懑，他与

---

① *The Complete Works of Han Fei Tzu*，vol. I，《孤愤》题注，p. 97。
② 《韩非子集释·孤愤》，207 页。

外界的冲突也因此而愈来愈剧烈。

韩本为"晋之别国"①，三家分晋后，韩景子②于公元前 403 年被周室册封为诸侯。此后，韩国曾一度强大，韩哀侯二年（公元前 375）灭郑，实力扩充。但由于国内宗法政治势力强大，传统影响犹存，终至国势不振，在兼并战争中屡战屡败，虽时而拿更为弱小的两周来整治一番，以显示自己的大国身份，但在七雄中却只能扮演被欺侮、被强暴的角色。

韩国面积不大，夹在秦、魏、楚之间，经常受到攻掠，其中尤以秦为主要敌人。从册封为诸侯（公元前 403），到韩王安九年（公元前 230）被秦所灭的 179 年间，韩国遭受秦国大规模的进攻近 20 次（据《史记·六国年表》）。受魏攻击四次，若加上合纵连横参与的战争，一共 40 余战，平均每四年就要投入一场战争，而且绝大多数是以战败而告结束，所以国力消耗极大。此外，韩为小国，不得不在大国之间窥测风向，捕捉时机，纵横捭阖，一忽与秦击楚，一忽与齐魏击秦，一忽又与秦击齐，这种变幻不定的"国际"阵线注定要使它付出沉重的代价，因而形势一直较为严峻。

韩在"国际"上的危机又与内政的黑暗有直接的关系。韩国旧贵族势力较强，公仲、公叔两家长期把持朝政，在政治上起着主导作用。由于史料不足，对于贵族如何专断朝纲、内政腐朽到何种程度无法做出精确的估计，不过，据韩非记载，在韩国，"晋之故法未息，韩之新法又生"③，这种新旧杂陈并用的局面在古代世界正是传统势力强大的表现，在此基础上，新旧斗争也较为激烈和残酷。据《史记·六国年表》和《韩世家》记载，公元前 371 年，发生了韩、严（韩廆、严遂）弑其君哀侯事件；公元前 349 年又有韩姬（跀）弑其君悼公④事件，其政局的不稳，可

---

① 《韩非子集释·定法》，906 页。

② 《纪年》《系本》作景子，《史记》，1867 页。

③ 《韩非子集释·定法》，906 页。

④ 《史记索隐》按："韩无悼公，所未详也。"分见《史记·韩世家》《史记·六国年表》，1869、723 页。

见一斑。此外，还有聂政刺杀韩相侠累①事件、争立太子事件等。这说明，韩国政治的危机的确是严重的。

这种严峻的内忧外患，必然要在操心虑患至深的孤臣孽子韩非那里产生强烈的反响。从《史记·老子韩非列传》可以感受到这一点：

> 非见韩之削弱，数以书谏韩王(安)，韩王不能用。于是，韩非疾治国不务修明其法制，执势以御其臣下，富国强兵而以求人任贤，反举浮淫之蠹而加之于功实之上，以为儒者用文乱法，而侠者以武犯禁。宽则宠名誉之人，急则用甲胄之士。今者所养非所用，所用非所养，悲廉直不容于邪枉之臣，观往者得失之变，故作《孤愤》、《五蠹》、《内外储》、《说林》、《说难》十余万言。②

韩非是个公族疏属，无权可凭，无势可倚，而且经常受到环境的冷遇和压力，按照常理，与韩国的兴衰关系更为紧密的，应该是那些当道的亲贵势力，而不是他。可是为什么关心这个国家命运的偏偏不是那些从这个政权捞到巨大实惠的人们，反而是一个备受漠视的孤臣孽子？这是个值得深思的问题。我想，除了他仍属于统治阶级，属于这个国家这个事实以外，还须考虑其他的因素。当然，他的贵族身份和阶级立场是根本原因，普通劳动者是不会为了挽救一个行将灭亡的剥削者的政权而付出全力的。不过，问题是，同为统治阶级成员，同是贵族出身，当权的亲贵势力以为天下太平，而在野的孤臣孽子却忧心忡忡，其中的道理不是很值得玩味吗？

对于这个现象，我们可以借用心理学上的所谓自卑者的"异常谨慎"(abnormal cautiousness)③来加以解释，但历史学所关注的毋宁是这种现象背后的更为深刻的社会原因。当权者往往不愿承认自己的缺点和错误，长期的阿谀逢迎早已使他们利令智昏，原本正常的辨别事实的能力也会因此而迟钝、而退化。这固然是一种颇有道理的解释，但更为关键

---

① 《战国策》作"杀韩傀"。参见《韩策》，998 页。
② 《史记·老子韩非列传》，2147 页。
③ *Understanding Human Nature*，p. 177.

的原因或许要到社会的和政治的结构中去寻找。那就是，如果当权者的权力和利益没有因为国家的危险而受到任何损害，非但没有损害，有时国家的危机、政治的腐败，反倒使他们的权力和利益更加扩大。这样，他们就很难看清形势，或者即使看到了，也不会感到或不愿承认它的严重性，因为权力和利益一方面可以使人感到强大，有了它们，某些人就会自以为安全，自信前途光明；另一方面又会使人堕落，这种堕落不同于寻常意义上的堕落，而是异常的堕落，堕落到只顾眼前利益，不顾长远利益，甚至堕落到以牺牲长远利益换取眼前利益的地步。这是一种典型的自暴自弃，它表现了统治者对前途的绝望，是行将灭亡之人的一种极端自私的表现。韩国的当权者们大概属于前一种。韩非则不同，他无权无势，他的在野身份和脆弱的心理定式使他时刻感到自己和自己的国家的弱小，感到生存环境的不稳定，感到前途的危殆。这非同寻常的强烈的危机感是他的激烈的批判思想的内驱力，也是他与外界形成尖锐冲突的直接原因。

韩非多次上书韩王安，表明自己对国家前途的担忧，希望引起注意，可惜，没有受到认真的对待。结果，他的忧患没有解除，反倒因为不断受阻而转化为更加炽烈的悲愤之情，倾注到字里行间，使人感触最深的，莫过于饱蘸激情的批判文字。

《韩非子》书的一大特点是针对韩国现实的激烈的批判思想．批判的锋芒主要指向那些蒙蔽君主的所谓"奸臣"身上，在这样的大臣中，矛头又直指少数专断朝政的所谓"重人"。何谓重人？韩非云：

> 重人也者，无令而擅为，亏法以利私，耗国以便家，力能得其君，此所为重人也。[1]
>
> 重人者，能行私者也。夫行私者，绳之外也……绳之外与法之内，雠也，不相受也。[2]
>
> 重人者，必人主所甚亲爱也。人主所甚亲爱也者，是同坚白

---

[1] 《韩非子集释·孤愤》，206 页。
[2] 《韩非子集释·外储说右上·说三》，745 页。

也。夫以布衣之资，欲以离人主之坚白、所赏，是以解左髀说右髀者，是身必死而说不行者也。①

重人又称"重臣"，"重臣者，言听而力多者也"②，是君主信任宠爱的大臣。他们倚仗恩宠，凌驾于法律之上，肆意割剥百姓、牟取私利、危害国家，他们与法术之士是不可两存之雠。韩非如此激烈而频繁地批评重人，可见这类人对他造成的压力是何等的沉重。

由于重人权势极大，所以，韩非并未公开指出当时的某个具体人物，只是通过对历史上的重人的批判来抒发内心的愤懑。在今本《韩非子》中，看不到当时的重人的真实姓名和事例，当然不能因此说韩国奸臣不多。事实上，韩国奸臣之多，是颇为著名的。李斯就曾发出过"虽杀戮奸臣不能使韩复强"③的慨叹。韩非批判历史上的奸臣之害，正是针对当时韩国奸蠹成堆的现实而发。在他的笔下，重人制造内乱，亏国便私的本质通过一条条罪状揭露出来④：宣惠王时，公仲执政，内不量力，外恃诸侯，致使国家削弱；严遂为相，韩傀贵（重）于君，与严遂有隙的周君乘机谋刺韩傀以栽赃严氏；张谴任韩相，临终向韩王举荐曾向自己行贿的公乘无正；公叔为相，公仲重于君，公叔引齐师入韩，要挟韩王，以巩固自己的地位；韩傀相哀侯，严遂重于君，二人争宠，严遂雇佣刺客聂政谋杀韩傀而兼及哀侯。⑤ 如此等等，不一而足。

如果说对历史上重人的批判尚不足以表现当时奸臣专横的情况，那么下面引述的具有现实意义的评论则无可辩驳地表现出重人在韩非生活的时代所造成的危害：

> 今若以誉进能，则臣离上而下比周；若以党举官，则民务交而

---

① 《韩非子集释·外储说右上》，753～754 页。
② 《韩非子集释·八说》，977 页。
③ 《韩非子集释·存韩》，43 页。
④ 参见《韩非子集释·十过》《韩非子集释·说林上》《韩非子集释·说林下》《韩非子集释·内储说下·六微》。
⑤ 参见《韩非子集释·内储说下·六微》，与《韩非子集释·说林上》所述不同，未知孰是，待考。

不求用于法。故官之失能者其国乱。以誉为赏，以毁为罚也，则好
赏恶罚之人，释公行、行私术、比周以相为也。忘主外交，以进其
与，则其下所以为上者薄矣。交众与多，外内朋党，虽有大过，其
蔽多矣。故忠臣危死于非罪，奸邪之臣安利于无功。忠臣危死而不
以其罪，则良臣伏矣；奸邪之臣安利不以功，则奸臣进矣；此亡之
本也。①

君主放弃法术而以大臣的誉毁来陟黜官吏，必然造成朋党比周的局面。

　　明主之为官职爵禄也，所以进贤材劝有功也。故曰：贤材者，
处厚禄任大官；功大者，有尊爵受重赏。官贤者量其能，赋禄者称
其功。是以贤者不诬能以事其主，有功者乐进其业，故事成功立。
今则不然，不课贤不肖，论有功劳，用诸侯之重，听左右之谒，父
兄大臣上请爵禄于上，而下卖之以收财力及以树私党。故财多者买
官以为贵，有左右之交者请谒以成重。功劳之臣不论，官职之迁失
谬。是以吏偷官而外交，弃事而财亲（刘师培曰：财亲当作亲财，
与弃事对文）。是以贤者懈怠而不劝，有功者堕而简其业，此亡国
之风也。②

韩非进一步批评了官职任用和陟黜上的亡国之风，特别指出重人卖官鬻
爵以牟取财货、培植私党，结果官吏不务本职工作而忙于钻营关系网、
聚敛财富以贿赂当途重人，由此造成吏治腐败的严重后果，"今则不然"
一句，直接点出当时的政治现实！由此看来，韩非对历史上韩国重人的
批判具有强烈的现实意义。

　　韩非还以满腔的悲愤控诉国王左右近习蒙蔽主上，压制忠良的罪
行。《八奸》揭露八种成奸的途径，其中便有"在旁"一类，指优笑侏儒、
左右近习，这些都是君主身边的仆役人等，包括侍从、车夫、谒者、弄
臣之流，他们因长期侍奉左右，甚得主子的欢心，时间久了，得到信

---

① 《韩非子集释·有度》，86 页。
② 《韩非子集释·八奸》，153～154 页。

任，参与机要，成为心腹，有的甚至假借主势作威作福，以致朝廷内外，都得巴结他们，不向他们行贿便不能得到任用和升陟。韩非对西门豹上计的描写，提供了生动例证：

> 西门豹为邺令，清剋洁悫，秋毫之端无私利也，而甚简左右，左右因相与比周而恶之，居期年，上计，君收其玺，豹自请曰："臣昔者不知所以治邺，今臣得矣，愿请玺复以治邺，不当，请伏斧锧之罪。"文侯不忍而复与之，豹因重敛百姓，急事左右，期年，上计，文侯迎而拜之，豹对曰："往年臣为君治邺，而君夺臣玺，今臣为左右治邺，而君拜臣，臣不能治矣。"遂纳玺而去，文侯不受，曰："寡人曩不知子，今知矣，愿子勉为寡人治之。"遂不受。[1]

上计本来是战国时期盛行的考核地方郡县长官的制度，是加强中央集权的一项重要措施，从道理上说，对于强化君主对地方的控制比较有效，然而，就是这样一项制度竟也因为左右近习控制了舆论渠道、蒙蔽了君主的视听，而无法发挥其应有的作用，想来这种情况在韩国可能更为严重。

此外，韩非还借齐桓公、管仲君臣的对话，把左右近习比作社鼠，加以批判：

> 桓公问管仲曰[2]"治国最奚患?"对曰："最患社鼠矣。"公曰："何患社鼠哉?"对曰："君亦见夫为社者乎? 树木而涂之，鼠穿其间，掘穴托其中，燻之则恐焚木，灌之则恐涂阤，此社鼠之所以不得也。今人君之左右，出则为势重而收利于民，入则比周而蔽恶于君，内间主之情以告外，外内为重，诸臣百吏以为富，吏不诛则乱法，诛之则君不安，据而有之，此亦国之社鼠也。"[3]

韩非批判的范围很宽，除了农民和士兵，几乎所有的社会阶层，都

---

[1] 《韩非子集释·外储说左下·说四》，694 页。

[2] 此处脱":"。

[3] 《韩非子集释·外储说右上·说三》，737 页。

逃不脱他的批判矛头。

> 今夫轻爵禄，易去亡，以择其主，臣不谓廉。诈说逆法，倍主
> 强谏，臣不谓忠。行惠施利，收下为名，臣不谓仁。离俗隐居，而
> 以作非上（王先慎作"而以非上"，陈奇猷校为"而以知诈非上"），臣
> 不谓义。外使诸侯，内耗其国，伺其危险之陂以恐其主，曰："交
> 非我不亲，怨非我不解"，而主乃信之，以国听之，卑主之名以显
> 其身，毁国之厚以利其家，臣不谓智。此数物者，险世之说也，而
> 先王之法所简也。①

批判的对象涉及游士、直臣、重人、隐逸、里通外国者，其中对里通外
国者批判尤为激烈。

《八奸》中有"同床"一类，指贵夫人、爱孺子、便僻好色，把矛头指
向了国王的宫闱内眷和嬖人；有"父兄"一类，指国王信任的宗室亲贵；
有"养殃"一类，指专营宫室台池、声色狗马的臣仆；有"民萌"一类，指
那些散国家之财，取悦于民的人；有"流行"一类，即辩士；有"威强"一
类，即侠者，等等。这八奸都是深受君主信任，因而被人臣利用以蒙蔽
君主的八条渠道。

此外，韩非批判的矛头还指向了所谓"四助"，即诸侯、百官、郎
中、学士，是重人用来抬高声势，要挟君主的四种社会力量；还有群
臣、门子、商贾、小民；五蠹：即学者、言古者、带剑者、患御者、商
工之民；还有贱名轻实者（名辩家）、简上不求见者（隐者）、无利轻威
者、不从法令为私善者（门客、侠者之类）、好名义不进仕者、轻法不避
刑戮死亡之罪者、宽惠行德者、重厚自尊者、私学成群者、闲静安居
者、泛爱天下者、岩居非世者、綦组锦绣刻画为末作者、优笑酒徒之
属、卜筮视手理狐蛊为顺辞于前者。② 可见，韩非就是这样几乎与整个
社会处于对立状态。

---

① 《韩非子集释·有度》，87页。
② 参见《孤愤》《亡徵》《五蠹》《诡使》等篇。

三、韩非的使命感及其理想的悲剧意义

韩非的激烈的社会批判思想的另一面，是强烈的使命感。他对社会现实的不满，对当道权臣的敌意，正说明他对自己的理想和使命抱有异常炽烈的情怀。他自认是"法（智）术之士"中的一员，他的使命是忠君爱国，辅佐明王，实行法术势，与重人奸臣做不妥协的斗争，以实现君主集权的政治理想。他曾颇为自豪又不无悲壮地宣称：在重人当道的现实下，只有他这样的"智术之士"才是重人的死对头，是君主的真正的忠臣。话语中已经隐约显露出悲剧色彩：

> 智术之士，必远见而明察，不明察不能烛私；能法之士，必强毅而劲直，不劲直不能矫奸。……智术之士，明察听用，且烛重人之阴情；能法之士，劲直听用，且矫重人之奸行。故智术能法之士用，则贵重之臣必在绳之外矣（旧注：言必见削除也）。是智法之士与当涂之人，不可两存之仇也。①

> 且法术之士，与当涂之臣，不相容也。何以明之？主有术士，则大臣不得制断，近习不敢卖重，大臣左右权势息，则人主之道明矣。今则不然，其当途之臣得势擅事以环其私，左右近习朋党比周以制疏远，则法术之士奚时得进用，人主奚时得论哉？故有术不必用，而势不两立，法术之士焉得无危？故君人者非能退大臣之议，而背左右之讼，独合乎道言也；则法术之士安能蒙死亡之危而进说乎？②

以上文字表达了两层意思：一是当涂重人与法术之士的矛盾，这个矛盾，按照韩非的说法，已经到了"不可两存"和"不相容"的地步；二是重

---

① 《韩非子集释·孤愤》，206 页。
② 《韩非子集释·人主》，1119 页。

人当道，君主暗弱。法术之士看不到任何希望，随时都有死亡的危险。

关于第一点，韩非的思想包含着尖锐的矛盾。他不理解自己这类智术之士与所谓当塗重人本属同一个统治集团，他们的区别只是一当政，一在野，两者都要靠君主的权力生存，在这点上是一致的。韩非用忠、奸来辨别这两派人物，也是不合逻辑的。君主要求臣子效忠、顺从，当权的重人哪一个不是因为效忠和顺从主子才获得权力的呢？按照这个逻辑，只有他们才应该是忠臣。可是，就是这些人，一旦有了权力，便积极培植私党，牟取私利，为了保住既得利益，扩大势力，又更要顺从主子，表示效忠。在这种政治体制下，官僚间免不了要发生利益的争夺，为了取得优势，立于不败之地，大臣们一方面要效忠君主，另一方面又要结党营私，培植个人的集团势力，于是乎"以誉进能""以党举官"者有之，"里通外国"、卖权自重者有之，与君主利益必然地发生了尖锐的矛盾。可见，要求臣下效忠必然培植出瓦解自身的异己势力，这是君主集权制度内在矛盾的必然结果，是人类文明自我异化的一个生动例证。在君主集权制度下，忠和奸是矛盾统一体的两个方面，它们互相渗透，相互转化，从来就没有截然分开过。韩非把两者的矛盾夸大到"不可两存""不相容"的程度，显然是不切实际的，而且在逻辑上，与他一贯的观点发生矛盾。他本来不相信有忠君这回事，认为，君臣之间绝对没有相同的利害，因而臣下也就不可能有无缘无故的忠诚。既然如此，"智术能法之士"又缘何可以忠君呢？如果他们的忠君是出于自身利益的考虑，那与奸臣又有什么区别呢？如果不是出于对现实利害的计较，而是出于天然的对君主的爱，对当道的奸臣的恨，这在韩非的人性论上又如何说得通呢？

韩非所说的忠君，在形式上虽有旧时代的痕迹，可实质上，仍是出于现实利害的考虑。这个矛盾有着一定的社会历史根源。在传统社会中，宗法制度具有重要意义，当时的君臣关系往往又是父子关系、大宗小宗关系，对君主的效忠包容在孝道里面，尚未获得独立，一个孝字足以表明对君亲一体的权力应有的态度。当时所认为的忠则更多的是对神、对民的诚实无欺。比如，鲁庄公十年(公元前 684)齐鲁长勺之战前，庄公声称自己"小大之狱，虽不能察，必以情"，曹刿认为是"忠之属也"。①所谓"情"即情实、实际，办事能据实际而论才叫忠。鲁庄公说自己虽不能做到明察秋毫，但断案都是据实而论，曹刿认为这应归于忠的范畴，可以作为取得战争胜利的有利条件。忠与信在诚实不欺这点上相同，孔子云："十室之邑。必有忠信如丘者焉。"②鲁庄公自以为"牺牲玉帛，弗敢加也，必以信"。杜注："祝辞不敢以小为大，以恶为美。"③可见，这样的忠信就是对神的诚实虔敬。杜预注"忠之属也"云："上思利民，忠也。"④忠又有以民为本的意义。战国时代，情况有所变化。高高在上的国家主权者斩断了与臣民之间的血缘纽带，用爵禄与臣子交易，臣子则以智力与君主交易，君臣之间原来的血缘关系被商品交换关系所取代，孔子向往的"导之以德，齐之以礼，有耻且格"成了不切实际的空想，他所批评的"导之以政，齐之以刑，民免而无耻"反倒成了新时代的原则，尊尊亲亲的伦理自觉被贪赏畏罚的利害计较所取代。当然，这只是问题的一个方面；另一方面，新兴的权势者不可能脱离传统而存在，他们仍然幻想能像古代君王那样得到臣下的诚心拥戴，而孝的观念过于注重宗法血缘关系，已不适应新时代的政治关系，于是，忠君观念即对君主的诚实无欺便应运而生。忠君观念缺少孝那样深厚的伦理基础，而且包含着严重的矛盾，它以道德良知的面孔出现，理应原于心灵的自觉，可事实上，由于君臣关系的政治化逆转，结果恰恰相反。韩非说："明主之国，官不敢枉法，吏不敢为私，货赂不行"⑤，"鲁哀公，下主也，南面君国，境内之民莫敢不臣。民者固服于势，诚易以服人"⑥。臣民的驯服，根本不是出于心悦诚服，而只能是出于"不敢"。韩非把这种驯服叫作"忠"，已违背了诚实、正直的品格，走到了自己的

① 《春秋左传集解》，150页。
② 《论语正义·公冶长》，《诸子集成》本，111页。
③ 《春秋左传集解》，151页。
④ 《春秋左传集解》，151页。
⑤ 《韩非子集释·八说》，975页。
⑥ 《韩非子集释·五蠹》，1051页。

反面，成为实实在在的奸了。正如韩非所说："凡奸臣皆欲顺人主之心以取信幸之势者也。"①凡是奸臣，都是从表面驯服的所谓忠开始的，一旦羽翼丰满，势力强大，足以与君主抗礼，也就被认为是奸臣了。根据逻辑，韩非所谓的忠、奸并没有本质的区别，韩非不知道两者的内在联系，硬要把它们绝对地对立起来，因此陷入自相矛盾之中。

不论忠奸在本质上是如何的一致，也不论韩非所强调的忠包含着怎样尖锐的矛盾，他主张真正地服从君主，反对阳奉阴违，还是必然地遭到了当权势力的打击和压制。由于奸邪势力的强大，韩非感到自己势单力孤，难以抵抗外界的压力，他的作品流露出严重的悲观情绪：

> 当涂之人擅事要，则外内为之用矣。是以诸侯不因则事不应，故敌国为之讼。百官不因则业不进，故群臣为之用。郎中不因则不得近主，故左右为之匿。学士不因则养禄薄礼卑，故学士为之谈也。此四助者，邪臣之所以自饰也。重人不能忠主而进其仇，人主不能越四助而烛察其臣，故人主愈弊，而大臣愈重。凡当涂者之于人主也，希不信爱也，又且习故。若夫即主心同乎好恶，固其所自进也。官爵贵重，朋党又众，而一国为之讼。则法术之士欲干上者，非有所信爱之亲，习故之泽也；又将以法术之言矫人主阿辟之心，是与人主相反也。处势卑贱，无党孤特。夫以疏远与近爱信争，其数不胜也；以新旅与习故争，其数不胜也；以反主意与同好争，其数不胜也；以轻贱与贵重争，其数不胜也；以一口与一国争，其数不胜也。法术之士，操五不胜之势，以岁数而又不得见；当涂之人，乘五胜之资，而旦暮独说于前；故法术之士，奚道得进，而人主奚时得悟乎？故资必不胜而势不两存，法术之士焉得不危？其可以罪过诬者，以公法而诛之；其不可被以罪过者，以私剑而穷之。是明法术而逆主上者，不戮于吏诛，必死于私剑矣。②

---

① 《韩非子集释·奸劫弑臣》，245 页。
② 《韩非子集释·孤愤》，206～207 页。

韩非自知属于疏远、新旅、轻贱这类人，其主张又与君主之意相左，而且得罪了国都政要，因而势力孤弱，是可想而知的。这种情况恰恰说明他与几乎整个社会处于尖锐的对立中。由于敌对势力强大，自己随时处在公法和私剑的威胁之下，已是无可挽回的现实，只有为理想战斗下去才是他唯一的选择。这就是为什么他已经感到自己的事业前景暗淡，生命也处于危险之中，而又义无反顾地顽强斗争下去的原因之一。

对法家的政治前途，韩非总是持悲观态度。比如吴起变法失败、肢解于楚，商鞅逃避报复车裂于秦的故事，在今本《韩非子》中就不止一次提到。对于这些悲剧的原因，韩非早已洞若观火、了然于心。且看他的分析：

> 昔者吴起教楚悼王以楚国之俗曰："大臣太重，封君太众，若此则上偪主而下虐民，此贫国弱兵之道也。不如使封君之子孙三世而收爵禄，绝灭百吏之禄秩，损不急之枝官，以奉选练之士。"悼王行之期年而薨矣，吴起枝解于楚。商君教秦孝公以连什伍，设告坐之过，燔诗书而明法令，塞私门之请而遂公家之劳，禁游宦之民而显耕战之士。孝公行之，主以尊安，国以富强，八年而薨，商君车裂于秦。楚不用吴起而削乱，秦行商君法而富强，二子之言也已当矣，然而枝解吴起而车裂商君者何也？大臣苦法而细民恶治也。当今之世，大臣贪重，细民安乱，甚于秦、楚之俗，而人主无悼王、孝公之听，则法术之士，安能蒙二子之危也而明己之法术哉！此世所以乱无霸王也。[1]

韩非指出商君、吴起悲剧命运的根源在于大臣苦法、细民恶治，其实是发现了一个合乎规律的现象。

上古时代，由于氏族传统的影响，贵族阶级比较强大，与之抗衡者，有王权、平民两大势力。这是一个普遍现象。在希腊、罗马，王权与贵族的斗争曾一度十分激烈，特别是罗马，王政时代的国王（rex），

---

[1] 《韩非子集释·和氏》，238～239 页。

凡表现出与贵族不和或倾向于平民者，不是惨遭暗杀，就是强行废黜，七王之中，四位死于非命，一位被废黜，最后，贵族取得了胜利，罗马进入共和时期。希腊各邦大概也是在废黜巴赛列斯的政治权力的基础上进入国家阶段的。在希腊、罗马的城邦时期，斗争主要在贵族与平民（或僭主）之间展开。由于贵族势力强大，而平民又在不断壮大，所以斗争异常激烈，许多平民领袖被贵族杀害，其中著名的有罗马的格拉古兄弟（提比略，Tiberius Sempronius Gracchus，公元前 163—前 132，盖约，Gaius Sempronius Gracchus，公元前 153—前 121）。可见，针对贵族势力的改革，不论是王权还是平民势力都付出了极大的代价。不过，由于罗马对外战争的需要，平民阶级不断壮大，最终战胜了贵族。

从历史上看，中国古代社会也有王权、贵族、平民（春秋以前有国人，相当于希腊、罗马的公民；庶人，相当于罗马早期的没有公民权的平民，和希腊的没有特权的下层公民；战国以后有齐民）三大势力，但是由于宗法血缘关系的制约，前两者之间的联系和合作成为主流，其间矛盾冲突的激烈程度远不能和希腊、罗马相较。另外，由于平民势力相对弱小，又未得到独立发展的机会，处在不断下降的趋势中，所以社会改革和政治改革的任务就落到了君王的肩上。王权与贵族有矛盾的一面。又有合作的另一面，由于贵族势力一直比较强大，所以改革既要提高王权，又须照顾贵族的利益，这就是为什么中国古代的转变总是以"惟新"的方式，而不是以革命的方式实现的原因之一。这个所谓"惟新"就是"人惟求旧，器非求旧，惟新"的意思。社会要适应历史潮流而变化，物质文化可以大变，制度文化的某些内容也可以变，唯独利益分配的结构不能变，这表现了传统血缘势力的根深蒂固，看起来温和的合作，其实是以强大的贵族集团作为后盾的实力较量，在这样的历史传统中。王权或平民的势力要想实行比较激进、彻底的变革，势必遭到顽强的抵抗和疯狂的围剿。殷商的传统是"古我先王，亦惟图任旧人共政"[①]的，殷纣王打破传统，废弛宗庙祭祀，限制氏族亲贵势力，起用平民甚

---

① 《尚书正义·盘庚上》，见《十三经注疏》，169 页。

至异邦人①，在王权强化上操之过急，结果激化了矛盾，给远居西土、久怀觊觎的周族钻了空子，惨遭亡国杀身之祸。

春秋战国时期的变法革新较之以往自有其彻底、剧烈的一面，但终究还有"惟新"的另一面。商鞅、吴起在秦孝公、楚悼王的支持下实行改革，虽然符合了两国君主加强集权的需要，但同样因为操之过急，打击过当，触犯了传统势力的利益，最终难逃身首异处的厄运，这是商君、吴起的悲剧，更是法家政治改革的悲剧命运。

韩非的所谓"大臣苦法"正说明改革与贵族势力的矛盾冲突达到了十分尖锐、激烈的程度，贵族成为最大的阻力；而"细民恶治"则反映出中国的变法与希腊、罗马的不同之处，它不是由平民领袖领导，也不是为平民的利益而发动，尽管在打击贵族势力这点上，客观上有利于平民，但本质上却是以王权为中心的，所以平民没有形成自觉的力量，改革者也得不到他们的支持。于是就造成了法家以少数所谓"新旅""轻贱"之士企图限制和削弱贵族势力、提高王权的悲壮事业。由于贵族势力比较强大，国王与贵族在宗法政治上又有着千丝万缕的联系，而平民对变法改革热情不高，所以他们是很孤单的，稍微处理不当，操之过急，改革的失败就随时可能发生。这样看来，法家在改革中所面临的阻力就比希腊、罗马平民领袖们要大得多，其命运的悲剧色彩当然更加浓重一些。

在韩国，情况可能还要严重。韩非已经清楚地意识到，比起商鞅、吴起时的秦国和楚国来，他周围的传统势力不知要强大多少，而他本人又没有像秦孝公、楚悼王那样的英明君主的支持，因而对变法的前途持悲观的态度。

韩非对自己的性格以及行为上的危险也有着较为清醒的认识。他借隰子之口说："知人之所不言，其罪大矣。"②比如人情世相的冷漠、残酷，这些都是人们明知而不愿明言的东西，韩非不但直言不讳，而且深知这样做的危险。特别是在当时的政治形势下，直言的危险更为严重。

---

① 参见《尚书·牧誓》武王伐纣誓师词。
② 《韩非子集释·说林》，443页。

他说"公室卑则忌直言"①，这是有道理的。因为君主暗弱，奸臣当道，正直之人若倡言无忌，不但危身，还会危及家人，这样的例子在《韩非子》中不止一处：

> 范文子喜直言，武子（文子之父）击之以杖："夫直议者不为人所容，无所容则危身，非徒危身，又将危父。"②

> 子产者，子国之子也。子产忠于郑君，子国谯怒之曰："夫介异于人臣，而独忠于主，主贤明，能听汝，不明，将不汝听，听与不听，未可必知，而汝已离于群臣，离于群臣则必危汝身矣。非徒危己也，又且危父矣。"③

在《解老》篇中甚至径直声称：

> 今举动而与天下之（人）为雠，非全身长生之道也。④

韩非对法术之士所面临的困难，对法家的悲剧命运，对直言的危险，有着如此清醒的认识，却并未因此而退缩，反倒更加积极奋进。有人曾劝他不要这样锋芒毕露，免遭杀身之祸，他不但不为所动，反而讲出一番震撼人心的道理来。请看这段对话：

> 棠溪公谓韩子曰："臣闻服礼辞让，全之术也；修行退智，遂之道也。今先生立法术，设度数，臣窃以为危于身而殆于躯。何以效之？所闻先生术曰：'楚不用吴起而削乱，秦行商君而富强，二子之言已当矣，然而吴起支解而商君车裂者，不逢世遇主之患也。'逢遇不可必也，患祸不可斥也，夫舍乎全遂之道而肆乎危殆之行，窃为先生无取焉。"韩子曰："臣明先生之言矣。夫治天下之柄，齐民萌之度，甚未易处也。然所以废先王之教，而行贱臣之所取者，

---

① 《韩非子集释·外储说左下·经六》，676 页。
② 《韩非子集释·外储说左下·说六》，708 页。
③ 《韩非子集释·外储说左下·说六》，709 页。
④ 《韩非子集释·解老》，345 页。据陈奇猷校改。

> 窃以为立法术，设度数，所以利民萌便众庶之道也。故不惮乱主阍
> 上之患祸，而必思以齐民萌之资利者，仁智之行也。惮乱主阍上之
> 患祸，而避乎死亡之害，知明夫身而不见民萌之资利者，贪鄙之为
> 也。臣不忍向贪鄙之为，不敢伤仁智之行。先王（俞樾曰：先王，
> 当作先生，即谓棠溪公也）有幸臣之意，然有大伤臣之实。"[1]

按照韩非的说法，他之所以明知危险还要一意孤行，是为了"利民萌，便众庶"，所以才不怕上有阍君乱主，下有重人奸臣，置生死于不顾，必欲奋斗到底才肯罢休。这种解释究竟有多少根据呢？

古代社会的改革，其政治斗争的目标，一般说来都是针对贵族进行的，因而在一定程度上有利于平民贱臣。希腊的梭伦改革，颁布解负令（seisachtheia），取消公私债务，将公民权给予所有可以备足武装者，建立四百人会议，由公民选出，所有这些措施都含有限制贵族势力、保护平民利益的意思。[2] 庇西特拉图（Pisistratus，？约公元前 600—前 527）在他的僭主政治期间，贷款给穷人，帮助他们发展生产，提高其政治地位；他还建立地方司法体系，经常亲自巡视地方，检查司法工作，限制贵族对地方司法的干扰。亚里士多德在《雅典政制》中称赞他的统治更像是立宪式的，表扬他减轻民众负担，致力于保持人民和政府间相安无事，甚至通过当时人之口把庇西特拉图的僭主政治时期说成是"黄金时代"。[3] 罗马的独裁制和世界其他地区的改革，也大致如此。

就中国的情况而言，古代的改革虽然主要在于提高王权，但对于平民或普通民众也有一定好处，如管仲改革，通货积财、富国强兵，结果，管仲自己富比公室，而"齐人不以为侈"；[4] 商鞅变法，行之 10 年，

① 《韩非子集释·问田》，903～904 页。
② Aristotle, *Atheniensium Respublica*, translated by Sir Frederic G. Kenyon, *The Works of Aristotle*, vol. X, Oxford, The Clarendon Press, 1920. Chs. 3-6.
③ *Atheniensium Respublica*. Ch. 16.
④ 《史记·管晏列传》，2134 页。

结果是"秦民大悦"。[1] 孟子也曾说过："霸者之民，欢虞如也"[2]，赵岐注："霸者行善恤民，恩泽暴见易知，故民欢虞乐之也。"这些都说明，古代社会的改革的确有打击贵族，有利民众的一面。如此看来，韩非"利民萌，便众庶"的话有一定的现实根据，不好硬派为欺骗论者。

另外，就韩非的个人情况而言，他可不可能超越时代和阶级的局限，激发出一种伟大的救世精神呢？从他对理想的狂热和执着来看，是可以肯定的。

普通人对理想总是若有若无，不甚执着，而某些孤臣孽子则不同，对他们来说，巨大的忧患意识往往促使他们体察人生世相，所以才能发现民瘼，甚至产生一定的同情和怜悯，他们追求优越、权力和地位的奋斗往往带有行道救世的意味。在他们的主观意识中，救世是真诚的。

不过，韩非毕竟是现实生活中的弱者，在当时的社会条件下，他的理想和抱负不能通过自己来实现，只能寄托在理想的君主身上，而且对他个人来说，在奸蠹成堆的社会环境中，要寻求安全感，获得权力和地位，除了寄希望于"英明"的君主是没有其他办法好想的。于是，既忧其民，又忧其君，就成了这个孤臣孽子处心积虑的双重忧患。韩非的勇气和使命感就激发于这双重的忧患。

韩非拥护王权，为什么又不容于这个制度呢？原因之一，就在于他的理想过高，他的使命感与现实脱节。如前所述，韩非与他生活的环境处于尖锐的对立和冲突之中，外界的险恶在他那里又被无限地夸大了。因此，他对安全感的需要远较常人为强烈，在他那里，君主被赋予了超乎寻常的极大权力，具有绝对的威严，这与当时的历史实际是有距离的。比如，在乐观者看来，战国时代是"布衣驰骛之时而游说者之秋"[3]。当时，平民中有知识能力者地位上升，成为自由择主、任意去留的社会阶层——士；一方面，不论是诸侯还是私家大夫，都以招揽人

---

① 《史记·商君列传》，2231 页。

② 《孟子正义·尽心章句上》，《诸子集成》本，527 页。

③ 《史记·李斯列传》，2539 页。

才为能事，主人与宾客关系之融洽在历史上难以再见。孟子见齐宣王、梁惠王，君臣坐而论道，其态度之从容，言谈之自由，气氛之宽松，亦为当时所仅有。至于商鞅、吴起、驺忌、淳于髡、苏秦、张仪、陈轸、李斯之流，哪一个不是在君主面前侃侃而谈、指麾天下的呢？当时杰出的辩词层出不穷，向人们展示了战国时代君主政治的开明气象。可是，韩非又是怎样的呢？他尚未面对君主，就已经心生畏葸，百般顾虑，这一方面说明韩国君主的独断和残暴，大臣的腐败和阴险，已经到了相当严重的程度；另一方面，也说明，韩非内心的软弱和怯懦也已到了相当严重的程度。韩非虽揣摩过辩术，可是所著《说难》一篇，却大谈游说之难，把进说对象描绘成难以捉摸的魔王，在文章的结尾处，更以点睛之笔，用龙有逆鳞，婴（触）之者必杀人来譬喻君主的威力，把君权做了不切实际的夸张。结果，当战国策士们在世主面前驰骋辩说、指麾天下大势之时，他却在内心深处与自我做着艰苦的搏斗。在他的灵魂深处，王权具有神奇的魔力，顺之则生，逆之则亡，一旦明主在位，所有的奸臣都将在劫难逃，现实的魔王们，只要能听从他的劝说，按照法、术、势的政治方案去做，就会成为理想的圣王。韩非就是怀着这样的敬畏和希望开始进说韩王的活动的。

其实，战国时的君主远不如他想象的那样，他们既不那么可怕，也不那么英明。他们只是以自己的利益为原则的权势者，他们要求臣下的言行要以他们的利益为原则，他们对臣下行动上忠顺的要求要超过心灵上的敬畏，只要与他们的利益一致，即使言语不合，也未必即遭杀戮。

韩非太把幻想当成真实的目的了。他把君主做了黑白两个极端的划分，以为他要么是现实的魔王，要么是理想的圣人，这种思想导致他对君主的矛盾态度：一方面是对现实魔王的恐惧和敬畏；另一方面就是对理想圣王的狂热向往，而决定一个君主是魔王还是圣人的标准，就是看他是否接受法术势循环互补的主张，是否起用法术之士。

韩非抱着这样的理想，势必要与现实发生严重的冲突。现实本身是矛盾的，当时的君主集权活动一方面要求"进贤才，劝有功"；另一方面却无时无刻不在滋生奸蠹，现实的王权就生存在这两个方面的张力中。

韩非坚决拥护前者，反对后者，他不知道，他所反对的奸蠹正是"举贤才，劝有功"的必然结果。于是出现了这样的现象：一个最坚决最纯洁的王权拥护者，却时时处处揭露和批判这个制度的弊病，甚至批判这个制度本身！韩非对韩国政治现实的批判，对昏君奸臣的批判几乎使人相信他已经站到了王权的对立面上。可是，在实践上，他所抨击的奸臣们却时时处处在破坏着君主集权，只有他在孜孜不懈地捍卫着这个制度。总之，他全力追求这个制度的理想的一面，并把它绝对化，因而必然不容于它的现实的另一面，这大概就是他的悲剧的实质所在吧。

四、韩非理想的破灭和他的死

韩非抱着绝对王权的纯洁理想，在现实生活中遭遇到了黑暗势力的巨大压制，他把自己对奸臣的仇恨化作一篇篇战斗的檄文。韩非的文章峻峭、犀利，"博喻之富"①，具有强烈的感染力，不但在韩国产生强烈反响，而且流传到各地，引起邻国君主秦王政的关注。韩非的命运也因此出现了戏剧化的转机，是福是祸，他自己未能逆料。

据司马迁记载，秦王政读到《孤愤》《五蠹》之书，产生极大的共鸣，不禁叹道："嗟乎！寡人得见此人与之游，死不恨矣！"②秦王何以会对这两篇文章如此欣赏和叹服，竟至恨不得与作者相识？窃以为大概有两方面原因：《五蠹》用历史主义的观点阐述"世异则事异，事异则备变"的道理，为变法革新奠定了历史观和人性论的思想基础，连同该篇的政治主张，适合了秦王政加强集权、提高国力的需要，此其一也；《孤愤》则痛陈法术之士与当塗重人的不可两存之仇，慨叹忠臣的疏远、轻贱、孤独之感，抒发不得明主知遇的苦闷和怨愤，这企盼明主的殷殷之意，怎

---

① （南朝梁）刘勰著，范文澜注：《文心雕龙注·诸子》，307 页，北京，人民文学出版社，1958。

② 《史记·老子韩非列传》，2155 页。

能不唤起以明君自居的秦王政的集权主义狂热呢？

司马迁用"秦因急攻韩"作为秦王政得知作者后的行动，一个"因"字，表明他倾向于认为秦是为了索要韩非而攻韩的。下文说："韩王始不用非，及急，乃遣非使秦。"[①]韩非从未有机会受到韩王安的重视，现在却受命出使秦国，更从反面证明秦国进攻韩国的确与韩非有关。《秦始皇本纪》上说韩王害怕秦国进攻，"与韩非谋弱秦"[②]，合乎逻辑的发展只能是韩王安利用秦王政的赏识，请求韩非相机存韩，如此而已。

突然在两个国家间选择自己的前途，韩非的内心究竟有一番怎样的经历呢？我们不得而知。要解开这个疑团，对古代的爱国主义有一个合乎实际的理解是十分必要的。

据古朗士研究，城邦时代后期，在人们的道德观念中，爱制度已经超过爱宗庙、爱祖国。爱国主义有了新的内容，这是城邦制衰落的征兆。[③] 验诸中国史实，春秋战国时代，士人对个人利益、学派思想、国家政治的重视已经超过对出身血统、宗庙社稷的眷恋，人们已经开始凭着是否合乎道义、是否有利来考虑问题，只要行道，只要有利，不在乎国度。比如，为了行道，孔子甚至准备应反叛季氏的家臣公山不狃之邀，赴费任职[④]，即是典型的例证。当时的士人都是周游列国、寻求机会的，韩非也不例外。对于韩国的政治，他早已丧失了信心，抛弃那样的昏君奸臣，对他来说不会有太大的顾虑。

与罗马统一前的欧洲形势不同，在中国，宗法制度及邦国乡土意识仍在很大程度上有所留存，并拥有一定的影响。对韩非来说，韩国毕竟是他的宗国，韩国的强大仍然是他的理想，他可以抛弃那些奸臣群小和昏君暗主，却绝不愿看到它灭亡，人民遭蹂躏。在他的心里，行道于天

---

① 《史记·老子韩非列传》，2155 页。

② 《史记·秦始皇本纪》，230 页。

③ Numa Denis Fustel de Coulanges，*The Ancient City，A Study on the Religion，Laws，and Institutions of Greece and Rome*，Gloucester，Mass.，Peter Smith，reprinted in 1979，pp. 367-369. 见《希腊罗马古代社会研究》，306 页。

④ 参见《论语正义·阳货》，《诸子集成》本，369 页；《史记·孔子世家》，1914 页。

下和效忠于一国就这样复杂地缠绕在一起。这从他的作品中可以感觉到。

当时的韩国，实际上已经成为秦国的附庸，名义上与秦连横，派太子入质于咸阳，有事则入秦请兵，凡遇秦国有事则出兵相助。韩非所谓"韩事秦三十余年，出则为扞蔽，入则为席荐……入贡职，与郡县无异也"[①]。虽有夸张之处，但韩国处在秦国的巨大阴影之下则是事实，对此，韩非是不满意的。他在上韩王书中曾明确批评："今者韩国小而恃大国，主慢而听秦魏，恃齐荆为用，而小国愈亡。"[②]从中仍可看出浓浓的爱国之情。

在古代希腊和罗马，城邦行将消灭时，内部个人利益，党派利益冲突激烈，"每个人皆欲联合外国，以便在国内扩大自己的主张的影响并增进个人的利益"[③]。这种衰亡征兆在山东六国甚为明显，大臣"里通外国"十分猖獗，正是它的集中表现。事物往往是矛盾的，里通外国，瓦解王权，同时也为加速统一、促进更大的王权清除障碍，铺平道路。韩非批评韩国奸臣里通外国，瓦解韩国王权，表明他对自己的宗国仍然一往情深，表现了传统的爱国主义，这与他以行道为己任的理想和天下一统、王权独尊的历史趋势是相违背的。

对于秦国呢？秦是自己的敌国，韩非承认这一点，他有心弱秦，也是合乎情理的。可是，他和老师一样，从心底里欣赏并向往秦国制度。这种看法在荀子门下是很普遍的。韩非的同门李斯就认准了秦国必胜的趋势，认为秦国有并吞天下之志，这正是士人驰骋才干、争取任用的大好时机，因此毅然赴秦，受到重用。而在秦国一方，重用客卿，有着悠久的传统。商鞅本为卫国的庶孽公子，曾在魏国任公叔座的家臣，后来在秦国成就功业；张仪，魏国人，游说入秦，首创连横；范雎原为楚国人，入秦拜相，封应侯；蔡泽，燕人，入秦为相；田文，原为齐相，也

---

①　《韩非子集释·存韩》，29 页。
②　《韩非子集释·饰邪》，308 页。
③　*The Ancient City*，p. 370. 参见《希腊罗马古代社会研究》，308 页。

曾入秦任职。可见，山东之人入秦任职，并非怪事，韩非入秦受到任用，又有什么不可以？

如果放宽视野，还会发现，在古代城邦时代后期，有识之士为行道而跨越国度，是极为平常的事。[①] 印度的考底利耶原为难陀王朝之人，他才华横溢，可是却没有得到王室的重视，反而引起宫廷的忌妒和仇恨，他因此决心脱离难陀王朝，开辟一个施展才能的新天地，后来果然辅佐旃陀罗笈多建立孔雀帝国，并灭掉难陀王朝。[②] 雅典贵族色诺芬(Xenophon)反对本邦的民主制度，投靠斯巴达。臣服于马其顿王国前夕，希腊内部党争激烈，讥世派(the Cynic School，the Cynics)甚至不承认有祖国，提出"人是世界公民，他的国家不限于一城"[③]的口号。其实，在中国，自孔子倡导"有教无类"，子夏宣称"四海之内皆兄弟也"，人们就开始意识到自己是人类的一员，在观念上突破城邦的局限，向世界公民的目标迈出了意味深长的一步。韩非用秦，以"天下"为己任，正适应了这种"世界公民"的潮流。

韩非内心的矛盾决定了他对秦、对韩都难以形成明确、一致的态度，他有心存韩，又有心用秦，难舍爱国之情，又向往行道之志，他自己没有理清的心绪，后人又如何能够越俎代庖、替他说清呢？

不过，有一点是可以肯定的，那就是韩非对秦国政治有着自己的看法。这些看法与他一贯的主张和性格有关，也是他触犯忌讳，得罪秦人，招致祸患的直接原因。我们知道，韩非最痛恨的，莫过于大臣独断专权、里通外国，而他性格上最大的弱点，又是不顾时势的变异、地点的转移，一味地坚持他的凝固的主张。其悲剧性，在他的思想中早就露出了苗头。《定法》在分析商鞅法治改革的得失时，指出秦行商鞅之法，国富兵强，"然而无术以知奸，则以其富强也资人臣而已矣"[④]。接着，

---

① *The Anlient City*，p. 369.
② 参见施治生、廖学盛主编：《外国历史名人传（古代部分上册)》，228～230 页，重庆，中国社会科学出版社、重庆出版社联合出版，1982。
③ *The Anlient City*，p. 358. 参见《希腊罗马古代社会研究》，297～298 页。
④ 《韩非子集释·定法》，907 页。

列举了"张仪以秦殉韩、魏……甘茂以秦殉周……穰侯越韩、魏而东攻齐……乃城〔成〕其陶邑之封；应侯攻韩八年，成其汝南之封"，因而断言："自是以来，诸用秦者皆应、穰之类也。故战胜则大臣尊，益地则私封立，主无术以知奸也。"①前面曾提到，在与山东六国相比较时，他本来承认秦国是"地广主尊""忠劝邪止"的，可是，在单纯分析秦国法治的得失时，又把大臣亏主便家的奸邪行径作为批判目标。这说明，即使秦国这样集权化程度较高的国家仍然达不到韩非理想的高度。可以设想，如果当时秦王政读到的不是《五蠹》《孤愤》，而是《定法》，大概不会那样地欣喜若狂。他可能会欣赏韩非对君主集权的真诚向往，也会赞叹术治的神妙，却不能不嘲笑韩非的天真和迂腐：既然术是藏于胸中、潜御群臣的，岂可口口声声张扬出去呢？秦王政是现实的君王，他当然知道如何整治大臣，铲除嫪毐、吕不韦两大势力，就是他初出茅庐的杰作。由此推论，秦王政和韩非之间必然要有难以理解和沟通之处，这就给他人离间留下了空隙。不过，这一切有待于故事情节的进一步发展才可以逐渐展开。

如果以上分析大致不错，那么韩非就是怀着这种复杂的心情来到秦国的。他一方面对这个国家怀有敌意，眷恋故国，有心为存韩施展才智；另一方面又因为摆脱了韩国的昏君奸臣，来到了歆羡已久的法治国度而兴奋不已，所以又有心用秦，实现抱负。存韩和用秦是矛盾的，可是这个矛盾却如此合理地存在于韩非一人的内心。我以为不必追究哪个是真，哪个是假。若要认真计较起来，为什么不可以设想韩非企图通过"用秦"来达到"存韩"的目的呢？因为没有任何材料可以否定这种可能性的存在呀。不过，来到秦国后的实践证明，韩非的理想过高，缺乏政治斗争的实际经验，距离秦国政治的要求甚远，不论是存韩、还是用秦，都非他这样一介书生所能承担，他的悲剧在思想深处早已注定，是存韩还是用秦，已经无关紧要了。

关于韩非入秦后的政治实践，材料甚少。不过由于我们对他的思想

---

①　《韩非子集释·定法》，907 页。

和性格有了一定的了解，根据现有的材料，可以进行大致不错的推度和描述。

韩非一到秦国，便上书请求接见，《初见秦》保存了这篇上书的内容。本书《绪论》曾经指出，《初见秦》的证伪目前不能完全成立，证实又有相当部分难以驳倒，特别是思想内容与全书主体一致，所以仍可作为韩非行事的记录看待。虽间有少部分窜入的文句，但很容易辨认，不妨碍整篇的思想。

根据这篇上书，我们知道，韩非入秦是主动向秦王献破纵之计，具有游说性质。《韩非子》中有《说林》上、下两篇，似策士平日涵泳辩说之术的练习册。钻研策术，这是当时士人的必修科目之一，韩非揣摩之，意欲有所大用，不足为怪。后人不了解当时士人以辩术为时尚，误认为是纵横家书，派到张仪名下，收入《战国策·秦策》中，造成一定的混乱。

根据这篇上书，可以推测，韩非入秦后的第一次政治行动就得罪了秦国君臣。以下三点可以说明之。

第一，字里行间隐含先举赵、后亡韩的意思。学者有认为是缓韩之计者，这与韩非出使秦国，肩负韩王重托，谋求弱秦，以便存韩的目的是一致的。

第二，上书指出秦国在战争中的几次重大失误，造成这些失误的原因是"谋臣不忠""谋臣不为"，这在其他纵横家书中是不多见的，与《定法》篇批评秦国大臣亏国便家的观点如出一辙，与韩非的思想和性格相吻合。

第三，上书结尾处为了打动秦王，竟至夸下海口，谓"大王诚听其说，一举而天下之纵不破，赵不举，韩不亡，荆、魏不臣，齐、燕不亲，霸王之名不成，四邻诸侯不朝，大王斩臣以徇国，以为王谋不忠者也"[①]。把话说到绝处，一点余地也不留，甚至甘愿以自己一腔热血儆戒"为王谋不忠者"，这种牺牲精神，从性格上看，除了韩非，很难找出

—————————

① 《韩非子集释·初见秦》，5页。

第二个人来。

　　韩非一亮相，就暴露出书生意气，缺乏实际政治经验，这是他的致命弱点。政治斗争是一种实践活动，权力的获得要有一套切合实际的办法。韩非把君臣关系割裂开来，对君主的权威做了超乎寻常的夸大，误以为只要获得明主的青睐和知遇，就可以平步青云，而忽视了集权制度下还有官僚大臣的掣肘和制约。他把全部希望押在这篇上书上面，结果操之过急，早早地揭露矛盾，打草惊蛇，触犯了秦国君臣的忌讳，陷入被动。司马迁说韩非到秦国后，秦王政始而"悦之"，继之而"未信用"[①]，形象地描绘出《初见秦》奏上后的结果。而且，上书直刺"谋臣不忠"，一上来就摆出与"奸臣"势不两立、一决死生的架势，把包括李斯在内的秦国谋臣逼到了绝处，使他们不得不奋起一辩，于是爆发了关于"存韩"的争论。

　　韩非和李斯的矛盾始于何时？韩非赴秦以前两人是否已有嫌隙？目前尚不得而知。不过，可以肯定的是两人性格差异很大。韩非出身贵族，性格孤傲、倔强，执着于理想；李斯是楚国布衣，地位卑微，饱尝下层生活的艰辛和苦痛，为人贪利务实，缺少原则性。[②] 两人曾同学于荀卿，在学业上李斯"自认不如韩非"[③]，这说明李斯有自知之明，胸襟也要宽阔一些。《史记·李斯传》记载李斯数引《韩子》以说秦二世，可证他对韩非的学说是相当推重的，他之能向秦王政推荐韩非，说明他对韩非没有太多的戒备，可能也因为知道韩非作为理论家，不适合搞实际政治，因而不会对自己造成什么威胁。韩非对李斯的态度如何，史载阙如，从他对下层出身人士的蔑视（见《战国策·秦策五》韩非斥姚贾语）来推断，评价不会太高。韩非自称"修士"，自恃"精洁"（见《孤愤》），执着于理想，当然不会欣赏李斯的贪婪和动摇。《初见秦》虽未提到李斯的名字，但把他归入奸臣之列则是可以想见的。韩非这样做，并非有意地瞧不起李斯这类人，也不是有意识地要从他们手中夺取权力，他只是有意识地践履原则，实现自己的理想。当然，他的追求权力是隐含在实践理想中的。可以相信，韩李矛盾的激化是在《初见秦》上书公开后，责任在韩非，而不在李斯。然而，矛盾一经揭露，李斯就不能无动于衷了。作为政治斗争的老手，他一定要毫不留情地击败对手，保存自己。

搞实际政治，韩非当然不是李斯的对手。关于"存韩"和"亡韩"的争论，就是李斯必欲置韩非于死地的一个陷阱。亡韩是秦国的既定国策，此时重新提起，用意是险恶的。韩非不明就里，误以为形势对自己有利，贸然发表意见，在悲剧的道路上向前又迈出了一步。《存韩》中韩非的观点与《初见秦》中的观点不矛盾，韩非坚持的仍然是先攻赵，后亡韩，实际上仍是缓韩，道理讲得没有什么破绽，但是李斯却抓住机会，心怀叵测地对秦王政说："非之来也，未必不以其能存韩也，为重于韩也。辩说属辞，饰非诈谋，以钓利于秦，而以韩利窥陛下。夫秦、韩之交亲，则非重矣，此自便之计也。臣视非之言，文其淫说，靡辩才甚。臣恐陛下淫非之辩而听其盗心，因不详察事情。"[1]李斯以其人之道，还治其人之身，用韩非的理论指斥韩非欲结秦以自重于韩，又指出他存韩的可能性，"存韩"这两个字原来是李斯陷害韩非的莫须有的罪名，后来竟被用作记录这场辩论的篇名，郭沫若说人们以为韩非存韩是上了李斯的当。不能说没有一定道理。

斗争已经公开化，形势对韩非不利。但此时他若能悬崖勒马，主动停止攻击，放弃自己的主张，尚不至于引起秦王政的反目，因为《初见秦》和《存韩》中的缓韩主张不是明确提出来的，只是以秦国兵锋攻击的次序表现出来的。秦王政此时自然已经知道韩非是个无用之人，留着这个理论家于己无害，并没有要杀害他的意思。况且，秦王政远不是嗜杀成癖的恶魔，统一前，真正作为政敌处理掉的只有嫪毐、吕不韦两个人。对两人的集团势力最终则给予宽大。韩非一个小小的学者，无权无势，当然用不着花什么力气认真对付。可是，韩非却不这样想。他把一

----

① 《韩非子集释·存韩》，38页。

切都看得过于严重了，问题就出在这里。韩非在《说难》中曾用龙有逆鳞、婴之者必杀人的寓言来譬喻君主的权威，把君主描绘成杀人魔王。其实，君主，即使是残暴的独裁者，也不可能是完全不受限制的，现实的利害关系，传统的道德约束，行政机构的内部消耗，都有一定的制约作用，不到足以威胁自己统治权力的地步，一般说来是不会随便杀人的。可是，在韩非看来，君主就是杀人不眨眼的魔王，自己身被"存韩"的诬陷，已经触到了秦王政的"逆鳞"，被杀的厄运就要降临。不过他心中还存有一线希望：自己是君主制度的真诚拥护者，而李斯之流却是瓦解王权、削弱国家的奸臣。于是，他抱定必死的决心，做最后的辩解，争取一线生机。

韩非赴秦，正值山东四国合纵攻秦，他的进见礼就是献破纵之计。在此之前，秦王政已经派姚贾出使山东诸国，（按《秦策》所谓"南使荆吴，北使燕代之间"，荆吴在春秋末年已为越国所灭，代国也在春秋战国之交为赵襄子所灭，此时荆吴、燕代连用，大概泛指南北处于荆吴、燕代之间的正是赵、魏、韩、齐四国）瓦解敌方。就此事，韩非大加批评，引起一场公开的大辩论。此事见于《战国策·秦策》，《史记·老子韩非列传》未予记载，《史记·六国年表》《史记·韩世家》《史记·秦始皇本纪》等有一些资料，说明韩非出使时，秦国的确正与山东——主要是赵国——交战。① 关于这个历史事件的来龙去脉，已不可详考。但韩非与姚贾的辩论却是合乎情理的。姚贾的外交活动与范雎向秦昭襄王进献的远交近攻的战略是一致的，他用金钱收买各国权要，以达到瓦解敌方的军事计划，牵制敌国的军事力量的目的，这个做法与尉缭向秦王政所献之策也是一致的②，可韩非却凭着对奸臣里通外国以自重的敏感，提出了严厉批评：

> 贾以珍珠重宝，南使荆、吴，北使燕代之间三年，四国之交未必合也，而珍珠重宝尽于内，是贾以王之权、国之宝，外自交于诸

① 参见本书"绪论"。
② 参见《史记·秦始皇本纪》，223～294 页。

> 侯，愿王察之。且梁监门之子，尝盗于梁，臣于赵而逐，取世监门
> 子，梁之大盗，赵之逐臣，与同知社稷之计，非所以厉群臣也。[①]

本来，里通外国、自重于内，是韩、魏重人惯用的卖国伎俩，韩非对此早就深恶痛绝，但是理论家与政治家的不同在于他太执着于理想，太迷恋于原则，缺乏务实的和灵活的精神，甚至于不顾时世的变异，一味地固执成见，韩非就是这样的人。在秦王政那里，情况却完全不同。他要考虑一切可能的办法来达到目前首要的政治目标，在他的政治策略中，有兵戎相见的战争，有折冲樽俎的周旋，还有贿赂攻心的离间瓦解。可见，韩非的思想和秦国的策略必然要发生偏离和冲突。

韩非在理论上反对贵族专断、重人当道，在实践上却无法摆脱贵族的阶级偏见。[②] 他自恃性格孤傲、志向高远、意志坚定，对卑贱阶级甚为轻蔑，竟至公开斥骂姚贾出身低贱、少年无行，以与之同朝共事为耻，并讥讽秦王任用小人，这又表现出他的改革思想在实践上的不彻底性。

韩非在理论上和实践上有这样一个矛盾，不足奇怪。古代社会极重门第和血统，印度种姓制度可说是极端的表现。就是为人称道的雅典民主制度，在它最为辉煌的阶段，等级血统观念仍然牢不可破，雄辩家德谟斯提尼（Demosthenes，公元前384—前322）就曾把出身微贱当作缺点而对论敌大加攻击。[③] 韩非在思想上反对重人专权，主张打破贵族垄断权力的局面，但在现实生活中，却无法抹去历史和传统留在他身上的阶级烙印。这是他在理论上领导时代的潮流，却在实践上落后于时代、不为时代所容的又一个原因。

此外，韩非把针对韩国现实的政治观点原封不动地搬到秦国，把对韩国当途重人的仇恨和愤慨发泄到秦国当权者身上，在他的性格上也是

---

① 《战国策》，66 页。

② 参见《〈韩非子〉札记》，205～206 页。

③ Frank J. Frost, *Greek Society*, second edition, Lexington, D. C. Heath & Company, 1980，p. 104.

有根据的。韩非有非同寻常的自卑感和追求优越的强烈愿望，因而主观性极强，他完全可以不顾时势环境的变化，固执己见。这次攻击姚贾，目标集中，言辞激烈，罪名过重，必欲置人于死地，这种极端的言行必然要遭到顽强的抵抗，给自己带来难以挽回的厄运。在君主面前被人指控为奸臣，这无异于面临死亡的威胁，姚贾当然不得不奋力辩解。

不过，在秦王政眼里，孰是孰非是很清楚的。首先，离间瓦解敌方是秦王政与尉缭商定的外交策略之一，姚贾执行之，是不会有错的；其次，不问出身，以能任官，因功受赏，是包括韩非在内的法家的一贯主张，姚贾出身低微，品行卑劣，这并不妨碍他的能力和功劳。韩非暴露出了自己在理论上和实践上的矛盾，大大降低了威信，很可能因此而失去了秦王政的好感。辩论的结果自然是姚贾胜，韩非败。

然而更糟的是，李斯、姚贾并不就此罢手，他们联合起来，控告韩非"为韩不为秦"，建议"以过法诛之"。① 可能的情况是，当时这派人物很多，群情激愤，为了平息众怒，秦王政只好下令将韩非暂时关押起来。

韩非的行事虽然过于简单、直率、迂腐，但他所指出的问题却是存在的，大臣替主子卖命，又随时挖朝廷的墙角，填自己的欲壑。对此，秦王政本人比谁都清楚，但在实践上他对君臣交易的了解，对忠奸限度的把握，比韩非更有经验，他不满意于韩非的莽撞和简单，但不会嫌恶他的真诚和热情。从《史记》的记载，看不出他有杀掉韩非的企图，大概关起他来只是为了平息众怒，安抚人心，避免朝中混乱，维护君臣和谐一致的局面。

秦王政的心思或许韩非并未揣摩到，被囚禁后，他的屈辱和悲愤是不难想象的，他满怀用秦的热情，却未被理解，反而受到如此对待，心中的委屈自然想向人诉说，而唯一可能理解他、拯救他脱离死亡境地的，只有秦王政。按常理，他只能上书秦王，请求宽恕和谅解。今本

---

① 《史记·老子韩非列传》，2155 页。

《韩非子》中的《难言》一篇，有学者猜测即是这篇上书的底稿。① 文章不长，首先指了人情不一，所言虽辩，却难以合众，"此臣非之所以难言而重患也。故度量虽正，未必听也；义理虽全，未必用也。大王若以此不信，则小者以为毁訾诽谤，大者患祸灾害死亡及其身"②。暗示自己身陷囹圄，罚非其罪。接着，列举伍子胥、孔子等人故事，证明圣贤之人也有难言之患，原因在于不遇贤圣之君："此十数人者，皆世之仁贤忠良有道术之士也，不幸而遇悖乱阇惑之主而死，然则虽贤圣不能逃死亡避戮辱者何也？则遇者难说也，故君子难言也。③ 且至言忤于耳而倒于心，非贤圣莫能听，愿大王熟察之也。"④劝诫秦王忠言逆耳，不要做悖乱暗惑之主、重蹈枉杀贤士的覆辙。

关于《难言》是否为韩非狱中上书，除了上面对内容的分析之外，还可从类比研究中得到进一步的说明。按《史记》记载，李斯被赵高陷害入狱，曾仰天长叹："嗟乎！悲夫！不道之君，何可为计哉？昔者桀杀关龙逢、纣杀王子比干、吴王夫差杀伍子胥。此三臣者，岂不忠哉！"⑤蒙恬为秦二世下狱后答使者阳周曰："桀杀关龙逢、纣杀王子比干而不悔，身死则国亡。"⑥《难言》中有"子胥善谋而吴戮之""比干剖心""关龙逢斩"等句，再加上前面所引劝诫秦王的话，与李斯、蒙恬二人狱中所言极为相似，只不过李、蒙二人已知必死，因而对二世进行了公开的咒骂，一个说"不道之君"，一个断言"身死国亡"。相比之下，韩非的劝诫就显得温和而善意了，这说明韩非入狱之初对秦王政仍抱有幻想。李斯、蒙恬下狱后曾经上书求赦，却因奸人阻隔，未能送达。这篇后来题名为《难言》的上书可能遭到同样的厄运，司马迁所谓"韩非欲自陈，不得见"⑦，说的大概就是这个情况。

---

① 参见梁启雄：《韩子浅解·难言》，解题，20 页，北京，中华书局，1960。
② 《韩非子集释·难言》，49 页。
③ "难言"二字陈本作"不少"，与前句不合，故据王先慎《韩非子集解》校改。
④ 《韩非子集释·难言》，50 页。
⑤ 《史记·李斯列传》，2560 页。
⑥ 《史记·蒙恬列传》，2569 页。
⑦ 《史记·老子韩非列传》，2155 页。

　　不过，事虽至此，韩非和秦王政之间仍存在谅解的可能。这当然不是李斯所愿意看到的，他使人送来毒药，大概就是要彻底消除这种可能。

　　韩非是自杀，虽出于李斯的协助（胁迫？），但有没有自觉自愿的因素？我想可能性是存在的。韩非对理想有着极为强烈的依恋，秦王政是他倾心崇拜和敬畏的现世偶像，秦国是他一生遥望羡慕的理想国度，可是现在，他却在这个国度里被唯一寄予希望、也是唯一欣赏他的君王抛弃了，他全身心地依恋并赖以生存的理想在无情的现实面前彻底破灭了，他能不绝望吗？只有到此时，韩非才会最终剔除人生哲学中残存的不协调的杂质，即对现实权威的企盼和向往，对个别人物的信仰和崇拜，而达到了纯净、洁白的境界，这块无瑕的美玉似乎只有破碎才合乎情理。

参考资料

一、中文

(汉)班固：《汉书》，北京，中华书局，1962。

(汉)刘向辑录：《战国策》，上海，上海古籍出版社，1985。

(汉)刘向辑录：《战国策》，上海，上海书店，1987。

(汉)司马迁：《史记》，北京，中华书局，1982。

(汉)许慎撰，(清)段玉裁注：《说文解字注》，上海，上海古籍出版社，1988。

(晋)杜预：《春秋左传集解》，上海，上海人民出版社，1977。

(南朝梁)刘勰著，范文澜注：《文心雕龙注》，北京，人民文学出版社，1958。

(唐)房玄龄等：《晋书》，北京，中华书局，1974。

(唐)李延寿：《北史》，北京，中华书局，1974。

(唐)欧阳询：《艺文类聚》，汪绍楹校本，上海，上海古籍出版社，1982。

(唐)魏徵：《群书治要》，清道光廿七年夏灵石杨氏刊本。

(宋)司马光：《资治通鉴》，北京，中华书局，1956。

(宋)朱熹：《四书章句集注》，见《新编诸子集成》第1辑，北京，中华书局，1983.

(清)陈振孙：《直斋书录解题》，清光绪九年八月江苏书局刊本，苏州振新书社经印。

(清)阮元校刻：《十三经注疏》，北京，中华书局，1980。

［德］黑格尔：《小逻辑》，贺麟译，北京，商务印书馆，1980。

［德］黑格尔：《哲学史讲演录》，贺麟、王太庆译，北京，商务印书馆，1959。

［法］迭朗普：《摩奴法典》，马香雪转译，北京，商务印书馆，1982。

［法］古朗士：《希腊罗马古代社会研究》，李玄伯译，上海，商务印书馆，1938。

［古希腊］柏拉图：《理想国》，郭斌和、张竹明译，北京，商务印书馆，1986。

［古希腊］亚里士多德：《形而上学》，吴寿彭译，北京，商务印书馆，1959。

［美］乔治·霍兰·萨拜因：《政治学说史》上册，盛葵阳，崔妙因译，北京，商务印书馆，1986。

［美］威尔·杜兰：《西方哲学史话》，杨荫鸿、杨荫渭译，北京，书目文献出版社，1989。

［日］饭冢由树：《韩非子中法、术、势三者的关系》，载《中国人民大学学报》，1993(5)。

［日］泷川资言、［日］水泽利忠校补：《史记会注考证附校补》，上海，上海古籍出版社，1986。

［英］李约瑟：《中国古代科学思想史》，陈立夫主译，南昌，江西人民出版社，2006。

北京大学历史系《论衡》注释小组：《论衡注释》，北京，中华书局，1979。

北京大学哲学系外国哲学史教研室编译：《古希腊罗马哲学》，北京，商务印书馆，1961。

北京大学哲学系哲学史组编：《马克思、恩格斯、列宁、斯大林论德国古典哲学》，北京，商务印书馆，1972。

陈汉钦：《韩非的社会思想》，载《新社会科学》，第 1 卷，第 2 期，1934。

陈奇猷、张觉：《韩非子导读》，成都，巴蜀书社，1990。

陈奇猷校注：《韩非子集释》，上海，上海人民出版社，1974。

陈启天编：《韩非子参考书辑要》，上海，中华书局，1945。

陈千钧：《韩非新传》，载《学术世界》，第 1 卷，第 2 期，1935。

陈千钧：《韩非之时代背景及其学说渊源》，载《学术世界》，第 1 卷，第 4 期，1935。

陈千钧：《韩非之政治学说》，载《学术世界》，第 1 卷，第 5～8 期，1935。

陈千钧：《韩非子书考：韩非子研究之一》，载《学术世界》，第 1 卷，第 1 期，1935。

陈祖鳌：《韩非别传》，载《光华大学半月刊》，第 2 卷第 4 期，1933。

船山全书编辑委员会编校：《船山全书》第 10 册，长沙，岳麓书社，1988。

邓思善：《读容肇祖先生〈韩非的著作考〉志疑》，见罗根泽编著：《古史辨》第 4 册，上海，上海古籍出版社，1982。

冯友兰：《中国哲学史》，上海，商务印书馆，1930。

高亨：《商君书注译》，北京，中华书局，1974。

郭登皞：《韩非子政治思想研究》，载《民族(上海)》，第 5 卷，第 3 期，1937。

郭沫若：《青铜时代》，上海，群益出版社，1947。

郭沫若：《十批判书》，北京，人民出版社，1954。

《韩非子》校注组编：《韩非子校注》，南京，江苏人民出版社，1982。

侯外庐，赵纪彬，杜国庠：《中国思想通史》，第 1 卷，北京，人民出版社，1957。

胡适：《中国哲学史大纲》卷上，上海，商务印书馆，1930。

金德建：《先秦诸子杂考》，郑州，中州书画社，1982。

荆门市博物馆编：《郭店楚墓竹简》，北京，文物出版社，1998。

梁启超：《先秦政治思想史》，北京、上海，中华书局、上海书店联合出版，1986。

　　梁启雄：《韩子浅解》，北京，中华书局，1960。

　　林语堂：《吾国吾民》，北京，宝文堂书店，1988。

　　刘家和：《古代中国与世界――一个古史研究者的思考》，武汉，武汉出版社，1995。

　　刘家和：《关于战国时期的性恶说》，见中国社会科学院历史研究所编：《华夏文明与传世藏书：中国国际汉学研讨会论文集》，北京，中国社会科学出版社，1996。

　　刘家和：《历史的比较研究与世界历史》，载《北京师范大学学报（社会科学版）》，1996(5)。刘毓璜：《先秦诸子初探》，南京，江苏人民出版社，1984。

　　罗根泽：《诸子考索》，北京，人民出版社，1958。

　　缪文远：《战国策考辨》，北京，中华书局，1984。

　　钱穆：《先秦诸子系年》，北京，中华书局，1985。

　　钱锺书：《管锥编》，北京，中华书局，1979。

　　裘锡圭：《马王堆〈老子〉甲乙本卷前后佚书与"道法家"――兼论〈心术上〉〈白心〉为慎到田骈学派作品》，见中国哲学编辑部编：《中国哲学》第 2 辑，北京，生活·读书·新知三联书店，1980。

　　任继愈主编：《中国哲学史》，北京，人民出版社，1963。

　　容肇祖：《韩非的著作考》，见罗根泽编著：《古史辨》第 4 册，上海，上海古籍出版社，1982。

　　上海师范大学古籍整理组校点：《国语》，上海，上海古籍出版社，1978。

　　施治生、廖学盛主编：《外国历史名人传（古代部分上册）》，重庆，中国社会科学出版社、重庆出版社联合出版，1982。

　　唐兰：《马王堆出土〈老子〉乙本卷前古佚书的研究――兼论其与汉初儒法斗争的关系》，载《考古学报》，1975(1)。

　　王邦雄：《韩非子的哲学》，台北，东大图书公司，1983。

　　王国维：《王国维遗书》，上海，上海古籍书店，1983。

吴荣曾：《先秦两汉史研究》，北京，中华书局，1995。

吴秀英：《韩非子研议》，台北，文史哲出版社，1979。

谢云飞：《韩非子析论》，台北，东大图书公司，1980。

杨宽：《战国史》，上海，上海人民出版社，1980。

余明光：《黄帝四经今注今译》，长沙：岳麓书社，1993。

《越绝书》，影印明双柏堂刊本，上海，商务印书馆，1929。

张纯、王晓波：《韩非思想的历史研究》，北京，中华书局，1986。

张岱年：《中国哲学史史料学》，北京，生活·读书·新知三联书店，1982。

张申：《韩非是性恶论者吗?》，载《吉林师大学报（社会科学）》，1979(3)。

赵守正撰：《管子注译》，南宁，广西人民出版社，1987。

郑良树：《商鞅及其学派》，台北，学生书局，1987。

中国科学院考古研究所、湖南省博物馆写作小组：《马王堆二、三号汉墓发掘的主要收获》，载《考古》，1975(1)。

周辅成编：《西方伦理学名著选辑》上卷，北京，商务印书馆，1964。

周勋初：《〈韩非子〉札记》，南京，江苏人民出版社，1980。

周勋初：《韩非》，南京，江苏古籍出版社，1985。

周钟灵，施孝适，许惟贤：《韩非子索引》，北京，中华书局，1982。

周钟灵：《韩非子的逻辑》，北京，人民出版社，1958。《诸子集成》，上海，上海书店，1986。

二、英文

Adler, A. *Understanding Human Nature*. Translation：Walter Béran Wolfe, London：George Allen & Unwin Ltd., 1928, second impression 1930.

Ames, R. T. *The Art of Rulership*, *A Study in Ancient Chinese*

Political Thought. Honolulu: University of Hawaii Press, 1983.

Aristotle. *Atheniensium Respublica*. Translation: Sir Frederic G. Kenyon. See *The Works of Aristotle*. vol. X, Oxford: the Clarendon Press, 1920.

Aristotle. *Ethica Nicomachea*. Translation: W. D. Ross *The Words of Aristotle*. vol. Ⅸ. the Clarendon Press, 1925.

Aristotle. *Metaphysica*. *The Works of Aristotle*. Translation under the editorship of W. D. Ross. vol. Ⅷ. second edition. Oxford: the Clarendon Press, 1928.

Aristotle. *On the Soul*. Translation : D. W. Hamlyn. (Clarendon Aristotle Series, 1968) Text: W. D. Ross (Oxford Classical Texts, 1956). J. L. Ackrill. *A New Aristotle Reader*. Oxford: the Clarendon Press, 1987.

Aristotle. *Politica*. Translation : Benjamin Jowett. W. D. Ross, *The Works of Aristotle*. vol. X. Oxford: the Clarendon Press, 1921.

Black, H. C. *Black's Law Dictionary*. fifth edition. St. Paul, Minn. : West Publishing Co. , 1979.

Bodde, D. and Morris, C. *Law in Imperial China*. Philadelphia: University of Pennsylvania Press, 1973.

Bühler, G. , tran. *The Laws of Manu*. See *The Sacred Books of the East*. edited by F. Max Büller. vol. XXV, Oxford: the Clarendon Press, 1886.

Chan, Wing-Tsit. *A Source Book in Chinese Philosophy*. New Jersey: Princeton University Press, 1969, fourth printing, 1973.

Coulanges, N. D. F. d. *The Ancient City: A Study on the Religion, Laws, and Institutions of Greece and Rome*. Baltimore and London: The Johns Hopkins University Press, 1980.

David, R. , & Brierley, J. E. C. *Major Legal Systems in the World Today*. second edition. Stevens & Sons, 1978.

De Bary, W. T. *Sources of Chinese Tradition*. vol. 1. New York & London: Columbia University Press, third printing in 1966.

Duyvendak, J. J. L. *The Book of Lord Shang*. London: Arthur Probsthain, 1928.

Frost, F. J. *Greek Society*, second edition. D. C. Heath & Company, 1980.

Graham, A. C. *Studies in Chinese Philosophy and Philosophical Literature*. first published in 1986 by Institute of East Asian Philosophies, Albany: State University of New York Press, 1990.

Grazia, S. D. *Masters of Chinese Political Thought : From the Beginnings to the Han Dynasty*. New York: the Viking Press, 1973.

Greel, H. G. "The Beginnings of Bureaucracy in China," Thirtieth Anniversary Commemorative Series Enduring Scholarship Selected from *The Far Eastern Quarterly-the Journal of Asian Studies* 1941-1971. Vol. I. China. Arizona: The University of Arizona Press, 1972.

Hughes, E. R. *Chinese Philosophy in Classical Times*. London: J. M. Dent & Sons Ltd. , 1942.

Kangle, S. R. P. , trans. & ed. *The Kautiliya Arthasastra*. Part I. University of Bombay, 1960.

Kangle, S. R. P. , trans. & ed. *The Kautiliya Arthasastra*. Part II. University of Bombay, 1972.

Li, Yu-ning. *Shang Yang's Reforms and State Control in China*. M. E. Sharpe. INC. , 1977.

Liao, W. K. *The Complete Works of Han Fei Tzu*. vol. 1. London: Arthur Probsthain, 1939.

Liao, W. K. *The Complete Works of Han Fei Tzu*. vol. 2. London: Arthur Probsthain, 1959.

Lundahl, B. *Han Fei Zi : The Man and the Work*. Institute of Oriental Languages. Sweden: Stockholm University, 1992.

Munro, D. J. *The Concept of Men in Early China*. Stanford, California: Stanford University Press, 1969.

Outhwaite, W. & Bottomore, T., et al. *The Blackwell Dictionary of Twentieth-Century Social Thought*. Oxford: Blackwell Publishers, 1994.

Parmar, A. *A Study of Kautilya's Arthasastra*. Delhi Lucknow: Atma Ram & Sons, 1987.

Plato, *Statesman*. Translation: Benjamin Jowett. *The Dialogues of Plato*. vol. 4. Oxford: Oxford University Press, third edition, 1892, reprinted 1924.

Plato. *Plato's Republic*. Translation: Benjamin Jowett. Notes: David Masson. New York: Airmont Publishing Company, Inc., 1968.

Plato. *The Laws of Plato*. Translation with Notes and an Interpretive Essay: Thomas L. Pengle. Chicago: the University of Chicago Press, 1980.

Rao, M. V. K. *Studies in Kautilya*. Munshiram Manoharlal Publishers Pvt. Ltd., 1958, third revised edition, Delhi Lucknow, 1979.

Reber, A. S. *The Penguin Dictionary of Psychology*. England, Harmondsworth, Middlesex: Penguin Books Ltd., 1985.

Reese, W. L. *Dictionary of Philosophy and Religion: Eastern and Western Thought*. New Jersey: Humanities Press, 1980.

Soothill, W. E. *The Three Religions of China*. H. Milford: Oxford University Press, 1923.

The Ansbachers, Heinz L. & Rowena R., edited & annotated. *The Individual Psychology of Alfred Adler. A Systematic Presentation in Selections from His Writings*. New York: Basic Books, Inc. Publishers, 1956.

Thompson, P. M. *The Shen Tzu Fragments*. Oxford: Oxford University Press, 1979.

Waley, A. *Three Ways of Thought in Ancient China*. N. Y. : Doubleday & Company, Inc. , Garden City, first published in 1939.

Walker, D. M. *The Oxford Companion to Law*. Oxford: Clarendon Press, 1980.

Wang, Hsiao-po & Chang, Leo S. *The Philosophical Foundations of Han Fei's Political Theory*. Honolulu: University of Hawaii Press, 1986.

Watson, B. *Han Fei Tzu: Basic Writings*. New York and London: Columbia University Press, 1964.

Weber, M. *Confucianism & Taoism*. Abridged by M. Morishima, translated by M. Alter and J. Hunter. London: London School of Economics, 1984.

Wells, H. G. *The Outline of History*. the third edition. New York: the Macmillan Company, 1921.

初版后记

本书是我的博士论文的增订稿。

现将写作过程简述如下：1995 年 11 月 15 日选定题目；1996 年 12 月 2 日通过开题报告；1998 年 4 月 20 日第三稿主体部分打印定稿；6 月 4 日通过答辩；年底入选北京师范大学《博士文库》；1999 年 7 月 10 日增补、修订完毕，交由北京师范大学出版社出版。

在本书即将脱稿的时候，我的心中充满了感激之情。我要感谢我的导师，北京师范大学史学研究所教授刘家和先生，先生的关怀和教诲无微不至，是鼓励学生真诚地完善自我、勇敢地面对困难，努力地探求知识的精神动力，是本课题得以完成的关键。

我还要感谢我读硕士时的导师，已故南京大学历史系教授刘毓璜先生。先生引我进入先秦诸子的世界，教我文质彬彬的君子之道。先生辞世时，我因故未能赴宁尽弟子之礼，是为终生遗憾。若把本书和继续努力的决心作为贡献，先生其歆享乎？

中国社会科学院历史研究所研究员李学勤先生，世界史所研究员廖学盛先生，清华大学思想文化研究所教授钱逊先生，北京大学历史系教授周怡天先生，首都师范大学历史系教授杨生民先生，北京师范大学历史系教授晁福林先生、周启迪先生审阅了我的论文，主持和出席了论文答辩会，给予我热情的鼓励和中肯的指教，使我获益良多。

北京师范大学历史系教授晁福林先生、周启迪先生、孔祥民先生参加了论文的开题报告会，提出了富有启发意义的指导意见。

北京师范大学史学研究所教授瞿林东先生对我的鼓励是本书得以完

成的重要条件之一。

中国社会科学院历史研究所研究员陈祖武先生评阅了论文打印稿（即《本论》部分），并应《博士文库》编委会之邀为它的出版撰写了《审查报告》，其严谨和公正令我感佩至深。

北京师范大学历史系教师刘林海博士和北京师范大学史学研究所访问学者、华南师范大学历史系教师韩益民先生审校了文稿，对其中表述不甚清晰之处和错别字作了疏通和更正，使文稿的质量得以提高。

华盛顿州立大学历史系的舒海澜女士（Ms. Helen Schneider）帮助我校改了英文提要和英文目录，使它们增色不少。

北京师范大学图书馆、北京师范大学历史系资料室、北京图书馆、中国社会科学院世界史所资料室、北京大学图书馆的许多老师和工作人员为本书的资料搜集工作提供了方便，他们的帮助是不可缺少的。

本书得以出版，幸赖北京师范大学研究生院和北京师范大学出版社的精心组织和慷慨资助，历史系的领导，特别是负责研究生工作的副系主任杨共乐先生为推动本书的出版做出了重要贡献。

责任编辑倪花女士为本书的编辑出版付出了辛勤的劳动，她对工作认真负责，为人诚恳热情，使我在感激的同时，充满了敬意。

对以上及所有帮助过我的人们，致以诚挚的谢意。

从确定论文题目到现在，不觉四易寒暑。转瞬之间，出版社的交稿日期也已迫近，这意味着论文的修改工作将不得不告一段落。面对书稿，我能够说的只有一点，那就是我已尽了自己的努力，唯其如此，才倍感学问之难，非一朝一夕可以陈功藏事；唯其如此，才不敢有丝毫的满足和懈怠，只能继续发奋，以更大的努力投身到今后的研究工作中去。

蒋重跃

1999 年 7 月 10 日

再版后记

本书从初版到现在，已经 20 年过去了；从再版到现在，也有 10 年了。

这 20 年来，特别是这 10 年来，法家思想研究暨《韩非子》思想研究取得了令世人瞩目的进步。许多问题提出来，而且展开了热烈的讨论，新观点层出不穷。我生活在这个时代，真切地体会到了学术的进步和新时代的研究者在思想上、学术上的创造活力，因而深受鼓舞，深感欣慰！

同时，我还认识到，在与后来诸多学术观点的比较和碰撞中，许多从前的观点仍然会显示出自己的价值和生命力。我相信，学术的进步不是出现新的就抛弃旧的。新的出现，是因为与旧的进行了讨论和对话，这样，从旧到新，就是扬弃的过程。在这个过程中，旧的迟早会被证伪。果然如此，那么往大了说，它就像是一座桥梁或一艘渡船，往小了说，又像是一块铺路砖或一块垫脚石，功用都是要把新的送上通往真理彼岸的前程，自己则停下脚步，彰显出独特的历史价值。不过，到这里，扬弃的活动才只进行了一半，还有另一半同样十分的重要。旧的还会被吸收和容纳在新的里面，在下一阶段的征程上继续发挥作用。所以，不管是弃还是扬，只要是人类认识过程（扬弃）中的阶段性成果，旧的就总会显示出自己的价值。

当然，把新的送上一程，自己的某些内容包含在新的里面继续前行，这并非要说旧的就一定会永世长存。人类思想的历史一再表明，有多少曾经有价值的作品长期湮没无闻，直至彻底被人遗忘。只有那些经常被后人扬弃的作品才会显示和焕发出勃勃的生机。我的这本小书不可能、也不企望永世长存，它如果能够为法家思想研究的新一代起到一块铺路砖和垫脚石的作用，余愿足矣。

"励耘史学文丛"是好几年前策划的。时任北京师范大学历史学院院长的杨共乐教授，北京师范大学出版集团的领导和策划编辑刘东明先生付出了大量心血。本书得以入选，能继续承担一块铺路砖和垫脚石的重任，我替它感到庆幸。

本次再版，书的内容保持原样，不做改动。参考资料的中文部分过去是按出场先后排序，这次改为按作者姓氏首字母排序，这样就与参考资料的英文部分协调一致了。

本次再版过程中，出版社加大投入，狠抓编校质量；此外还有朋友和热心读者帮忙。最令我难忘的是一位大一学生的来信。2011 年 5 月下旬，我收到郑州大学历史学院人文科学实验班（国学方向）大一学生司朝阳同学的一封信。他在信中谈了阅读本书的体会，我感到他对学业十分的认真，有一种强烈的求知愿望，特别可贵。此外，他还指出了本书 8 处文字舛误和表述有问题的地方。读了来信，我深受感动，当即写下 10 个字："所言皆是，再版照改。感谢！"只是因为当时工作繁忙，未能回信，至今我还心存歉意。总之，经过各方努力，本书这一版的编校质量又有提高。

借此次再版的机会，我想向组织策划本套丛书的杨共乐教授、北京师范大学出版集团的领导、策划编辑刘东明先生以及各位编校工作人员，向司朝阳同学，向各位关心本书出版的朋友们，致以诚挚的谢意！

蒋重跃
2020 年 12 月 26 日

图书在版编目（CIP）数据

韩非子的政治思想/蒋重跃著. —北京：北京师范大学出版社，
2021.10

（励耘史学文丛）

ISBN 978-7-303-26774-3

Ⅰ.①韩… Ⅱ.①蒋… Ⅲ.①韩非（前280—前233）－政治
思想－研究 Ⅳ.①B226.5②D092.26

中国版本图书馆 CIP 数据核字（2021）第 015803 号

营 销 中 心 电 话 010-58807651
北师大出版社高等教育分社微信公众号 新外大街拾玖号

HANFEIZI DE ZHENGZHI SIXIANG
出版发行：北京师范大学出版社 www.bnup.com
　　　　　北京市西城区新街口外大街 12-3 号
　　　　　邮政编码：100088
印　　刷：天津旭非印刷有限公司
经　　销：全国新华书店
开　　本：730 mm ×980 mm　1/16
印　　张：17
字　　数：261 千字
版　　次：2021 年 10 月第 2 版
印　　次：2021 年 10 月第 2 次印刷
定　　价：55.00 元

策划编辑：刘东明　　　　　　责任编辑：杨磊磊　　姚安峰
美术编辑：李向昕　　　　　　装帧设计：李向昕
责任校对：康　悦　　　　　　责任印制：马　洁